참된교회로
돌아오라

참된 교회로 돌아오라

ⓒ 생명의말씀사 2016

2016년 5월 25일 1판 1쇄 발행
2024년 1월 17일   4쇄 발행

펴낸이 | 김창영
펴낸곳 | 생명의말씀사

등록 | 1962. 1. 10. No.300-1962-1
주소 | 서울시 종로구 경희궁1길 6 (03176)
전화 | 02)738-6555(본사) · 02)3159-7979(영업)
팩스 | 02)739-3824(본사) · 080-022-8585(영업)

지은이 | 박순용

기획편집 | 서정희, 김세나, 장주연
디자인 | 김혜진
인쇄 | 영진문원
제본 | 다온바인텍

ISBN 978-89-04-07135-7 (03230)

저작권자의 허락 없이 이 책의 일부 또는 전체를
무단 복제, 전재, 발췌하면 저작권법에 의해 처벌을 받습니다.

우리가 추구해야 할
성경적 교회 설명서

참된교회로 돌아오라

박순용

추천사

**여기에 담겨있는 성경의 진리가
이 책의 가치를 담보한다**

본서는 그동안 진리의 역사화를 위해 고군분투해 온 저자의 설교 사역의 결실이다. 이 책의 저술 목적은 단지 중립적 관심사에서 교회에 관한 교리 전반을 간조한 방식으로 소개하려는 데에 있지 않다. 교회를 통한 풍성한 생명과 신령한 복을 주님께서 약속하셨건만 그것을 깊이 의식하지도 못하고 누리지도 못하는 한국교회의 현실에 대한 깊은 성찰과 고민으로부터 성경적 대안을 찾고자하는 목양적 관심에서 저술된 책이다. 따라서 본서의 가르침은 매우 실제적이고 구체적이며 실천적이다.

이 책의 특징들 중 또 다른 하나는 진술된 내용의 근원이 결코 저자 자신의 경험이나 목회적 상황(praxis)으로부터가 아니라, 그 원초적 시발점이 교회를 세우시고 인도하시며 그 교회로 하여금 교회되게 하실 교회의 머리이신 주님으로부터 기원된 것임을 발견하게 된다는 점이다. 이는 본서의 진술 원리가 철저히 특별계시의존적임을 의미한다. 이는 개혁신학이 세워지는 만고의 원리이다. 그러면서도 저자는 자칫 범하기 쉬운 독단적인 비블리시즘(biblicism)에 빠지지 않고 다양한 주석학 및 교의학적 자료들을 참고하여 진리 이해의 균형을 유지하고 있다.

본서의 또 다른 특징은 균형 잡힌 통전적인 내용에서 발견된다. 그 실례로 '참된 교회'를 추구함에 있어 저자는 그 '외형적 요소'와 '내면적 요소'를 상보적 관점에서 논의하며, 존재의 외연(外延)으로서 '참된 교회의 활동'을 3중적 관계, 즉 하나님을 향한 관계, 공동체 안에서 타인과의 관계, 그리고 세상과의 관계로 진술하고 있다는 점이다. 이로써 교회관에 있어서 사변적인 관념론의 오류에 빠지지 않을 뿐 아니라, 자칫 공동체와 세상의 관계를 양자택일의 편향적 관점에서 보아온 교계 현실의 잘못된 성향 내지는 오류에 대해 교정 역할을 할 수 있을 것이다.

방법 없는 목표는 허구에 불과하다. 그러나 본서의 저자는 참된 교회(ecclesia vera)를 추구하는 일에 공중누각을 짓듯 하지 아니하고, 논의하는 매 주제마다 성경의 교훈에 근거한 실제적이며 구체적인 방법론을 제시한다. 만일 이 방안들이 말씀과 성령의 능력으로 목회 현장과 삶의 현실에 뿌리를 내린다면 진정한 그리스도의 교회는 우리 가운데 경험될 수 있을 것이다.

위와 같은 몇 가지 사실들만 살펴볼지라도 본서의 가치는 충분히 드러난다. 실로 본서는 그 누구의 추천도 필요 없는 책으로 여겨진다. 그것은 책 속에 담긴 성경의 진리가 이 책의 가치를 담보하기 때문이다. 부디 이 소중한 책이 이 땅의 목회자들과 신학도들뿐만 아니라 온 성도들에게 널리 읽혀져 교회의 영광이 회복되는 날이 속히 오기를 기원한다.

_ 최 홍 석 (총신대학교 신학대학원 명예교수)

조국 교회를
말씀으로 수술하는 지침을 제시하다

깊은 밤, 홀로 이 책의 원고를 읽으며 많은 깨달음을 얻었고 여러 번 "아멘"을 되뇌었다. 이 책은 조국 교회가 앓고 있는 심각한 질병적 증상을 치유하는 데 도움을 줄 양약이다. 요즘 사회에 만연한 반권위주의적인 분위기를 따라 예수는 믿지만 제도로서의 교회는 부인하는 신앙의 풍조가 널리 번지고 있다. 저자는 조국 교회를 말씀으로 수술하는 지침을 제시한다. 그래서 이 책의 가르침 중 어떤 것들은 우리에게 잔인하리만치 아프다. 그러나 아픔 속에서도 이 책이 싫지 않음은 그 속에서 교회를 살리시려는 하나님의 사랑이 느껴지기 때문이다. 지금처럼 교회론에 대한 무지로 고통을 받는 때에 꼭 읽고 숙고해야 할 책이다.

_ **김 남 준** (열린교회 담임목사)

이 책을 통해 참된 교회를 추구하는 일들이
들풀처럼 일어나기를

교회는 삼위 하나님의 최고 걸작입니다. 그러나 우리가 현실 속에서 경험하는 교회는 하나님께서 완성하실 영광스러운 교회에 비추어 여러 가지 부족한 모습을 가지고 있기 때문에 많은 성도들이 교회 생활 속에서 고통을 겪고 있습니다. 16세기 종교개혁자들이 현실의 부패한 교회를 성경적인 교회로 개혁하기 원했던 것처럼 이 책은 우리 시대의 부족한 교회의 모습을 성경적인 교회의 모습으로 회복하기 위한 21세기 교회 개혁의 청사진입니다. 이 책을 통해 다시 한 번 참된 교회를 추구하는 일들이 이 땅에 들풀처럼 일어나기를 소망합니다.

_ 백 금 산 (예수가족교회 담임목사)

목회자들이 교회 중직자들과 함께 읽어 나가기를 권한다

안락한 현대식 시설의 교회당, 다양하게 갖추어진 프로그램들, 말끔한 용모와 정감있는 음성의 목사, 지루하지 않고 가끔씩 감동도 주는 설교(충성하면 이렇게 복 주신다고 슬쩍슬쩍 성공의 야망도 건드려 주는), 짜인 순서에 따라 방송처럼 세련되게 진행되는 예배, 그런데 우리는 모두 이런 교회들 속에서 내적 채워짐을 맛보지 못한 채 허기져 하는 것이다. 성경적 교회상으로부터 날이 갈수록 멀어져 가는 한국 교회들을 보다가 본서를 대하니 답답한 마음이 뚫리는 듯하다. 본서에는 우리 주님과 그분의 몸 된 교회에 대한 저자의 진한 애정이 배어 있고, 참된 성경적 교회를 향한 그의 치열한 고민과 추구의 흔적이 묻어나 있다. 저자가 그의 이러한 추구의 결과물을 차근차근 독자들과 나누는 것은 회복을 향한 그의 열정 때문일 것이다. 목회자들이 교회 중직자들과 함께 읽어 나가기를 권하고 싶다. 한 지교회를 이끌어가는 이들이 '교회'가 무엇이며 무엇을 추구하고 무엇을 향해 나아가야 하는지, 바로 그것을 놓친다면 그 후에 오는 모든 예배와 활동과 프로그램들이 잘못되는 것은 피할 수 없기 때문이다.

_ **오 창 록** (광신대학교 조직신학 교수)

교회가 조롱받는 현실에서
한국교회 혁신의 교과서가 되기를 바라며

우선 박순용 목사님의 교회론에 대한 강설서, 『참된 교회로 돌아오라』는 제목 자체가 나에게 매력적이었다. 각종 이단 사이비 단체까지 '교회'라는 이름으로 우리를 유혹하는 현실에서 참된 교회가 무엇이며, 참된 교회라면 어떠해야 하는가에 대한 관심만으로도 선한 일을 사모하는 일이다. 한국교회의 역사에서 교회가 무엇이며, 교회가 어떠해야 하는가에 대한 진지한 물음이 지금처럼 절박한 때가 없었다. 교회가 교회로서의 본질과 사명을 상실하고 세상에서 조롱받는 현실에서 참된 교회상을 회복하는 일은 시급한 과제이기 때문이다. 이런 현실에서 박순용 목사님은 교회가 무엇인가에 대한 근원적이고 본질적인 문제를 다루고 있다. 이 책은 개혁교회 전통에서 강조되어 왔던 참된 교회의 외적 표지만을 말하지 않고 교회가 무엇이며 어떠해야 하는가에 대해 성경 전체를 통해 설명하고 있으며, 특히 교회를 '그리스도의 몸'이라는 바울의 관점에서 해설하고 있다. 찰스 핫지는 교회를 '그리스도의 몸'으로 비유한 것은 교회에 대한 최상의 비유라고 말한 바 있다. 이 점은 교회가 무엇이며 어떠해야 하는가의 문제, 곧 정체성과 그리스도와의 연합을 중시했는데, 이 책은 이 점을 아주 잘 드러내고 있다. 특히 교회를 권속, 곧 그리스도의 가족으로 설명하고 이를 중시한 것은 이 책의 장점이다. 교회에 대한 관심 때문에 여러 책을 읽었지만 박순용 목사님의 이 책만큼 감동적인 책을 읽지 못했다. 이 책이 한국 교회 혁신의 교과서가 되길 바란다.

_ 이 상 규 (고신대학교 교회사학 교수, 개혁신학회 회장)

참된 교회로의 회복을 갈망하라

예수는 좋으나 교회는 다니기 싫다고 말하는 이들이 많은 시대, 교회가 세상을 염려하는 것이 아니라 세상이 교회를 염려한다고 통탄하는 시대에 이 책은 '참된 교회로의 회복'을 위해 주의 자녀들이 분연히 일어나 행동을 취할 것을 요청하는 하나의 격문과 같이 느껴진다. 이 책은 새로운 내용을 말하기보다는 현실적으로 외면하거나 도외시하기 쉬운 성경적 교회상에 대한 해설이며, 참된 교회로의 회복은 하나님의 영광을 드러내는 첩경임을 말해주고 있다. 이런 비극적인 시대에 살면서 진정으로 참된 교회의 회복을 갈망하는 주의 백성들이 이 책을 진지하게 읽고 실천적으로 행동하기에 이르기를 소망해 본다.

_ 이 상 웅 (총신대학교 신학대학원 조직신학 교수)

참된 교회로서 하나 됨과
거룩함과 보편성을 추구해 나가길

모든 목사님들이 그러하지만 특히 하나님의 영광을 위하여 모든 것을 하려는 박순용 목사님의 귀한 선물이 또 하나 우리에게 주어졌습니다. 이번에는 하나님의 영광을 위한 참된 교회가 이 땅에 있기를 바라는 박 목사님의 간절함이 잘 나타나는 책입니다. 이 책을 읽으면서 우리들 모두가 과연 성경이 말하는 교회가 어떤 것인지를 구체적으로 그려볼 수 있었으면 합니다. 나아가 우리들이 참된 교회의 표지들을 가지고 있는 참 교회로서 이 땅 가운데서 하나 됨과 거룩함과 보편성을 추구해 나갈 수 있기를 원합니다. 그런 노력이 우리들을 더 참된 교회로 세워 가는 데 도움을 줄 수 있을 것입니다.

_ 이 승 구 (합동신학대학원대학교 조직신학 교수)

조국 성도들의 자람과 교회의 풍성함을 위해
많은 유익을 가져다 줄 좋은 책

성도됨은 교회를 떠나서는 가능하지 않으며 한 몸으로서의 교회를 누리는 것은 진리 안에서 풍성하고 복된 삶을 사는 지름길입니다. 그런데 오늘 조국 교회 안에는 교회에 대하여 무지, 무관심한 가운데 자기중심적이고 자기편의적으로 신앙생활을 영위하는 자들이 많아서 영적, 정서적 궁핍이 심각한 실정입니다. 이 책은 성경적 교훈에 기초하여 목회 현장에서 느끼는 교회론적 필요들을 잘 다루어줌으로써 조국 교회가 직면하고 있는 참된 교회를 위한 절박한 싸움을 감당해 내고 조국 성도들의 자람과 교회의 풍성함을 위해 많은 유익을 가져다 줄 좋은 책이므로 널리 읽혀지기를 기대합니다.

_ 화 종 부 (남서울교회 담임목사)

목차

추천사 4
서문 왜 '참된 교회'를 말하는가? 16
프롤로그 교회의 의미를 잊은 이 땅의 교회를 위해 20

PART 1 참된 교회가 가져야 할 외적 표지는 무엇인가?

1 그리스도께 속한 교회와 그리스도인 43

지상의 교회는 그리스도인 자신을 포함하는 실체이기 때문에 참된 신자는 지교회를 사랑하는 것이 미땅합니다.

2 참된 교회의 외적 표지 1 _ 말씀 전파 57

교회에는 죽어있는 영혼을 살리기 위한 말씀 전파가 있어야 하며, 또한 그리스도를 믿게 된 사람들에게 영혼의 성장을 위한 말씀 전파가 있어야 합니다.

3 참된 교회의 외적 표지 2 _ 세례와 성찬 73

성례(세례와 성찬)는 하나님의 말씀과 함께 교회의 표지이면서 동시에 중요한 은혜의 방편, 즉 하나님의 은혜가 우리에게 임하는 방편입니다.

4 참된 교회의 외적 표지 3 _ 권징 87

교회의 순결과 교회의 머리되신 그리스도의 명예를 위해서, 죄가 퍼지는 것을 막기 위해서, 죄를 범한 자의 회복과 화해를 위해서 권징은 시행되어야 합니다.

PART 2 참된 교회가 가져야 할 내적 특성은 무엇인가?

5 참된 교회의 내적 특성 1 _ 일체성과 유기체성   107

예수 그리스도를 믿는 모든 자들은 우리 몸에 있는 많은 기관과 지체들처럼 각각 고유한 기능을 가진 부분들로서 하나 됨을 이루고 있습니다. 즉, 교회는 주님과 생명으로 연합된 유기체인 것입니다.

6 참된 교회의 내적 특성 2 _ 거룩성   135

'교회는 거룩하다'고 할 때 우리는 항상 두 가지를 생각해야 합니다. 교회는 하나님의 뜻 안에서 교회의 머리이신 거룩하신 예수 그리스도와 연합함으로써 신분상 거룩하게 됩니다. 그리고 교회에 속한 자들은 그 신분상의 변화에 근거해서 하나님을 두려워함으로 거룩함을 추구하며 이루어 가는 것입니다.

PART 3　참된 교회의 활동은 무엇인가?

7　하나님을 향한 활동 1 _ 하나님을 예배함　159

하나님의 부르심에 합당하게 행하는 것의 시작과 중심에는 하나님을 경외하고 진정으로 예배하는 것이 있습니다.

8　하나님을 향한 활동 2 _ 하나님의 말씀을 따름　173

성령께서는 교회와 지체들의 모든 활동들과 삶에 역사하시는데, 특히 그 모든 일들을 말씀을 통해서 하십니다.

9　공동체 안에서의 활동 1 _ 지체의 성품과 교회의 연합　185

그리스도의 몸 안에 있는 지체는 다른 지체들과 연합하는 활동 없이는 바로 설 수 없습니다. 겸손, 온유, 오래참음으로 성령께서 하나 되게 하신 것을 힘써 지켜야 합니다.

10　공동체 안에서의 활동 2 _ 은사와 직분　217

각 지체들은 각각 독특한 은사들을 가지고 다양하게 활동하며 한 몸 안에서 조화를 이룹니다. 또한 직분을 맡아 충실히 감당하며 서로를 섬깁니다.

11　공동체 안에서의 활동 3 _ 함께 이루는 성장　267

성경은 교회로서의 성숙이야말로 우리에게 두신 하나님의 가장 중요한 계획이요, 목표임을 가르칩니다. 따라서 우리는 서로 연결된 지체 관계 속에서 함께 성장해야 합니다.

12　세상을 향한 활동 _ 복음 증거　305

세상에서 교회의 존재 이유는 이 세상의 죄와 사망의 지배아래 있는 사람들의 비참한 현실을 지적하여 깨우고, 그들에게 참생명을 위한 유일한 길을 보이고 전하는 것입니다.

PART 4　참된 교회로 돌아오라

13　참된 교회에 대한 절박한 필요　321

그리스도의 몸의 지체들은 성경의 가르침을 따라야 합니다. 이를 경시하는 자들이 많아질 때, 교회는 변질되고 쇠약해져 결국 위선하게 됩니다.

14　참된 교회를 위한 분투　333

참된 교회를 추구하는 길은 마귀와 세상과 육체의 소욕을 거세게 저항해야 하는 길이기에 힘들고 외로운 길입니다. 그 길은 분투 없이는 갈 수 없는 길입니다.

에필로그　참된 교회를 일으키소서　346
주　354

서문

왜 '참된 교회'를 말하는가?

교회를 다니면서도 교회를 모르는 신자들

이 책의 목적은 단순히 교회에 대한 교리 전반을 소개하고 설명하려는 것이 아닙니다. 오히려 그리스도인들 중 많은 수가 교회의 지체된 자로서의 복됨을 충분히 누리지 못하는 한국교회의 현실에 대한 고민과 그에 대한 성경적이고 실천적인 제언을 담은 책입니다.

예수 그리스도를 믿어 그분께 속한 신자는 그분의 몸인 교회와 뗄 수 없는 관계를 갖습니다. 그 자신이 곧 교회의 지체가 되어 지체로서 사는 자인 것입니다. 그러나 안타깝게도 오늘날 교회라는 말을 흔하게 사용하는 신자들, 심지어 목회자들조차도 교회를 바르게 이해하지 못하는 경우가 많고, 따라서 많은 이들이 교회됨을 풍성히 누리지 못하고 있습니다. 성경을 떠난 자신의 경험과 주관에 따른 자의적인 교회관을 대단한 진리인양 말하는 경우도 심심치 않게 있습니다.

교회에 대한 무지와 그릇된 신념은 기독교 신앙 전체를 망치는 주범

중 하나입니다. 교회를 모르는 신자들은 교회에 다니면서도 자기주도적이고 자아중심적인 신앙생활을 추구합니다. 교회를 모르는 목회자들은 그런 삶을 정당한 것으로 가르치며 더욱 선동하고 부추깁니다. 하지만 기독교 신앙과 교회는 결코 우리의 개인적인 꿈과 욕망의 통로가 아닙니다. 오히려 교회는 자아를 중심으로 살던 자가 머리되신 그리스도의 뜻을 이루고 그분을 닮아가는 새로운 삶을 사는 장(場)이요 그렇게 살게 된 사람들의 연합된 공동체입니다.

신자라고 하면서도 교회를 모르기 때문에 발생하는 또 다른 폐해는 자신이 속한 교회를 쉽게 정죄하고 떠나는 것입니다. 특히 최근에는 나름대로 바른 것을 추구한다고 자부하는 목회자들이 교회에 대한 어떤 어려움이 있음을 호소하는 자들에게 그 교회를 떠나라는 조언을 쉽게 하곤 합니다. 그러나 그렇게 교회를 이동한 사람들은 또 다른 문제를 핑계로 다시 새로운 교회를 찾아 이동하는 사례가 많습니다. 놀랍게도 이제 이런 모습은 한국교회 안에서 흔한 현실이 되었습니다.

교회의 어떤 점을 문제 삼아 떠다니는 신자들이나 그렇게 하도록 경솔하게 조언하는 목회자들 모두 교회가 무엇인지 알지 못하고, 제대로 경험해 보지 못한 것입니다. 기독교 신앙과 그로 인한 구원은 교회 속에서 경험되는 것임에도 불구하고 이를 분리시켜 생각하고 있는 것입니다. 그리스도와의 연합으로 인한 기독교의 구원은 복음이 전해지는 교회 안에서 얻게 될 뿐만 아니라, 머리되신 그리스도가 통치하시는 교회 안에서 경험적으로 확인됩니다. 그러므로 교회를 떠나서는 구원도 없다고 할 수 있습니다. 그런데도 구원에 대한 가르침에는 예민하고 열정이 있는 목회자들조차 정작 교회 안에서, 그리고 교회를 통해서 드러나야 할 성도의 삶에 대해서는 무지하여 다른 가르침을 말하곤 하는 것입니다.

이 책은 이와 같은 모순을 가진 우리의 경험과 현실을 성경이 말하는 교회의 모습에 비추어 보고 나아갈 바를 모색하기 위한 내용들을 담고 있습니다.

성도들의 삶에 실제로 적용되는 성경적 교회론

이 책에서 확인하게 될 교회에 대한 성경의 가르침은 아주 실제적이고 사실적입니다. 하나님의 말씀은 교회를 추상적으로 말하지 않습니다. 실제 우리의 경험 속에 있는 것, 그리고 있어야 할 것을 말합니다.

물론 지상의 모든 교회들은 완전하지 못합니다. 그 안에는 가라지도 있고, 알곡이라 하더라도 모두 각각의 인격적인 개성과 성장 수준의 편차를 보이게 마련입니다. 그러나 교회의 머리되신 그리스도께서는 분명히 말씀과 성령으로 다스리심으로써 교회 안에 실제적으로 역사하십니다. 이에 따라 우리는 교회 안에서 주님의 말씀과 성령에 따른 실제적인 변화와 성장을 보고 경험할 수 있습니다.

교회에 대한 성경의 가르침을 담은 이 책의 내용 역시 강단에서 선포되어 성도들의 실제 삶에 적용되었던 것일 뿐만 아니라, 그 이후로도 계속 교회 안에서 성경공부 교재로 사용되며 많은 이들에게 유익을 끼쳐 왔습니다. 이번 출판을 계기로 같은 유익과 은혜가 이곳 저곳에서 경험될 수 있기를 소망합니다.

끝으로 이 책의 내용에 참고가 된 자료들에 대해 말씀드려야 할 것 같습니다. 이 책은 본래 교회 안에서 강론된 설교 시리즈로 구성되었습니다. 저는 성경이 가르치는 어떤 주제에 대하여 강론할 때마다 항상 관련 자료를 할 수 있는 한 최대로 모아 검토하고 활용합니다. 이 강론 역시 교회에 대한 내용을 담은 많은 성경신학과 조직신학 도서, 교회를 주제로 한 다양한 관점과 사상을 다룬 단행본, 여러 설교자의 강론집, 특히 로이드존스의 에베소서 강해 등을 참고하여 준비했습니다. 그렇기 때문에 그 내용 안에는 다양한 저서들로부터 얻은 특정 지식이나 사상이 반영되기도 하고 간접적으로 인용된 부분도 있을 것입니다. 그러나 그것의 출처를 일일이 기억하여 찾아 표기하지는 못하고, 다만 길게 직접 인용된 부분만 각주 처리했음을 밝힙니다.

주께서 작은 종의 부족한 저작을 들어서 조국 교회를 위한 요긴한 도구로 사용해 주시기를 기도합니다.

프롤로그

교회의 의미를 잊은
이 땅의 교회를 위해

교회를 떠난 그리스도인은 존재할 수 없다

안타깝게도 오늘날 교회 안에는 개인의 구원에 대해서는 적지 않은 관심을 갖고 있으면서도 '교회'에 대해서는 그렇지 않은 사람들이 많습니다. 그들은 교회에 대해서는 무지하고 무관심한 채 그저 개인적인 차원의 신앙생활을 추구하게 되기 쉽습니다. 그러나 교회를 떠난 개인주의적인 신앙은 한쪽으로 치우치고 왜곡될 수밖에 없습니다.

부르심을 받은 신자에게 교회는 우리가 아는 것보다 훨씬 중요한 의미의 부요한 내용을 가지고 있습니다. 교회는 각 사람의 구원을 위한 복음의 접촉점과 통로일 뿐 아니라 구원받은 신자가 속하여 하나님의 백성다운 신앙과 삶을 형성하고 구체화하는 곳입니다.

그리스도인은 교회와 무관할 수 없습니다. 그를 부르신 분이 교회의 머리 되신 그리스도이시기 때문입니다. 어떤 신자도 그리스도께서 친히 머리가 되시는 교회보다 앞설 수 없고, 교회와 무관하게 홀로 존재할 수도 없습니다. 부르심을 받은 하나님의 백성은 철저히 교회의 지체로 존재합니다.

신자는 그리스도의 몸 된 교회의 지체로 부름 받아 모든 은혜를 얻어 누립니다. 그리스도인에게 공동체성은 선택일 수 없습니다. 우리는 본능적으로 자신을 중심에 두고 신앙생활을 생각합니다. 따라서 교회를 '나' 다음으로 여기기 쉽습니다. 그러나 우리는 자신을 교회에 속한 지체라는 공동체적인 관점으로 보아야 합니다.

우리가 그리스도인으로서 얻게 되는 대부분의 영적인 유익은 교회와 관련되어 있습니다. 가시적인 지상 교회와 분리된 채 정상적인 신앙생활을 유지하고 영적인 유익을 얻기란 거의 불가능합니다. 그리스도인에게 있어서 교회에 대한 바른 이해와 교회와의 실제적 관계는 필수적입니다.

신자가 교회에 대해서 알지 못하고 교회와의 관계 안에 있지도 않다면 자연히 큰 혼란과 방황을 겪게 됩니다. 결국 영적인 궁핍함에 빠지게 되며 심지어 배교에까지 이를 수 있습니다. 로이드존스는 교회를 바르게 아는 일의 중요성을 다음과 같이 말했습니다.

"만일 우리가 기독교회의 지체가 된다는 것이 무엇을 의미하는지를 바르게 인식한다면 우리가 가진 모든 문제들은 아니더라도 거의 대부분을 즉각적으로 해결할 수 있을 것입니다. 그리고 만일 모든 교회가 교회의 지체 됨이 무엇인지를 바르게 알았다면 우리는 이미 진정한 부흥과 능력 있는 영적 각성으로 달음질치게 되었을 것입니다."

교회에 대한 무지가 불러온 문제

교회의 지체인 신자들 자신이 교회가 무엇인지를 알지 못하는 현실은 교회 안에 많은 문제들을 발생시킵니다. 교회에 대한 무지는 오늘날 이 교회 저 교회를 떠돌며 방황하는 그리스도인들이 많아지고 있는 원인 중 하나이기도 합니다. 이 같은 현상은 특정 개인의 문제를 넘어 한국교회 전체의 문제입니다. 신자로서 교회가 무엇인지 모르고 경솔하게 행함으로써 교회의 머리이신 그리스도의 영광까지 욕되게 할 수 있기 때문입니다.

교회에 대한 말씀은 교회에서 전해져야 할 진리임에도 불구하고 그 중요성에 비해 매우 등한시되는 내용입니다. 교회 안의 많은 사람들은 자신의 구원과 관련된 말씀을 중요하게 생각합니다. 구원과 관련된 하나님 자신과 인간의 죄에 대해서도 어느 정도 알고 있습니다. 은사와 성령의 역사, 종말에 관한 것도 관심을 많이 갖는 주제입니다. 그러나 안타깝게도 교회에 대한 말씀은 지난 한두 세기 동안 사람들의 관심 밖에 있었습니다.

이런 무관심과 무지로 인해 많은 혼란을 경험한 끝에 최근 몇십 년 사이 교회에 대한 가르침의 필요성이 다시 대두되기도 했습니다. 하지만 교회에 대한 편견과 거부감이 오히려 갈수록 심화되고 있고, 그 때문인지 각 교회들에서는 여전히 교회에 대한 내용이 바르게 가르쳐지지 않고 있습니다. 그 결과, 바른 교회론의 정립 없이 개별적으로 신앙생활을 하도록 방치되는 신자들이 늘어나며, 그중에는 교회를 떠나 방황하며 철저히 개인화되어 자신의 신앙을 정당화하는 사람들이 점점 확산되고 있는 실정입니다. 이처럼 예수는 믿지만 교회에는 안 나가는 사람들을 지칭한 '가나안 성도'('가나안'은 '안 나가'를 거꾸로 읽은 말)라는 유행어까지 나오게 되었습니다. 이것이 작금의 현실입니다.

이는 매우 심각하게 생각해야 할 문제입니다. 교회를 바르게 알지 못하는 결과는 성도에게 그저 교회에 속하지 못하고 떠돌아다니는 것 정도로 그치지 않습니다. 교회를 겉도는 사람들은 영적 궁핍, 정서적 결핍 때문에 소위 '다른 가르침'에 쉽게 넘어갑니다. 실로 우리 주변에는 교회가 무엇인지 알지 못하고 교회에 잘 정착하여 성장하지 못한 채 방황하다가 거짓에 미혹을 당하는 이들이 많습니다. 오늘날 한국교회에 '신천지' 같은 사이비 이단 집단들이 득세하는 현상은 이와 무관하지 않습니다. 교회가 무엇인지를 배우지 못하고, 바른 교회의 모습을 경험하지 못하고, 그 안에서 성장하지 못하기 때문에 생겨나는 현상입니다. 교회를 모르는 무지의 결과가 결국 배교에까지 이르게 하는 것입니다.

양적 부흥을 이룬 교회가 참된 교회다?

물론 한편으로는 이렇게 메마른 현실에 지쳐 '참된 교회'를 경험하기 원하는 사람들도 많아지고 있습니다. 하지만 많은 이들이 그런 바람을 가지고서도 여전한 무지로 적지 않은 혼란을 겪고 있습니다. 참된 교회를 찾기 원하지만 분별력 없어, 그저 양적 부흥을 이룬 큰 교회가 하나님이 일하시는 교회일 것이라고 생각하고 그런 교회를 찾아가는 경우가 많은 것입니다. 큰 교회라고 무조건 잘못된 것은 아니지만 큰 교회가 곧 참된 교회일 것이라는 인식은 바르지 못합니다. 참된 교회는 크기와 무관합니다.

교회의 크기뿐 아니라 특정 분야에 특화된 사역을 감당하는 것 역시 참된 교회의 기준이 될 수 없습니다. 요즘은 문화 사역에 열심인 교회, 구제나 사회복지 사업에 힘쓰는 교회, 서로 재산을 공유하는 소유 공동체, 친밀한 사귐과 나눔에 초점을 둔 가정교회 등이 대안적 교회의 모델로 거론되고 있습니다. 그래서 목회자들 중에 사회복지사 자격증을 따는 이들이 많아지고 있습니다. 물론 특별히 사명이 있어서 관련 사역을 하는 것은 있을 수 있는 일입니다. 하지만 교회의 기본적인 정체성은 복지 사업 같은 것들이 아닙니다. 이런 일들이 참된 교회를 만들 수는 없습니다.

교회에는 교회만의 고유한 정체성이 있습니다. 그저 몇몇 사람들이 모여 그 중의 한 사람을 목사로 세우면 교회가 되는 것이 아닙니다. 또 신앙적인 동기로 모인 사람들이 선교나 구제, 사회봉사 활동, 친교활동 등을 열심히 하면 참된 교회가 되는 것도 아닙니다. 선교나 구제는 교회가 감당해야 할 중요한 일이지만 그런 것들은 교회의 한 부분일 뿐입니다. 그런 것들은 교회를 교회되게 하는 요소가 될 수 없습니다.

교회에 다니면서도 교회가 무엇인지 모르기 때문에 나타나는 또 한 가지 현상은 자신이 속한 교회에 대하여 함부로 말하는 것입니다. 어떤 사람들은 지극히 개인주의적이고 자아도취적인 신앙을 가지고 있어서 교회에 대한 험담을 늘어놓는 데 거리낌이 없습니다. 공동체 안에서의 관계를 싫어하고 못 견뎌 하거나, 거듭남과 참된 신앙에 대한 도전을 부담스러워하고, 도덕적인 삶의 요구에 반발하여 불평을 일삼으며 교회를 등지기까지 합니다. 오늘날 우리 주변에서 이런 사람들을 찾아보기가 어렵지 않게 되었습니다.

교회론, 왜 알아야 할까?

물론 지상에서 완벽한 교회를 이룰 수는 없습니다. 완벽한 교회의 모습은 나중에 완성될 하나님 나라에서 보게 될 것입니다. 지상 교회는 아무리 완벽해 보이더라도 좀 더 깊이 들여다보면 문제들이 보이게 마련입니다. 하지만 우리는 성경이 말하는 교회, 곧 참된 교회가 무엇인지 알고 추구할 수는 있습니다. 부족하지만 참된 교회가 되고자 하는 바른 방향성을 가지고 힘쓸 수는 있습니다.

완벽한 교회는 될 수 없다고 하더라도 참된 교회, 좀 더 하나님 앞에 진실한 교회이기를 추구할 수 있는 것입니다. 우리는 참된 교회가 무엇인지를 바르게 알고 그런 방향으로 나아가기를 힘써야 합니다.

무엇보다 우리는 교회에 대한 성경의 가르침을 바르고 깊이 있게 알아야 합니다. 성경은 모든 그리스도인들이 그리스도께 속한 자로서 그리스도의 몸인 교회 안에 있다고 가르칩니다. 우리는 신자로서 누릴 수 있는 모든 것을 교회 안에서 누립니다. 즉 우리는 머리 되신 그리스도께 속한 자로서 그분의 몸인 교회 안에서 그분과 관계를 이루어 가고, 그분의 통치를 따릅니다. 뿐만 아니라 교회 안에서 다른 지체들과 성도의 교제를 나누며, 그리스도처럼 거룩함을 나타내고, 하나님을 영화롭게 합니다. 신자는 마땅히 그리스도의 몸 안에서 이런 모습을 가져야 합니다.

우리는 교회에 대한 말씀, 즉 교회론을 통해 신자다움을 배우고, 실제로 그것을 자신의 것으로 만들어야 합니다. 교회론은 우리의 내적인 성품에서부터 교회 안에서의 생활, 나아가 세상에서 그리스도의 지체로서 사는 문제까지도 가르쳐 줍니다. 그리스도인의 삶은 교회에 대한 말씀을 알고 그것을 바르게 이해하는 가운데서 든든히 세워질 수 있습니다.

성경이 교회에 대하여 가르쳐 알게 하는 것은 우리가 그리스도의 몸 안에서 잘 자라 가도록 하기 위해서입니다. 바른 신앙생활과 성장을 위해서는 성경이 가르치는 교회에 대한 진리를 알고 우리의 것으로 소유해야 합니다. 그렇지 않으면 영적인 성장도 없습니다. 그저 여러 교회들을 떠돌며 기호에 따라 유명한 설교자들의 설교를 골라 듣는 것으로는 영적인 성장을 이룰 수 없습니다.

그리스도의 지체 된 신자는 교회 공동체 안에서 자라납니다. 그러므로 신자는 가시적인 교회의 일원이 되어 공동체의 지체로서 존재감을 가지고 있어야 합니다. 에베소서는 우리가 교회에 속하게 되는 것이 하나님의 비밀스러운 뜻으로 말미암은 일이라는 사실을 가르쳐 줍니다(엡 3-4장). 그저 교회에 출석하는 것을 전부로 알아서는 안 됩니다. 교회에 속한 지체로서의 존재감과 실제적인 활동이 없는 것은 성경에서 말하는 신자의 바른 모습이 아닙니다.

눈에 보이는 교회의 중요성

무교회주의자들은 가시적인 교회를 무시합니다. 그리고 자신들은 보이지 않는 교회에 속해 있기 때문에 개별적으로 하나님을 믿고 그리스도와 관계한다고 말합니다. 그러나 그들의 주장은 바울이 고린도나 에베소와 같은 특정 지역에 있는 가시적인 교회들에 편지하여 그들이 속한 교회 안에서 참된 교회의 모습을 갖도록 권하는 성경의 내용을 무시하는 것입니다.

성경은 그리스도를 머리로 하는 보이지 않는 우주적인 교회, 보편적인 교회만이 아니라 가시적인 교회에 대해서도 가르칩니다. 우리는 보편적인 교회, 보이지 않는 교회를 가시적인 교회 형태 안에서 경험하고 알아 갑니다. 우리가 이 세상에 있는 동안, 교회는 가시적인 교회 안에서 구현되고 경험됩니다.

예수님도 승천하시기 전에 사도들에게 예루살렘을 떠나지 말고 함께 기다리라고 하셨습니다(눅 24:49). 이 말씀을 따라 제자들은 실제로 모여 있었고(행 1:15), 그 자리에 성령께서 강림하셨습니다(행 2:1-4). 또 수많은 사람들이 회개하여 돌아온 뒤에도 신자들은 실제로 함께 모여서 사도들의 가르침을 받았고 떡을 떼면서 하나님을 찬미했습니다(행 2:46-47). 처음부터 이 땅 위의 교회는 이렇게 가시적인 형태의 교회로 구현되었습니다. 바울도 에베소서에서 그리스도의 몸을 세우는 것을 말하며 가시적인 조직을 제시했습니다(엡 4:11-12). 우리는 가시적인 조직을 가진 교회 속에서 나타나야 할 참된 교회의 모습을 알아야 합니다. 성경이 말하는 참된 교회의 모습을 알아야 하며, 그것이 우리가 속한 지교회가 추구해야 할 바임을 알아 가야 합니다.

그저 교회에 왔다 갔다 하면서 쌓은 피상적인 경험들과 주워들은 지식들로 교회를 안다고 할 것이 아니라 성경에 근거한 교회에 대한 바른 지식으로 우리 영혼을 살찌워야 합니다. 물론 그런 내용을 공부하고 아는 것만으로 영적으로 성장하여 곧바로 교회다운 모습을 갖게 되는 것은 아닙니다. 교회에 대한 성경의 가르침이 자신을 위한 것임을 알고 실제적으로 순종해야만 영적인 성장과 교회다움을 누릴 수 있습니다.

예수는 좋지만 교회는 싫다?

우리가 말하는 교회는 신자 자신과 분리되어 별개로 존재하는 실체가 아닙니다. 그런데 교인들 중에는 자기와 분리해서 교회를 말하는 사람들이 많습니다. 그것은 교회를 오해한 탓입니다. 신자는 교회를 남 얘기하듯 말할 수 없습니다. 신자는 교회 밖에 있는 자가 아닙니다.

어떤 사람들은 자신이 다니는 교회를 '이 교회'라고 부르기도 하는데, '이'라는 지시형용사는 그 대상과 자기와의 직접적인 관계를 부정하거나 무시하는 표현입니다. 탕자의 형도 돌아온 자기 동생을 '이 아들'이라고 했습니다.[1]

자기 동생과 자신의 혈육 관계를 무시한 말입니다. 어떻게 자신의 동생을 '(아버지의) 이 아들'이라고 부릅니까? 어떻게 자신이 속한 교회를 '이 교회'라고 할 수 있습니까? 우리는 그리스도의 몸의 지체로서 교회에 속한 자들입니다. 그 사실을 잊고 마치 교회 밖에 있는 자처럼 언행을 일삼는 것을 삼가야 합니다.

데이비드 왓슨이 지적한 대로 오늘날 많은 사람들은 '지저스 예스, 처치 노'(Jesus Yes, Church No)라는 마인드를 가지고 있습니다. 예수는 좋지만 교회는 싫다는 것입니다. 이것은 분명히 성경적인 생각이 아닙니다. 교회와 그리스도는 분리되지 않습니다. 물론 그렇게 말하는 배경에는 이 땅의 가시적인 교회들의 교회답지 못한 모습, 사실상 예수와 상관없어 보이는 교회의 모습이 있습니다. 그것은 슬프지만 부인할 수 없는 현실입니다.

그러나 그 책임은 교회에 속한 지체로 존재하는 우리 모든 신자들에게 있는 것입니다. 목회자들에게 더 큰 책임이 있는 것은 두말할 나위가 없지만, 그리스도를 믿는 신자들 중 누구도 교회의 이런 현실에 대한 책임에서 자신을 제외시킬 수 없습니다. 모든 신자들은 교회론을 바르게 정립하여 자신이 교회 밖에 있는 존재가 아니라는 사실을 확고히 알고 교회의 참된 모습을 회복하기 위해 힘써야 합니다.

오늘날 교회의 일그러진 자화상

"예수는 좋지만 교회는 싫다"는 말이 나오는 이유를 간단하게 설명하면 교회가 세상과 별로 다를 바가 없기 때문이요, 세상에서 통용되는 가치와 방식이 교회에서도 그대로 통하기 때문입니다. 교회가 교회답지 않고 도리어 세상을 닮아 있는 모습에 실망한 것입니다. 실제로 오늘날 많은 교회들이 세상과 동일한 성공과 행복을 동일한 방식으로 추구하고, 그것을 피차 독려하며 정당화하는 모습을 보이고 있습니다. 그러나 교회는 복음과 구원을 전하는 공동체이지 성공과 행복이라는 상품을 판매하는 곳이 아닙니다. C. S. 루이스는 이렇게 말한 바 있습니다.

"나는 행복해지려고 종교를 찾은 것이 아니다. 그런 행복은 포트와인 한 병으로 얻을 수 있음을 나는 잘 알고 있다. 당신이 진실로 안락함을 느끼기 위해 종교를 원한다면 나는 결코 기독교를 권하지 않겠다."

기독교의 진리는 이 세상이 생각하는 안락함보다 오히려 자기를 부인하고 십자가의 길을 가신 주님의 길을 좇아서 가는 제자의 삶을 요구합니다. 교회는 세상적인 의미에서의 행복과 성공을 판매하고 호객 행위를 하는 집단이 아닙니다. 성경의 예수님을 보십시오. 그분의 사역 중에는 호객 행위와 같은 것이 없습니다. 예수님은 오히려 멋모르고 자기를 따라오는 사람들에게 "누구든지 나를 따라오려거든 자기를 부인하고 자기 십자가를 지고 나를 따를 것이니라"(마 16:24)고 말씀하셨습니다. 이 진리를 제쳐 두고 삶의 자질구레한 문제들을 해결하고 성공하여 행복해지는 것만을 추구하거나 그것을 우선시하는 것은 교회의 정체성을 상실한 모습입니다.

그런데 오늘날의 수많은 청중이 개인의 성공과 행복을 주제로 한 설교를 원합니다. 그리고 많은 설교자들이 그런 청중의 기호와 관심에 맞는 말을 하기에 바쁩니다. 십여 년 전 미국인들을 대상으로 교회에 기대하는 것이 무엇인지를 물었을 때 가장 많은 사람들이 '친교'를 꼽았고, 그다음으로 '훌륭한 설교', '음악', '다양한 교양 프로그램', '자녀들을 위한 청소년 활동', '편안한 마음' 등이 뒤따랐다고 합니다. 지금 다시 조사한다면 '편안한 마음'의 순위가 더 오르지 않을까 싶습니다. 한마디로 성경이 말하는 대로 주님의 뜻을 좇는 교회가 아니라 오히려 자신들의 취향에 맞추어진 교회를 원하는 것입니다.

한국교회도 이런 변질로부터 자유롭지 못합니다. 미국이든 한국이든 오늘날 기독교회의 전반적인 분위기가 그렇게 흘러가고 있습니다. 오늘날 여러 교회들이 참진리보다는 재미와 흥미를 자극하기 위한 영상과 연극의 방식이나 화려하고 웅장한 찬양 도구와 조명 등을 도입하는 데 열을 올리는 것은 청중이 보편적으로 기대하는 바와 무관하지 않습니다. '문화센터'라는 간판을 내걸고 각종 악기를 가르치고, 도자기를 굽는 등의 다양한 문화 취미 활동 프로그램을 진행하고, 레포츠 활동 등에 힘을 쏟는 것은 일종의 소비자들의 욕구를 충족시켜 주기 위한 마케팅 목회라고 할 수 있습니다.

그러나 찬양 시간은 늘리고, 설교 시간은 줄여 소비자들의 욕구를 충족시키고자 예배의 형태를 변형하는 것은 커다란 실수입니다. 어떤 사람들은 그런 교회의 모습을 자랑하기까지 합니다. 그러나 그것은 예배의 본질을 완전히 망각한 것입니다. 누구를 위한 예배입니까? 설교의 목적은 또 무엇입니까? 설교 시간을 줄이고 정확하게 제한하는 것은 세련된 것이 아니라 성령을 제한하는 것입니다. 예배 때에 성령께서 설교자에게 주시는 감동이나 성령의 예외적인 역사를 생각하지 않는 것입니다.

로이드존스는 BBC방송에서 설교를 요청했을 때 "만약에 내가 방송 설교 중에 성령께서 크게 임하시면 어떻게 하겠습니까? 크게 은혜를 부어 주시면 지 때문에 방송을 연장할 수 있습니까?"라고 물었다고 합니다. 이 때문에 그는 제한된 시간 내에 해야 하는 설교 요청을 거절했습니다.

상업 논리로 운영되는 세상의 여느 기업과 같이 교회를 운영하는 것은 사실상 교회이기를 포기하는 것입니다. 그러나 오늘날 조국 교회는 양적 성장을 가장 중요시하여 그것을 위해 새로운 프로그램을 개발, 도입하고 사람들의 구미에 맞추기 위해 진리까지 포기할 정도가 되었습니다. 교회의 주된 관심사가 하나님이 아닌 교회 안에 모여든 사람들의 주관적인 만족이 되고 있습니다. 은사주의, 신비주의, 외적인 성공주의, 축복, 심리 치유적인 상담 등의 요소가 교회에 가득하게 된 것은 교인들의 소비자적인 욕구를 떠받든 결과입니다.

교회로 모인 사람들은 거룩하게 구별된 하나님의 성도가 아니라 소비자로서의 자리를 굳혀 가고, 교회는 이들의 소비 욕구에 따라 더욱 다양한 시도를 해 나가는 것입니다. 물론 이런 식으로 교회는 일시적으로 양적인 성장을 이룰 수는 있습니다. 그러나 궁극적으로 그 교회는 교회답지 못하게 됩니다. 세상의 질타를 받는 상태까지 추락하게 됩니다. 사람들의 욕구를 충족시키는 데 목적을 둔 교회는 상품을 파는 기업처럼 피를 말려 가며 새로운 아이템과 아이디어를 개발하고, 극단적으로는 다른 교회들과 경쟁해야 합니다. 소비자들로부터 외면 당하지 않도록 몸부림쳐야 합니다.

성경의 관점에서 볼 때 그런 지향성을 띤 모임은 더 이상 교회라고 부르기 어렵습니다. 교회 간판을 달수는 있어도 성경이 말하는 거룩한 교회가 될 수는 없습니다. 그런 분위기에서는 자연스럽게 복음이 희석되고, 교회와 목회자가 교인들의 영적, 도덕적 상태를 다루지 못하게 되기 때문입니다. 더 심각한 것은 교회의 머리가 그리스도 대신 사람이 되어 버리는 것입니다.

스스로 교회의 교회 됨을 무너뜨리는 현실

교회에는 고유의 권위가 있습니다. 거룩함을 위해서 권위를 가지고 교훈도 하고, 책망도 하고, 권징도 할 권위가 있습니다. 그러나 소비자 중심적인 교회는 이런 권위를 스스로 잃어버리게 됩니다. 오늘날 실제로 그런 경향을 가진 교회들은 권징을 시행하지 못하고 있습니다.

이후에 더 자세히 살펴보겠지만 교회에는 최소한 말씀, 성례, 권징이라는 외적인 표지가 있어야 하는데 그 한 부분을 상실한 것입니다.

교회가 거룩함을 위한 권위를 잃는 것은 심각한 문제입니다. 엄밀히 말해 교회는 사람들을 행복하게 만드는 기관이 아니라 사람들을 거룩하게 하는 유기체이기 때문입니다. 교회가 추구하는 바는 예수 믿어 거룩하게 변화시키는 것입니다. 그런데 소비자의 욕구를 따라 성장주의를 추구하는 교회는 그렇게 할 수 없습니다. 그런 분위기에서는 어떤 식으로든 부를 얻는 것을 하나님의 축복이라고 말하며, 거룩하기는 커녕 죄악으로 얼룩진 삶 속에서도 소위 남부러워할 만한 위치에 이르기만 하면 하나님이 인정해 주신 것으로 여기게 됩니다.

결국 성령께서 허락하시는 거듭남의 열매 대신에 가짜 열매들을 위안거리로 삼게 되는 것입니다. 자기중심적인 욕구에 충실한 교인들을 변화되지 않은 죄된 본성에 따라 살도록 격려하고 위로하며 그들로 교회의 규모를 키워 가는 것입니다. 이런 소비자 중심적인 정신은 교회의 현실을 비참하게 합니다. 교회의 머리 되신 그리스도의 영광을 실추시킵니다.

교회의 머리는 그리스도이십니다. 교회의 구성원인 성도들은 그리스도의 은혜와 그리스도의 능력과 그리스도의 가르침과 그리스도의 정신으로 그리스도의 인도 속에서 존재하고 생기를 얻고 모든 것을 얻습니다. 그런 가운데 교회는 예수 그리스도의 통치를 드러냅니다. 그분 때문에 피차 굴복하게 되는 것입니다. 그분의 통치 때문에 자기 성질대로 행하지 못하는 것입니다.

그러나 마케팅 기법이나 상업주의적인 정신을 따르다 보면 그리스도의 교회의 머리 되심을 무시하게 됩니다. 이로써 사실상 참된 교회의 모습을 교회 스스로가 파괴하는 것입니다. 다음에 인용한 찰스의 글은 이런 교회의 현실을 잘 보여 줍니다.

"교회가 정체성의 위기를 겪고 있다는 것은 더 이상 놀랄 일이 아니다. 교회는 장소가 아님에도 불구하고 우리는 마음을 편안하게 하기 위해 교회에 나간다고 거침없이 말한다. 이것은 명백히 잘못된 이유이다. 우리는 교회를 잘못된 기준에 따라 평가함으로 인해서 문제를 더욱 복잡하게 만들고 있다. 수년에 걸쳐 나는 목회자들을 대상으로 조사를 해 왔다. '목사님의 교회는 잘됩니까?'라는 질문에 극히 드문 몇 사람을 제외하고는 거의 모든 목회자들이 수량적인 의미로 응답했다. 등록 교인 수가 20% 증가, 지난해 세례 받은 자가 100명, 새 성전 건축, 주일 3회 예배 드림. 이처럼 교회의 성공 기준을 숫자와 동일시할 정도로 세속적인 문화 가치가 교회를 사로잡아 버렸다. 교회가 수적으로 성장하지 않고 있다면 무언가가 잘못된 것이다. 아마 목회자나 당회가 시장 분석을 충분히 하지 못했거나 적절한 프로그램에 투자하지 못했기 때문일 것이다. 이러한 이유로 교회의 성장은 오늘날 종교계에서 가장 뜨거운 관심을 모으는 일이 되어 버렸다.
리처드 뉴 하우스는 '성장을 위한 성장, 인간이 만든 성장은 사람들을 영적으로 죽이는 것이 될 수 있다. 인위적인 성장은 영적으로 죽은 목회의 마지막 피난처다'라고 말했다. 교회 원로와 제직들은 양적 성장이 아닌 영적 성장을 위해서 목회자들에게 압력을 넣어야 할 것이다. 또한 교회의 성장이 성공의 척도가 아닌 것처럼 교회 성장이 잘 안 된다는 것이 실패의 표증은 아니다.

캘리포니아에 있는 어느 작은 침례교회의 젊은 목사 브라이언 씨의 경우를 보자. 나는 강사로 초청받았던 어느 모임에서 그를 처음 만났다. 모임이 끝난 후 그가 나를 공항까지 전송하게 되었는데 자동차가 고속도로를 질주하는 동안에 나는 모든 목회자에게 묻는 질문을 그에게도 던졌다. '목사님, 교회는 잘됩니까?' 그는 잠시 머뭇거리다가 대답했다. '좀 어려움이 있었습니다.' 잠시 침묵이 흘렀다. '사실은 교인 중 일부를 잘라 냈습니다.' 그는 내가 실망했으리라는 듯이 내 얼굴을 힐끗 보았다.

'좀 더 정확히 말하면 교인 중 절반을 잘라 냈지요.'

'왜요? 무슨 일이 있었습니까?'

'처음에는 교인 수가 200명이었는데 아무런 영적 변화가 없었습니다. 제 말은 우리 교회가 영적으로 죽어 있었다는 거지요. 무슨 설교를 해도 전혀 변화가 없었습니다. 그래서 어느 날 집사님들과 저는 기도를 드렸습니다. 주님, 당신의 백성들만 이곳으로 보내 주십시오. 우리는 회개하며 진정으로 주님께 헌신할 준비가 되어 있는 사람들만 원합니다. 그런 사람들만의 모임이 되도록 도와주십시오. 심지어 교인들이 줄지어 들어올 때에도 우리는 교회 문 앞에 서서 마음속으로 이런 기도를 드렸습니다.' 브라이언 목사는 말하는 도중에도 혹시 내가 자신의 정신 상태를 의심할까 봐 두려운 듯 여러 차례 나를 쳐다보았다. 오늘 같은 교회 성장 시대에 그 어떤 교회가 오히려 교인 수가 줄어들기를 기도하겠는가.

'그 후로 참으로 놀라운 일이 벌어졌지요. 하나님이 우리 교회에 응답하신 겁니다. 교인들이 하나둘씩 빠져 나가기 시작했습니다. 그 결과 교인 수가 220명에서 100명으로 감소하게 되었습니다. 그러나 바로 그때부터 우리 교회에서는 참된 변화가 일어나기 시작했지요. 우리는 재정적으로 거의 파탄 지경에 이르렀지만, 남은 신도들과 하나님과의 관계는 더 진지해지기 시작했습니다. 교회 일에 적극적으로 참여하게 되었고 이제는 다시 조금씩 교인 수가 늘어나고 있습니다.'[2)]

이 땅의 교회들이 교회다워지기를

신자는 자신의 욕구를 좇아 사는 자가 아닙니다. 그리스도를 머리로 하는 교회의 지체로서 머리 되신 주님의 말씀으로 권면도 받고, 필요하면 책망도 받고, 더 나아가 권징도 받아 가면서 참된 교회를 이루어 가야 하는 자입니다. 우리는 그런 교회의 한 지체로서 주님의 몸 된 교회를 세워 가며 교회를 위해 아파할 줄 알아야 합니다. 오늘날처럼 머리 되신 주님의 영광이 드러나지 않는 교회의 현실을 아파하며 이사야 선지자와 같은 열심을 나타내야 합니다.

"나는 시온의 의가 빛같이, 예루살렘의 구원이 햇불같이 나타나도록 시온을 위하여 잠잠하지 아니하며 예루살렘을 위하여 쉬지 아니할 것인즉"(사 62:1).

우리가 정녕 그리스도인이라면 그리스도의 몸인 교회의 한 지체이기도 한 것입니다. 그래서 교회가 비참하면 우리 자신도 비참하고, 교회가 거짓되면 자신도 거짓된 줄 알아야 합니다. 반대로 교회가 영광스러우면 자신도 영광스러운 것입니다. 그러므로 우리는 먼저 교회의 의와 영광을 구해야 합니다. 그것이 결국 자기 자신의 영광과 의를 구하는 것입니다. 어떤 목사님이 설교 중에 이런 말씀을 하신 적이 있습니다.

"사람은 살면서 네 사람을 잘 만나야 합니다. 첫 번째로 좋은 부모를 만나야 합니다. 두 번째로 좋은 친구를 만나야 합니다. 세 번째로 좋은 배우자를 만나야 합니다. 그리고 네 번째로 좋은 목회자와 좋은 교회를 만나야 합니다."

이 말에는 모든 교회가 좋은 교회는 아니라는 의미가 함축되어 있어서 한편으로는 슬프기도 하지만, 이것이 현실입니다. 좋은 교회를 만나기란 쉽지 않습니다. 우리는 이런 조국 교회의 현실을 진지하게 돌아보며 이 땅의 교회들이 교회다워지기를 구해야 합니다. 무엇보다 자신과 교회를 분리시키지 말고 우리 자신이 각각 그리스도의 몸의 지체로서 합당한 모습을 갖기를 힘써야 합니다. 그것이 곧 하나님께 영광이 되고 우리에게 복이 될 것입니다.

교회에는 교회의 머리 되신 그리스도의 통치가 신실하고 선명하게 드러나야 합니다. 그리스도의 통치로 인해 거룩함을 가지고 생명을 풍성히 누리며 성장해 그리스도를 더욱 닮아 가는 교회가 참된 교회입니다. 그리고 이것이 교회에 나와서 받는 진짜 복입니다. 진짜 복은 그리스도께서 공급하시는 은혜와 생기 속에서 심령이 변화 받고, 머리 되신 그리스도를 닮아가며 그분께로 자라 가는 것입니다. 그 외의 것들은 부가적인 것들입니다.

우리는 하나님이 교회에 주시고자 하는 참된 의미의 복을 망각하고 마케팅 원리에 따른 호객 행위로 사람들을 모아들이기만 하는 교회를 이루지 않기 위해 힘써야 합니다. 교회가 세상의 길을 따르지 않도록 경계해야 합니다. 우리 자신부터 교회의 머리이신 그리스도의 통치를 받아 그분의 말씀대로 살아야 합니다. 이 악한 세대 가운데 참된 교회로, 참된 교회의 지체로 바로 서기를 각자가 구해야 합니다.

모든 신자들은 그리스도의 몸 안에서 묶여 있는 존재입니다. 그러므로 비록 약함과 결함이 있더라도 서로 한마음으로 거룩함을 추구하며 머리 되신 주님을 닮고자 해야 합니다. 나와 너를 나누지 말고, 교회와 나를 나누지 말아야 합니다. 자신이 속한 교회에 어떤 부족한 부분이 발견되면 곧 자신이 감당해야 할 책임인 줄 아십시오. 부정적인 말로 다른 지체들을 판단하는 말을 하기보다 자신이 그 모자란 부분을 채워야 합니다. 이 땅의 모든 교회들은 주님이 오실 때까지 많은 결함과 약점을 가지고 있을 것입니다. 그럼에도 우리는 참된 교회로 세워져 가기 위해 마음을 모아 함께 나아가야 합니다.

R E T U R N

PART 1

참된 교회가 가져야 할 외적 표지는 무엇인가?

참된교회로 돌아오라

CHAPTER 1

그리스도께 속한 교회와 그리스도인

교회에 대한 사랑은 우리의 영적 상태를 말해 준다

"또 내가 네게 이르노니 너는 베드로라 내가 이 반석 위에 내 교회를 세우리니 음부의 권세가 이기지 못하리라"(마 16:18).

그리스도인의 삶은 교회와 함께하는 삶입니다. 단순히 이론으로서가 아니라 실제로 그렇고, 또 그러해야 합니다. 신자는 그리스도의 몸에 속한 지체로서 실제로 이 땅 위에 있는 가시적인 교회에 속하여 마음이 거기에 밀착되지 않을 수 없습니다. 그리스도인이라면 교회를 사랑하는 것이 마땅합니다. 그것도 마치 우리의 구주이신 예수님을 사랑하는 것같이 사랑해야 합니다. 교회는 그리스도의 교회이며, 나아가 그분의 몸이기 때문입니다(엡 1:23, 엡 5:29).

마태복음 16장 18절에서 예수님은 '내 교회'를 세우겠다고 말씀하셨습니다. 이것이 바로 교회의 가장 중요한 정체성입니다. 주님은 교회는 모두 '나의 것'이라고 말씀하십니다. 그러므로 교회에 대한 사랑 없이 주님을 사랑한다고 하며, 그저 개인적인 신앙 행위에 만족하는 사람들은 이 중대한 사실을 알지 못하거나 애써 무시하고 있는 것입니다. 물론 교회에 애정을 갖지 못하는 데는 여러 이유가 있을 수 있습니다. 예를 들어, 성직자의 부패와 교회가 범하고 있는 추악한 비리 등 지상의 교회 안에 있는 수많은 문제들 때문일 수 있습니다. 그러나 어떤 이유에서든지 그리스도인으로서 교회를 사랑하지 않는 것은 정상적이지 않습니다. 교회는 모든 신자들의 주이신 그리스도의 소유이기 때문입니다.

  교회에 대한 우리의 사랑의 정도는 우리의 영적 상태를 말해 주는 중요한 척도가 됩니다. 교회를 사랑하지 않는 사람들은 영적으로 병든 자와 같아서 하나님이 교회를 통해 주시는 은혜와 축복의 방관자가 되는 것이 보통입니다. 어떤 사람들은 자신뿐만 아니라 자녀들에게까지 교회에 대한 부정적인 마음을 심어 주어 영적인 해악을 끼칩니다. 교회를 사랑하지 않고 유리방황하는 사람들이 소생할 수 있는 길은 교회가 무엇인지 바로 알고 속히 돌아와 지교회 안에서 신앙생활을 하는 것입니다. 다른 해결책은 없습니다.

  외인들은 교회 안에 있는 문제들을 손가락질하고 비웃더라도 그리스도인들은 교회가 가진 문제들로 인해 아파하고 애통할지언정 교회에 대한 사랑을 철회할 수 없습니다. 우리는 교회를 사랑하되 흠 없는 천상의 교회를 사모할 뿐 아니라 약하고 온전하지 못한 지상의 교회 또한 힘써 사랑해야 합니다.

교회의 정의

마태복음 16장 18절에서 주님이 사용하신 '교회'(ἐκκλησία)라는 단어는 구약성경의 헬라어 번역인 70인역에서 '선택받은 이스라엘 백성들의 모임'을 뜻하는 '카알'(קָהָל)이라는 히브리어를 헬라어로 번역할 때 사용되는 단어입니다. 그리고 신약성경에서는 흔히 '예수 그리스도를 믿는 자들로 구성된 새로운 공동체'를 뜻하는 말로 사용됩니다. 좀 더 구체적으로 보면, 신약성경은 '에클레시아'라는 단어를 대략 다섯 가지 정도의 폭넓은 의미로 사용합니다.

첫째, 하나님의 선택을 받아 그리스도와 영적으로 연합해 하나님께로 이끌린 천상의 신자들, 곧 승리한 교회를 말합니다. 둘째, 아직 이 땅 위에 있는 신자들, 즉 현재 예수 그리스도를 믿으며 승리를 위해서 싸우고 있는 교회를 말합니다. 신약성경은 승리한 교회와 전투적 교회 모두를 '교회'로 표현합니다. 셋째, 교회 지도자들의 인도 아래 그리스도를 예배하는 세계의 모든 믿는 자들을 의미합니다. 넷째, 하나님을 예배하기 위해 특정 지역에 설립된 교회의 신자들을 의미합니다. 고린도 '교회', 에베소 '교회' 등이 그 예입니다. 비슷한 맥락에서 이 말은 교회의 치리 아래 서로 사랑하며 교제하는 회중의 의미로도 쓰입니다. 다섯째, 지역 교회를 대표하는 직분자나 교회 지도자를 의미합니다.

성경이 말하는 교회의 의미를 종합해 보면 이 땅에서 그리스도를 믿는 신자 각 사람은 지상의 교회와 분리될 수 없는 존재임을 알 수 있습니다. 즉 성경을 따라 그리스도를 믿는 자는 현재 자신이 지상의 교회에 속한 존재라는 사실을 부인할 수 없다는 것입니다. 지상의 교회는 그리스도인 자신을 포함하는 실체이기 때문에 참된 신자는 지교회를 사랑하는 것이 마땅합니다.

교회를 사랑해야 할 가장 큰 이유

그런데 우리가 교회를 사랑해야 할 그보다 더 중요한 이유는 주님이 교회를 '내 교회'라고 말씀하셨다는 데 있습니다. 교회는 특별히 그리스도께 속한 공동체입니다. 이 세상에 교회처럼 그리스도께 직접적으로 속한 기관은 없습니다. 주님은 국가의 행정 기관들이나 법원 등 어떤 중요한 기관에 대해서도 교회에 대해 그러셨듯이 일인칭 소유격을 써서 말씀하신 적이 없습니다.

사도행전에서 바울은 에베소 교회 성도들과 작별하며 설교할 때 교회를 가리켜 '하나님이 자기 피로 사신 교회'라고 표현했습니다(행 20:28). 이것은 예수님이 교회를 가리켜 '나의 교회'라고 말씀하신 것이 어떤 의미인지를 좀 더 분명하게 보여 줍니다. 이런 표현들은 단순히 교회의 소유권에 대한 말이 아니라 교회가 예수님의 피와 결부되어 있는 특별한 기관이라는 것을 말해 줍니다. 교회는 주님의 생명으로 연합된 유기체인 것입니다. 따라서 교회는 그리스도의 생명과 같이 중요한 공동체입니다.

이 세상에 주님의 생명만큼 귀한 기관은 교회 외에 없습니다. 지상의 교회에는 여전히 많은 문제들이 있고, 그 안에서 여러 가지로 실망스러운 경험을 할 수도 있지만 그런 부족과 문제에도 주님은 교회를 자신의 소유로 삼으셨으며, 자신의 생명만큼 귀하게 여기십니다.

요한계시록은 승귀하신 예수 그리스도께서 부족함이 많은 지상의 교회를 여전히 얼마나 사랑하시는지를 우리에게 보여 줍니다(계 1:10-11). 예수께서는 승천하신 후에도 말씀을 통하여 이 땅 위의 교회들에 간섭하시고, 교회를 위해서 자신의 모든 것을 주시며 끝까지 주관하십니다. 그렇기 때문에 교회의 가치는 눈에 보이는 것만으로 말할 수 없습니다. 그러니 주님께 속한 우리 또한 교회를 귀히 여겨야 합니다. 자신을 구원하신 주님의 사랑에 감화된 영혼은 주님이 자기 피로 사신 교회에 대해 관심과 헌신이 없을 수 없습니다.

모든 그리스도인은 이 땅 위에 있는 지교회에 속하여 교회를 사랑하며, 그리스도의 몸의 지체로서 복과 은혜를 체험해야 합니다. 이렇게 말하면 혹자는 요즘 교회들이 너무 부패하고 타락해서 어느 교회에도 소속되고 싶지 않다고 말할지도 모릅니다. 그러나 결론적으로 그는 교회가 무엇인지 알지 못하는 것입니다. 교회는 그리스도인 자신과 분리하여 생각할 수 없는 대상이기 때문입니다.

어떤 사람들은 이렇게 말하기도 합니다. "나는 비록 특정 교회에 소속되어 있지는 않지만 여러 교회를 돌아다니며 예배에 참여하고 있고, 여전히 교회를 사랑합니다." 또 어떤 이들은 인터넷을 통해서만 말씀을 들으면서 교회를 사랑한다고 말하기도 합니다. 자신들이 비록 지교회를 사랑하지는 않지만 그리스도의 몸인 전체 교회, 즉 무형 교회는 사랑한다는 의미로 그렇게 말합니다. 또는 자신들이 희망하는 이상적인 교회를 만나면 사랑할 수 있다고 막연하게 생각합니다. 그러나 이 또한 교회가 무엇인지를 모르는 모습입니다.

성경이 말하는 무형 교회는 지상의 가시적인 교회들과 무관한 실체가 아닙니다. 무형 교회는 그리스도를 머리로 하는 오직 참된 백성들만으로 구성된 영적 공동체입니다. 이는 유형 교회, 즉 지상에 있는 교회들의 연장선에서만 말할 수 있는 교회입니다.

요한계시록 2장과 3장은 지상의 일곱 교회를 말하고 나서 그 뒤에 셀 수 없는 무리들이 하나님 앞에 찬양하는 천상의 교회를 보여 줍니다. 지상의 교회와 천상의 교회는 서로 연속성을 가집니다. 지상의 유형 교회를 무시하며 거기에는 속하지 않으면서 자신이 천상의 교회에 속한 자라고 여기는 것은 허황된 생각입니다. 주님은 자신의 피 값으로 교회를 세우시되 천상에 바로 세우신 것이 아니라 먼저 이 지상에 세우셨습니다.

초대교회 때부터 그리스도인들은 함께 모여서 하나님을 예배하고, 말씀을 배우고, 교제하고, 구제하고, 복음을 전하고, 떡을 떼고, 필요에 따라 직분자를 세워 적절한 조직을 갖추어 하나님을 영화롭게 하고자 하는 공동체를 이루었습니다.

에베소 교회나 빌립보 교회 모두 성도들이 각 지역에서 한 공동체로 세운 기관이며, 데살로니가나 예루살렘에 세워진 교회들 역시 마찬가지입니다. 이런 지교회에 속하지 않으면서 교회를 사랑한다고 하는 것은 허상일 뿐입니다.

교회의 표지가 결여된 선교단체들

또 어떤 사람들은 지교회 대신 선교단체에 속하여 신앙생활을 하면서 교회를 사랑한다고 말합니다. 그러나 이 또한 교회가 무엇인지 알지 못하는 것입니다. 교회는 선교적인 목적만을 가진 공동체가 아닙니다. 교회는 그것 이상으로 없어서는 안 될 중요한 표지들을 가지고 있습니다. 그러나 선교단체들은 교회의 최소한의 외적인 표지들조차 가지고 있지 못합니다.

교회가 교회 되게 하는 최소한의 외적 표지는 세 가지 정도로 말할 수 있습니다. 첫 번째는 하나님의 말씀을 바르고 순결하게 전하고 공급하는 것입니다. 교회는 각자의 주관적인 견해에 따라 성경을 해석하고 말하는 것이 아니라 성경의 진리를 바르고 순결하게 분별하여 전달함으로써 세워집니다. 물론 정상적인 선교단체는 이런 특징을 가지고 있습니다. 그러나 일반적으로 선교단체들은 교회로부터 독립될 때 두 번째와 세 번째 표지를 결여하게 됩니다.

두 번째는 주님이 정하시고 명하신 성례 즉, 세례와 성찬을 집행하는 것입니다. 성례는 하나님의 말씀을 보이는 형태로 나타내는 것입니다. 성례를 집행하는 것은 교회의 중요한 표지입니다. 그리스도께서는 자신이 다시 오기까지 이것을 지켜 행하라고 하셨습니다. 초대교회 이래로 오랜 역사 동안 교회 공동체는 세움을 받아 자격을 갖춘 사역자들에게만 세례와 성찬을 맡겨 집례하게 하였습니다. 선교단체에는 이것이 결여되어 있습니다.

세 번째는 권징의 시행입니다. 교회는 순결함을 지키고, 교리를 바르게 보호하고, 성찬을 보호하기 위해서 권징을 신실하게 시행해야 합니다. 선교단체는 두말할 것도 없고 오늘날 대부분의 교회들에서 권징을 찾아보기 어렵게 되었습니다. 그러나 권징은 반드시 필요합니다. 권징을 시행하지 않으면 교리적으로 문제가 있는 사람들에 대한 교정이 이루어지지 못할 뿐만 아니라 교회 안에서 범하는 도덕적인 죄악을 제재하며 바르게 교정할 수가 없습니다.

이상 세 가지 외적 표지 없이 그저 사람들이 모여서 성경 공부를 하고 즐겁게 교제하는 것만으로는 교회라고 할 수 없습니다. 물론 당장은 이런 표지들이 없어도 소그룹 안에서 친밀감을 가지고 서로 뜨겁게 교제하며 배워 갈 수 있습니다. 그런 소그룹 활동 자체는 좋고 필요한 것이지만 그것이 교회의 전부일 수는 없습니다.

신약성경은 주님이 다시 오시기 전까지 교회로 하여금 모여 함께 성례를 집행하고, 교회의 순결을 위해 성도들을 권면하고, 바르지 못한 것들을 교정하며, 필요하다면 권징하도록 가르칩니다. 이런 것이 없으면 교회는 굳게 서 있을 수 없고, 신자 개인도 바른 신앙을 건강하게 지켜 나갈 수 없습니다.

교회 없이는 그리스도인도 없다

이 책에서 교회에 대해 살피는 것은 단순히 교회에 대한 지식을 얻기 위해서가 아닙니다. 모든 진리는 생명을 주는 산 진리여야 하며 영혼을 살찌우는 것이어야 합니다. 교회에 대한 진리 역시 그리스도의 몸 된 교회를 진실로 사랑하는 참그리스도인으로 자라게 하고, 자신이 속한 지교회에 대한 사랑의 실천으로 나아가게 하는 것이어야 합니다.

신자에게 있어서 교회는 일차적으로 그리스도의 몸이지만, 우리 자신이 그분께 속해 있기에 또한 자신의 몸이기도 합니다. 그래서 우리는 교회를 자기의 몸처럼 사랑하고 섬겨야 합니다. 미국 그레이스 커뮤니티 교회에서 목회를 하고 있는 존 맥아더는 자신의 교회를 생각하면서 이런 고백을 했습니다.

"저는 교회를 사랑합니다. 그것도 마치 사랑의 열병을 앓는 것처럼 교회를 사랑합니다. 제게는 교회를 섬기는 것이 말로 다할 수 없이 벅차고 기쁜 일입니다. 물론 저는 다른 선교단체의 일도 겸하고 있습니다. 하지만 제게는 교회의 일을 하는 것과 바꿀 만한 것이 없습니다. 제 피 속에는 교회를 사랑하는 마음이 대대로 흐르고 있습니다."

교회는 그저 주기적으로 예배드리기 위해 들락거리는 처소가 아닙니다. 교회는 그리스도께서 피로 값 주고 사신 신자들의 모임입니다. 우리는 항상 자신이 그런 특별한 공동체에 속해 있다는 것을 알고 기꺼이 교회를 사랑해야 합니다. 만일 교회 안에서 구경꾼처럼 있다면 설령 교회에 정기적으로 출석하고 있다 하더라도 실상은 교회의 참된 지체라고 할 수 없습니다.

교회의 지체가 아닌 그리스도인이란 존재할 수 없습니다. 참된 그리스도인은 모두 교회의 구성원이며 지체입니다. 그가 교회의 구성원으로서 살며, 교회 안에서 자신을 드리는 것은 자연스러운 일입니다. 그리스도인의 삶은 자신의 영혼을 살찌울 말씀 공부에 자신을 드리고, 영적 성장에 유익을 주는 모든 은혜의 방편들과 교제와 나눔에 자신을 드려야 합니다. 그리고 교회의 머리 되신 그리스도를 영화롭게 하기 위한 섬김과 봉사와 복음 증거 등의 모든 사역에 자신을 드리며, 또한 이로써 그리스도인의 삶이 바르게 형성됩니다. 그런 헌신(獻身) 가운데서 우리는 그리스도와 교회에 대한 더 깊은 사랑을 경험하게 됩니다. 그리고 그런 교회적인 관계와 배경 속에서 교회를 넘어 이웃과 세상을 향해 하나님의 영광을 드러내는 삶을 살게 되는 것입니다.

반대로 교회로부터 멀어질 때 교회와 그리스도에 대한 사랑은 식어지고, 교회 밖의 이웃과 세상과의 관계에서도 균형을 갖지 못하게 됩니다. 이것은 성경이 교회와 관련하여 말해 주는 영적 원리입니다.

핑계가 있을 수 없는 교회 사랑

어떤 사람은 교회 안에서 겪는 문제들에 대해 그 약함과 부족을 끌어안고 하나님 앞에 엎드려 기도합니다. 그리고 자기가 선 자리에서 힘써야 할 것에 대해 고민합니다. 교회를 진실로 사랑하기 때문입니다. 하지만 안타깝게도 어떤 이들은 교회 안에서 일어나는 문제 앞에서 미숙한 태도를 보입니다. 교회에 깊이 결부되면 나중에 실망하고 상처를 받는다면서 스스로 교회 주변부를 맴돌 뿐만 아니라, 심지어 교회에 기쁘게 참여하려는 사람들을 말리기까지 합니다.

지상 교회는 모두 결함이 있고 불완전합니다. 아무리 건전한 교리와 믿음을 가르치고 배우는 교회라 할지라도 지체 간에 상처를 주고받는 일이 있을 수 있고, 그로 인해 실망할 수도 있습니다. 개별적인 인격체들인 교회 구성원들의 성품과 영적인 수준이 각각 달라서 얼마든지 그럴 수 있습니다. 한 가정 안에 부부나 형제, 심지어 쌍둥이끼리도 각자의 생각과 성향이 있는 법인데 훨씬 더 많은 사람들이 모인 교회는 말할 것도 없습니다. 그런 사람들이 한 몸을 이루어 움직일 때 서로의 약점을 발견하고 실망하는 일이 없는 것이 오히려 이상한 일입니다.

하지만 우리는 이런 교회의 모습을 지상 교회에 속한 인간의 한계에 대한 바른 이해를 가지고 보아야 합니다. 우리는 지상 교회에 대한 실망과 불평을 늘어놓기 전에 자신을 포함한 모든 사람이 죄성을 가지고 있다는 사실을 알아야 합니다. 아무리 깊은 신앙을 가진 사람이라도 그 죄성에 따른 약점을 가지고 있습니다. 신자는 다른 사람보다 자기 자신부터 이 사실에 적용될 수 있는 자라는 사실을 인지하고서 교회를 바라보아야 합니다. 자기 자신의 모습은 보지 못한 채 그저 다른 사람의 약점만 보고 '무엇이 부족하다', '사랑이 없다'는 식의 말을 하는 사람은 스스로를 교회의 지체 관계로부터 배제시키고 있는 것입니다.

우리는 사랑을 교회 안의 다른 사람들에게서만 찾으려고 해서는 안 됩니다. 그러면 우리도 세상 사람들처럼 사랑할 만하면 가까이하고,

실망하면 헌신짝처럼 버리는 태도를 갖게 될 것입니다. 그리스도인들이 서로 사랑하는 근거는 상대방에게 있기보다 도리어 자신이 먼저 받은 하나님의 사랑, 즉 구속주의 은혜에 있습니다. 그 은혜 안에서 우리는 하나님의 언약 안에 있고, 그리스도의 몸 안에 속해 있습니다. 바로 그 이유 때문에 우리는 "사랑하라"는 주님의 말씀에 따라 지체를 사랑해야 하고, 또 그럴 수 있는 것입니다.

신자라도 우리는 모두 온전하지 못하며 심지어 교회 안에는 양의 탈을 쓴 이리가 있을 수 있기에 교회 안에는 크고 작은 일들이 늘 끊이지 않습니다. 하지만 그러면 그럴수록 교회는 그리스도의 것이며, 그분의 피 값으로 사신 그분의 몸이라는 사실을 기억하며, 그 교회에 속한 자로서 교회를 끝까지 지키고 사랑하기를 힘써야 합니다. 주님은 우리의 그런 사랑을 아시고 기뻐하십니다. 교회를 사랑해야 하는 이유는 다른 것이 아닙니다. 하나님이 육신을 입고 오셔서 자신의 피로 교회를 사신 바로 그 사실 때문입니다.

교회를 사랑하지 못할 정당한 이유는 없다

주님은 교회를 가리켜 '내 교회'라고 말씀하셨습니다. 그분은 자신의 피로 사신 교회를 생명처럼 여기십니다. 그러므로 주님을 따르며 섬기는 자 역시 교회 공동체 안에서 많은 아픔과 손실을 겪더라도 끝까지 교회를 사랑해야 합니다. 그것이 그리스도의 몸의 지체로서 합당한 바입니다. 하나님은 바로 그들을 하나님을 위한 도구로 붙들어 사용하십니다.

그리스도를 믿는 자에게는 교회를 사랑하지 못할 어떤 정당한 이유도 있을 수 없습니다. 교회 안에서 실망스런 모습을 발견하고 경험하더라도 주께서 자기 피로 교회를 사셨다는 영광스러운 사실을 생각하고 더욱 교회를 사랑해야 합니다. 그리스도에 대한 사랑은 그런 모든 문제를 뛰어 넘어 실천될 때 더 견고해지고 풍성해지고 깊어집니다. 조나단 에드워즈의 외손자 티모시 드와이트는 교회에 대해서 이렇게 찬송했습니다. 이 내용이 다 우리의 고백이 되기를 소망합니다.

"내 주의 나라와 주 계신 성전과 피 흘려 사신 교회를 늘 사랑합니다
내 주의 교회는 천성과 같아서 눈동자같이 아끼사 늘 보호하시네
이 교회 위하여 눈물과 기도로 내 생명 다하기까지 늘 봉사합니다
성도의 교제와 교회의 위로와 구주와 맺은 언약을 늘 기뻐합니다
하늘의 영광과 베푸신 은혜가 진리와 함께 영원히 시온에 넘치네."[3]

일시적으로 타락과 부패에 신음하고 세상에서 큰 환난을 경험해도 교회는 주님의 피 값으로 사신 그분의 몸으로서 성취될 영광과 언약의 내용을 가지고 있습니다. 그것을 잊지 말고 교회를 사랑합시다. 지체들을 사랑하고, 교회의 모든 생명력 있는 활동을 사랑하며 함께합시다. 그렇게 함으로써 우리 모두가 신자에게 있어야 할 부요한 은혜를 넘치도록 누릴 수 있기를 바랍니다.

— 참된교회로 돌아오라

CHAPTER 2

참된 교회의 외적 표지 1
: 말씀 전파

완전한 교회가 아닌 참된 교회

"만일 내가 지체하면 너로 하여금 하나님의 집에서 어떻게 행하여야 할지를 알게 하려 함이니 이 집은 살아 계신 하나님의 교회요 진리의 기둥과 터니라"(딤전 3:15).

교회는 하나님을 믿는 자들의 모임인 동시에 모든 신자가 영적인 유익을 공급받고 누리며 성장하는 터전이기도 합니다. 예수 그리스도를 믿어 구원을 받은 사람은 누구나 교회의 구성원이 되며, 구원 받은 이후의 모든 삶을 교회와 관련하여 살게 됩니다. 신자는 그리스도의 몸인 교회의 지체로서 교회를 사랑하고 섬기도록 부름 받았습니다. 우리가 사랑할 교회는 추상적인 무엇이 아니라 일차적으로 자신이 속한 지교회입니다. 우리는 지상의 교회를 사랑함으로써 참성도로서의 교회 사랑을 드러내야 합니다.

그런데 지상의 교회는 아무렇게나 세워질 수 있는 것이 아닙니다. 사람들이 모여 교회 간판을 달고, 말씀을 잘 가르치거나 리더십이 있는 사람을 목사로 정하고 주기적으로 예배를 드린다고 해서 다 교회가 되는 것이 아닙니다. 참된 교회는 내적, 외적으로 보다 구체적인 특성들을 가지고 있어야 합니다.

우선 참된 교회의 외적 표지는 앞에서 말한 세 가지 입니다. 첫 번째는 하나님의 말씀을 순결하게 전하는 것, 두 번째는 주께서 정하여 지키게 하신 세례와 성찬을 집행하는 것, 마지막은 권징을 신실하게 시행하는 것입니다. 이 세 가지가 없다면 참교회라 할 수 없습니다.

물론 세 가지 표지들을 가졌다고 완전한 교회가 되는 것은 아닙니다. 참된 교회와 완전한 교회는 전혀 다른 말입니다. 지난 교회 역사 속에서 사람들은 둘을 오해하여 다투고 분열하기도 했습니다. 그리고 지금도 적지 않은 사람들이 교회의 불완전한 모습을 보며 교회를 비판하고 부정하며 교회와 상관없이 예수를 믿으려고 하기까지 합니다. 완전한 교회를 꿈꾸며 찾으려고 오랫동안 이리저리 방황하는 사람들도 있습니다. 그러나 지금까지 누구도 완전한 교회를 찾거나 이루지 못했습니다.

지상 교회는 완전한 교회가 될 수 없습니다. 우리는 최종적으로 완성될 하나님 나라에 이르러서야 비로소 완전한 교회를 경험하게 될 것입니다. 우리가 지상에서 찾고 구해야 할 것은 완전한 교회가 아니고 '참된 교회'입니다.

참된 교회는 진리의 기둥과 터

그럼 어떤 교회가 참된 교회일까요? 종교개혁 당시, 참교회와 거짓 교회에 대한 문제로 많은 논쟁이 있었습니다. 이후 몇십 년간 이어진 논쟁 끝에 1561년 개혁교회가 작성한 벨기에 신앙고백서는 참교회와 거짓 교회에 대한 내용을 잘 정리하였습니다. 벨기에 신앙고백서는 참교회와 거짓 교회는 쉽게 드러나며 서로 분명하게 구분된다고 말한 뒤에 참교회에 대해서 이렇게 정의했습니다.

"참교회의 표징은 다음과 같다. 순수한 복음이 전파되고, 그리스도가 제정하신 성례가 시행되며, 권징을 실시하여 죄를 징계하고, 모든 것이 하나님의 순수한 말씀에 따라 진행되며, 말씀에 어긋나는 것은 거부하고 오직 예수 그리스도를 교회의 유일한 머리로 인정한다면, 그것이 바로 참교회이다."[4]

이에 근거해서 참교회의 표징들을 하나씩 살펴보겠습니다. 첫 번째로 참된 교회는 하나님의 말씀을 바르고 순결하게 전하는 교회입니다. 디모데전서 3장 15절에서 우리는 교회와 하나님의 말씀이 떼려야 뗄 수 없는 관계라는 사실을 확인하게 됩니다. 바울은 이 서신에서 디모데에게 예배를 주관하는 일(딤전 2:1-15), 감독과 집사들을 세우는 일(딤전 3:1-13) 등에 대해서 설명합니다. 그리고 그 모든 일들이 '하나님의 집'에서 행해야 할 일이라고 말합니다. 또 바울은 '이 집'은 건물이 아니라 신자들의 모임, 즉 '살아 계신 하나님의 교회'이며, '진리의 기둥과 터'라고 표현합니다.

여기서 주목해 볼 말은 '진리의 기둥과 터'입니다. 이는 교회가 지붕을 떠받치고 있는 기둥과 같이, 또 전체 건물을 떠받치고 있는 터와 같이 진리를 떠받치고 있다는 의미입니다. 교회와 진리는 뗄 수 없는 관계로 엮여 있습니다. 교회는 하나님이 계시하신 진리를 기초로 세워집니다. 사도들이 전하고 가르친 진리 안에 있는 신자들의 모임이 바로 교회인 것입니다. 그래서 사도행전을 기록한 누가는 교회 성장을 말씀의 성장으로 묘사하기까지 합니다.

"하나님의 말씀이 점점 왕성하여 예루살렘에 있는 제자의 수가 더 심히 많아지고……"(행 6:7).

이와 같은 진리와 교회의 긴밀한 관계는 일반적으로 인정되는 교회의 속성들 중 '사도성'(apostolicity)과 깊은 관련이 있습니다. 로마가톨릭 교회는 교회의 사도성을 베드로 이후 교황과 주교들이 사도들을 법적으로 계승해 왔다는 의미로 주장합니다. 그러나 교회의 참된 사도성은 그런 것이 아닙니다. 바른 의미에서 교회의 사도성이란 '교회는 사도적인 복음, 즉 사도들이 전한 복음의 기초 위에 세워졌다'는 뜻입니다. 교회의 사도성은 매우 중요한 속성입니다. 교회의 다른 모든 속성들이 결국 사도적 복음에 기초해 있게 되기 때문입니다.

교회는 사도들이 전한 복음 진리를 전함으로써 세워지고, 계속해서 그 복음 진리를 전함으로써 존재합니다. 교회의 위대한 첫 번째 표지는 선포되는 메시지, 하나님의 말씀과 관련됩니다. 다른 무엇보다 길이요, 진리요, 생명이신 예수 그리스도의 십자가와 부활의 복음, 죄와 영원한 죽음으로부터 구원을 얻게 하는 복음을 선포하는 교회가 참된 교회라는 것입니다.

바울이 말하는 '진리'란 넓게 말하면 하나님의 말씀 전체, 좁게 말하면 복음을 말합니다. 교회의 중심에는 바로 하나님의 말씀, 특히 예수 그리스도를 전하는 복음이 있습니다. 그래서 벨기에 신앙고백서도 참 교회의 표지로서 제일 먼저 순수한 복음의 전파를 말한 것입니다.

참된 교회의 첫 번째 외적 표지인 순수한 복음의 전파는 구체적으로 두 가지 측면에서의 말씀 증거를 포함한다고 할 수 있습니다. 하나는 영혼을 살리기 위한 말씀으로서 예수 그리스도로 말미암은 구속의 은혜에 대한 말씀을 전파하는 것이고, 또 다른 하나는 이로써 예수 그리스도를 믿게 된 사람들에게 영혼의 성장을 위한 말씀을 전하는 것입니다. 참된 교회의 표지인 하나님 말씀의 바른 전파는 이런 양면을 갖습니다. 이와 상관없는 잡다한 내용들은 성경을 사용해서 말한다 해도 말씀을 바르게 전파하는 것이 아닙니다.

어떤 설교자는 세련된 청중의 지적 욕구를 충족시키려는 듯이 강단에서 여러 철학자들과 사상가들의 이름을 많이 언급하며 듣기에 그럴듯한 내용들을 늘어놓습니다. 그러나 영적인 진리와 무관한 교양 지식 정도만 말한다면 아무리 수준 높고 세련된 말들로 설교해도 말씀을 바르게 전하는 참된 교회의 표지가 될 수 없습니다. 이 세상에서 물질적인 복을 받고 건강하고 화목하게 사는 것에 대해서만 말하는 것도 마찬가지입니다. 기독교가 말하는 믿음은 그런 유의 복을 얻는 수단이 아닙니다. 따라서 기복적인 메시지는 진정한 의미에서 교회의 첫 번째 표지가 될 수 없습니다.

물론 기복적인 내용을 전하는 교회가 모두 거짓된 교회라고 단정할 수는 없습니다. 하지만 교회 안에 나타나는 기복주의적인 경향이 세상 정신으로 인하여 본래 기독교의 가르침에서 벗어나 왜곡된 길로 가고 있는 징후라는 사실은 부인할 수 없습니다.

참교회는 앞서 말한 두 측면에서의 말씀 공급이 있어야 합니다. 바른 복음 증거와 가르침을 통해 영혼들이 예수를 믿어 구원을 얻고, 이미 예수를 믿는 자들이 영적으로 바르게 성장할 수 있어야 합니다.

영혼을 구원하는 참된 복음을 선포하는가

이 두 가지를 좀 더 상세히 살펴보는 것이 필요한데, 먼저 교회에는 죽어 있는 영혼을 살리기 위한 말씀의 전파가 있어야 합니다. 로마서에서 바울은 "복음은 모든 믿는 자에게 구원을 주시는 하나님의 능력이 됨이라"(롬 1:16)라고 말합니다. 교회는 세상이 갖지 못하는 복음, 기쁜 소식을 전하는 곳입니다. 교회의 설교는 대학 강의실에서 흔히 들을 수 있는 교양 지식이나 TV 프로그램에 나올 법한 흥밋거리를 잡다하게 엮어 놓는 것이 아닙니다. 교회가 전할 메시지는 인간의 영혼에 생명을 주는 복음입니다.

　그리스도인들은 정치, 경제, 사회 등 다른 영역들에 억지로 관심을 끊어야 한다거나 무지해도 된다는 말이 아닙니다. 다만 그런 것이 설교의 주된 관심사일 수는 없다는 것입니다. 죄와 허물로 죽어 있는 영혼을 살리기 위한 복음을 전하는 일, 그것이 교회가 담당해야 할 일이요, 오직 교회만이 감당할 수 있는 중요한 사명입니다.

　교회의 주춧돌이 되신 예수님과 사도들은 정치와 사회를 논하거나 이 세상에서 잘 살 수 있는 처세술 따위를 메시지로 삼지 않았습니다. 오직 사람의 영혼을 구원할 복음을 전했습니다. 이런 복음을 뒤로하는 것은 사실상 참된 교회이기를 스스로 포기하는 것입니다. 종교개혁자들은 그들의 시대에 영혼을 구원하는 복음을 진짜로 선포하는가, 아니면 복음을 가리고 어지럽히는 다른 가르침을 전하는가에 따라 참된 교회인지 아닌지를 알 수 있다고 주장했습니다.

　복음은 인간이 이 세상에서 스스로를 구원할 수 없다는 메시지입니다. 스스로 많은 노력과 지식과 선을 행한다 해도, 또 자기 나름의 장점들을 가지고 수고한다 할지라도 우리는 스스로를 구원할 수 없습니다. 그러나 우리가 할 수 없는 그것을 하나님이 하십니다. 하나님이 우리를 구원하기 위해 인간의 몸을 입고 이 땅에 오셨습니다. 그리고 사람이 되신 하나님이 십자가에서 친히 죄를 담당하심으로 우리의 구원에 필요한 모든 것을 다 이루셨습니다. 이 사실을 전하여 믿도록 하는 메시지가 바로 복음입니다.

　그리스도인이란 이 복음을 듣고 놀라운 구원을 주시는 하나님께 자신을 내어던지는 자이며 그분을 의지하는 자입니다. 신자들은 복음을 통해 구원을 얻고, 자신을 구원하신 하나님께 감사하는 마음을 가지고 하나님이 기뻐하시는 일을 행하게 됩니다. 복음은 우리를 방종하게 하는 메시지도 아니고, 무엇을 해야 천국에 간다고 협박하여 얽매이게 하는 메시지도 아닙니다. 오히려 "당신은 할 수 없는 그것을 하나님은 하십니다. 하나님은 그분의 독생자 예수 그리스도를 통해 다 이루셨습니다. 그 은혜를 믿고 의지하십시오" 하는 좋은 소식입니다.

복음은 참으로 영혼을 거듭나게 하고 인격을 변화시키는 능력이 있습니다. 그리고 이것은 개인적인 의미만 있지 않습니다. 복음을 듣고 복음으로 말미암아 변화된 자 한 명 한 명은 바로 전에 이 사회를 멍들게 하고 부패하게 한 장본인들입니다. 그들의 인격과 삶이 고침 받으면 그들에 의해 사회가 변화됩니다. 교회 안에 복음이 흥왕하게 되면 대단위의 회개와 영적 각성이 일어나 사회적인 변화로 이어지기도 합니다. 교회는 복음을 전함으로써 정치나 다른 사회단체들이나 교육제도가 하지 못하는 일을 합니다.

교회는 세상 문화를 가져다가 즐기는 곳이 아닙니다. 또 그저 우리의 심신을 수련하거나 교양을 쌓는 곳도 아닙니다. 우리가 교회에 기대해야 할 것은 다름 아닌 하나님의 말씀으로 나와 가족과 이웃의 영혼을 살리는 것이어야 합니다. 교회에서 하나님의 말씀을 전하는 자나 듣는 자나 모두 다 그런 마음을 잃지 말아야 합니다. 하나님의 말씀으로 영혼을 살리는 사명을 잃어버린 교회는 교회 됨의 핵심을 잃은 것입니다.

신자들의 영적 성장을 위한 말씀을 전파하는가

참된 교회의 첫 번째 표지인 말씀의 신실한 전파에 있어서 또 한 가지 측면은 이미 예수님을 믿게 된 자들의 영적 성장을 위한 것입니다. 바울은 디모데에게 "성경은 능히 너로 하여금 그리스도 예수 안에 있는 믿음으로 말미암아 구원에 이르는 지혜가 있게 하느니라"(딤후 3:15)고 가르치며 구원 이후의 삶 속에서 성경이 차지하는 위치와 역할이 얼마나 중요한지에 대해서 덧붙여 말합니다.

> "모든 성경은 하나님의 감동으로 된 것으로 교훈과 책망과 바르게 함과 의로 교육하기에 유익하니 이는 하나님의 사람으로 온전하게 하며 모든 선한 일을 행할 능력을 갖추게 하려 함이라"(딤후 3:16-17).

하나님의 말씀은 죽은 영혼을 살려 구원하는 데 사용될 뿐만 아니라 살아난 영혼의 성장을 위해서도 사용됩니다. 교회는 이 두 가지 모두를 위해 말씀을 전하는 곳입니다. 이미 예수 그리스도를 믿고 구원을 얻은 자도 영혼의 성장을 위해 지속적으로 하나님의 말씀을 공급받아야 합니다. 그래서 우리는 하나님의 말씀을 '영혼의 양식', 또는 '생명의 양식'이라고 표현합니다.

교회는 생명의 양식인 말씀을 공급하여 우리의 잘못된 생각과 생활 방식을 바로잡아 주고 의로 교육하여 하나님의 사람으로 온전하게 자라도록 해야 합니다. 참교회는 하나님의 진리를 체계적으로 전하여 그리스도인으로서 어떻게 살아야 하는지를 가르칩니다. 하나님의 말씀으로 더 이상 자신의 정욕과 세상의 가치관과 풍조를 좇지 않고, 하나님의 뜻을 따라 하나님의 영광을 위해 살도록 신자를 이끕니다. 또한 교회 안에서의 생활, 곧 성도의 교제와 봉사와 섬김을 가르치고, 하나님의 자녀로서 가정, 사회, 국가에서 어떻게 살아야 할지를 가르칩니다. 교회는 말씀을 전함으로 신자들이 거룩함을 좇아 행하며, 더욱 그리스도를 닮아 가도록 양육해야 합니다.

교회는 구원을 받았으니 그저 각자의 주관에 따라 세상에서 인정받고 성공하기 위해 열심히 살라고 권하고 위로하는 모임이 되어서는 안 됩니다. 교회는 세상과는 다른 하나님의 의를 구하며 살도록 교육하고 격려하여 그리스도를 믿어 새 생명을 얻은 자들이 점차 그리스도에게까지 자라 가는 영적인 성장을 경험하게 해야 합니다. 교회는 이처럼 영혼을 살찌우는 생명의 양식이 공급되는 통로입니다.

우리는 교회 안에서 성경에서 '신령한 젖'으로 비유되는 기초적인 진리에서부터 '단단한 음식'으로 비유되는 풍성한 진리까지 배우고 이해하는 수고를 감당해야 합니다. 죄에서 구원 받은 자들이 이후로도 계속 주 안에서 성장하기 위해서는 단단한 음식이 필요합니다. 듣기 좋은 내용이나 말과 현세적인 축복만으로는 신자의 영혼이 바르게 자랄 수 없습니다. 성경의 모든 진리를 체계적으로 배워 가야 합니다. 교훈하고 책망하고 바르게 하는 가르침이 있어야 합니다.

물론 당장은 사람들이 교회의 그런 가르침을 힘들어할 것입니다. 하지만 계속 배우다 보면 하나님의 마음과 성품을 알게 됩니다. 그리고 그분의 뜻을 좇고자 하는 성숙한 신자로 자라 가게 됩니다. 이것이 말씀의 능력입니다. 신자는 히브리서 말씀대로 온전한 데로 나아가야 합니다(히 6:2). 만일 예수 믿어 구원 받았다고 하면서도 내적인 변화가 없고, 주를 섬기는 일에 수동적이고, 죄를 대항할 줄 모르며, 하나님의 마음을 헤아려 기꺼이 그 뜻을 좇고자 하는 마음이 없다면 그가 받았다는 구원은 가짜이거나 아직 영적 유아 상태에 있는 것입니다. 교회를 아무리 오래 다니고 중요한 직분을 받았어도 다르지 않습니다. 교회는 그들에게 하나님의 말씀을 가르쳐 자라게 해야 합니다.

말씀에 따라 순종하며 성장하고 있는가

오늘날에는 많은 교회들이 말씀을 제대로 전하고 가르치지 않는 것도 문제이지만, 하나님의 말씀대로 양육 받기를 기피하는 사람들도 문제입니다. 신자는 예수 그리스도를 믿어 생명을 얻은 자로서 말씀을 따라 겸손과 인내, 절제, 나보다 남을 낮게 여기는 등의 마음을 가져야 합니다. 그렇게 하나님의 원하심을 따라 행하는 실제적인 삶의 변화를 위해 지속적으로 하나님의 말씀으로 양육을 받는 것이 있어야 합니다. 만일 신자가 교회에 다닌 햇수만 늘어 갈 뿐 주님을 닮아가지 않고, 겸손하기보다 교만하고, 사랑이 깊어지기보다 자기 자랑이나 일삼는 모습을 보인다면 무언가 잘못된 것입니다. 신자로서 가져야 할 말씀을 통한 교훈과 책망과 바르게 함으로부터 멀어진 것이요, 참교회의 표지로부터 멀어진 것입니다.

　신자는 스스로 참된 교회의 일원이 되어 배우고 힘쓰는 자입니다. 말씀을 통해서 점점 더 주님을 닮아 가는 모습을 갖는 자요, 갖고자 노력하는 자입니다. 교회 안에는 마치 어린아이들이 공부하기 싫어하듯이, 말씀으로 훈육 받고 양육 받는 것을 싫어하는 사람들이 많습니다. 교회에 오래 다닌 사람일수록 스스로 성숙한 신자라고 착각하며 성장을 등한히 하기도 합니다. 그러나 그것은 아이가 떼를 쓰듯이 미성숙함을 드러내는 것일 뿐입니다. 계속 말씀으로 다루어지지 않으면 만년 유아 상태를 면할 수 없습니다.

　우리는 자존심 때문이든 무엇 때문이든 영적으로 성장하도록 하는 참교회의 표지를 스스로 거부하지 않도록 해야 합니다. 예수 그리스도를 믿는 신자는 오직 하나님의 말씀을 듣고 순종함으로써 성장합니다. 신앙생활의 경력을 자랑하기보다 그만큼 하나님의 말씀을 통해 우리의 내면이 변화되었는지, 그로 인해 우리에게 말씀하시는 하나님의 마음을 알고 있는지, 그 말씀을 따라 순종하며 성장하고 있는지를 생각해 보아야 합니다.

　성장은 한두 번의 인상적인 체험만으로 이룰 수 있는 것이 아닙니다. 어떤 체험은 성장의 계기가 되기도 하지만, 그것 자체가 곧 성장의 증거나 내용이 되지는 못합니다. 성장은 끝없이 영혼의 양식인 하나님의 말씀을 통하여 교훈과 책망을 받고, 의로 교육 받는 가운데 이루어집니다. 영혼의 성장을 위한 양식인 하나님의 말씀을 가리지 마십시오. 교회 안에서의 예배나 성경 공부를 통해 영혼의 양식을 공급받기를 소홀히 하지 마십시오. 말씀은 하나님을 더 알아 가게 하고, 우리의 부패와 연약함을 더 깊이 알게 하여 우리로 하여금 더욱 전폭적으로 하나님께 자신을 드리게 합니다. 그러므로 우리는 하나님이 영혼의 성장을 위해 허락하신 말씀을 기꺼이 받아 순종해야 합니다. 베드로는 예수 그리스도를 믿는 믿음을 가진 자들에게 있어야 할 성숙을 다음과 같이 이야기합니다.

"그러므로 너희가 더욱 힘써 너희 믿음에 덕을, 덕에 지식을, 지식에 절제를, 절제에 인내를, 인내에 경건을, 경건에 형제 우애를, 형제 우애에 사랑을 더하라"(벧후 1:5-7).

모든 그리스도인들은 믿음에 덕을 세워 가야 합니다. 말씀으로 하나님에 대한 지적인 이해를 풍성히 하며 절제와 인내, 경건, 형제 우애와 사랑 등을 갖도록 힘써야 합니다. 이런 것들이 바로 성숙의 증거요, 내용입니다.

참교회의 걸림돌이 되지 않도록 주의하라

말씀으로 성장을 이루지 못한 사람은 '덕'을 세우지 못합니다. 말로는 믿노라 하지만 하나님을 아는 지식을 바라지도 구하지도 않고, 그 지식에 따라 살고자 하는 거룩한 마음도 없는 사람은 신자로서의 덕을 세울 수 없습니다.

　신자는 참된 지식 안에 자라 가며 이전에 쉽게 따르던 본성적인 욕구와 세상의 유혹 앞에서 절제하고 인내해야 합니다. 무지하고 미숙한 어린아이는 절제하고 인내하지 못합니다. 그러므로 비록 완전하지는 못하더라도 점차 영혼의 성장, 즉 내면과 일상적인 삶에 성숙을 구하며 이루어 가야 합니다. 신앙의 연륜이 더해 갈수록 영적인 진보를 이루어야 합니다. 이를 위해 단단한 음식, 곧 하나님의 말씀을 먹어야 합니다. 단순히 구원의 은혜를 믿는 것을 넘어 더욱 하나님을 알아 가고, 하나님의 영광을 위해 살도록 권하는 계시의 말씀을 듣고 순종하며 살고자 해야 합니다. 그것이 우리의 내면을 살찌우는 것입니다.

　입에 단 음식만 찾는 자는 바르게 성장할 수 없습니다. 우리는 고단한 삶에 허락하시는 하나님의 개인적인 위로와 복만 필요한 자들이 아닙니다. 바른 교회로 세워지기 위해 필요한 말씀에도 귀를 기울여야 합니다.

　이처럼 참된 교회가 가져야 할 첫 번째 표지에는 균형이 있어야 합니다. 설교자를 통해 구원을 위한 말씀과 영적 성장을 위한 말씀이 전해지고, 다른 지체들 또한 그 말씀에 계속해서 반응하며 성장해 가야 합니다. 그것이 교회를 교회 되게 합니다.

　오늘날 많은 교회들이 하나님의 진리를 체계적이고 철저하게 전하고 가르치는 데 소극적인 이유 중 하나는 사람들이 그것을 좋아하지 않기 때문입니다. 비유하자면 성경적인 말씀에 대한 수요가 없기 때문에 공급도 없는 것입니다. 듣는 자들이 어려운 것을 싫어하고 조금만 복잡하면 은혜가 없다고 하니 전하는 자들이 그런 말씀을 전하는 일을 어려워하는 것입니다. 우리는 이런 악순환을 경계해야 합니다. 설교자를 포함한 모든 성도들은 참교회 됨의 걸림돌이 되지 않도록 주의해야 합니다.

참교회를 이루기 위해서 참교회의 표지인 하나님의 순전한 말씀, 구원을 위한 복음과 성숙을 위한 말씀이 바르게 전해질 수 있도록 힘쓰십시오. 목사와 직분자, 말씀을 가르치는 리더들뿐만 아니라 교회에 속한 모두가 마음을 같이하여 순전한 말씀의 전파를 보수하십시오. 우리에게 허락된 생명의 양식인 하나님의 말씀 안에서 성숙으로 나아갈 기회를 즐거워하십시오. 그리고 말씀을 통해 더 많이 배우고 하나님의 마음을 더 알아 가십시오.

하나님께서는 도무지 선한 것이라곤 없었던 나 같은 자를 구원하시어 말씀으로 주님을 더욱 닮도록 하십니다. 겸손과 온유, 사랑과 같은 변화된 성품을 허락하시는 주님의 은혜를 깊이 경험하시기를 소망합니다.

참된교회로 돌아오라

CHAPTER 3

참된 교회의 외적 표지 2
: 세례와 성찬

믿는 자를 공동체 안에 참여하게 하는 두가지 표지

"그러므로 너희는 가서 모든 민족을 제자로 삼아 아버지와 아들과 성령의 이름으로 세례를 베풀고"(마 28:19).

"내가 너희에게 전한 것은 주께 받은 것이니 곧 주 예수께서 잡히시던 밤에 떡을 가지사 축사하시고 떼어 이르시되 이것은 너희를 위하는 내 몸이니 이것을 행하여 나를 기념하라 하시고 식후에 또한 그와 같이 잔을 가지시고 이르시되 이 잔은 내 피로 세운 새 언약이니 이것을 행하여 마실 때마다 나를 기념하라 하셨으니 너희가 이 떡을 먹으며 이 잔을 마실 때마다 주의 죽으심을 그가 오실 때까지 전하는 것이니라"(고전 11:23-26).

참된 교회의 두 번째 외적 표지는 성례의 정당한 집행입니다. 마태복음과 고린도전서 본문에서 확인할 수 있듯이 그리스도께서 제정하신 정당한 성례는 세례와 성찬 두 가지입니다. 가톨릭교회는 여기에 다섯 가지를 더하여 일곱 가지의 성례를 말하지만 그것은 성경이 아니라 그들의 전통 속에서 만들어 낸 것입니다. 예수님은 오직 세례와 성찬만을 직접 제정하시고 자신이 다시 올 때까지 지키도록 하셨습니다. 따라서 우리는 두 가지 성례의 의미를 알고 바르게 시행해야 합니다.

성례의 시행이 참된 교회의 표지인 가장 큰 이유는 먼저 우리 주님이 이를 제정하여 지키게 하셨다는 사실 자체에 있습니다. 머리 되신 그리스도께 순복하여 그분을 섬기는 몸 된 교회는 그분의 명령에 순종함으로써 자기의 참됨을 드러냅니다. 그러므로 주께서 명하신 두 가지 성례, 즉 세례와 성찬을 신실하게 시행하는 것은 교회가 그리스도께 속해 있음을 나타내는 가시적인 표지가 됩니다. 물론 세례와 성찬은 단순 표지로서만 시행되어야 하는 것은 아닙니다. 성례의 시행은 신자들에게 그리스도의 몸에 속한 신자 됨의 진정한 의미를 상기시키고 가르쳐 소유하도록 합니다.

마태복음 본문은 주님이 제자들에게 하신 "모든 민족을 제자로 삼아 아버지와 아들과 성령의 이름으로 세례를 베풀라"(마 28:19)는 명령을 기록하고 있습니다. 세례를 개인적으로가 아니라 공동체적인 일, 곧 교회의 일로 명하신 것입니다. 사도행전 2장에서 베드로는 이 공적인 명령을 따라 예수를 믿고자 하는 자들에게 회개하고 세례를 받으라고 했습니다. 그 후 초대교회는 세례를 공적으로 집행했습니다. 한편 고 고린도전서 본문은 최후의 만찬 때 주님이 떡과 잔을 주시며 "자신의 죽음을 기념하라" 하신 명령을 기록하고 있습니다. 교회는 주님이 명하신 두 가지의 성례를 시행함으로써 그리스도의 교회에 속한 자가 누구인지와 그들 사이의 교제를 가시적으로 나타냅니다.

세례는 예수 그리스도를 믿어 신자들의 공동체에 참여하는 결단과 관련되어 있고, 성찬은 믿음 안에서 그리스도께 속한 자들이 함께 지속적으로 갖는 교제와 관련되어 있습니다. 즉 두 가지 성례는 그리스도를 믿는 자를 공동체 안에 참여하게 하고, 함께 교제하게 하는 교회의 중요한 표지입니다.

로마가톨릭교회의 경우에는 임산부가 아이를 낳는데 신부가 없으면 산파가 대신 세례를 줄 수 있다는 예외 규정이 있습니다. 얼핏 들으면 세례의 중요성을 더욱 철저하게 인식하고 지키게 하려는 것 같지만, 이것은 세례의 정당한 시행이 될 수 없습니다. 세례라는 의식 자체에 구원의 효력이 있는 것이 아니기 때문입니다.

성례는 말씀과 분리될 수 없습니다. 성례는 주님이 교회에 명하여 교회 공동체 안에서 함께 하나님을 경배하는 가운데 공적으로 시행하도록 하신 거룩한 명령입니다. 그래서 옛 성도들은 핍박이 있을 때에도 회중이 함께 모여 성례를 시행했습니다. 그렇게 하다가 잡혀가는 일이 있어도 여러 사람 앞에서 예수 그리스도를 고백하면서 세례를 받았고, 함께 떡과 잔을 나누면서 자신이 그리스도께 속한 자임을 드러냈습니다.

성례는 하나님의 말씀과 함께 교회의 표지이면서 동시에 중요한 은혜의 방편, 즉 하나님의 은혜가 우리에게 임하는 방편입니다. 따라서 자신은 예수님을 믿고 하나님의 은혜를 힘입어 살고 싶다고 하면서 하나님의 말씀을 무시하거나 성례에 참여하지 않는 것은 모순입니다.

어떤 이들은 하나님이 정하신 은혜의 방편을 상대화시키고 다른 것들, 예를 들면 노동이나 피정 등으로 은혜가 임한다고 말합니다. 그러나 주님으로부터 오는 참된 은혜는 정하신 은혜의 방편을 무시하지 않습니다. 하나님의 말씀이 은혜의 방편인 것은 성령께서 예수 그리스도를 중심으로 한 말씀의 전파를 통하여 우리 영혼에 역사하여 은혜를 주시기 때문입니다. 한편 성례 역시 단순한 상징이 아니라 예수 그리스도에 대한 말씀의 핵심인 십자가와 십자가로 인해 지금 우리에게 허락된 은혜를 가시적으로 나타내어 가르치는 것입니다. 뿐만 아니라 성례는 장차 완성될 하나님 나라에서 있을 천상의 잔치를 미리 맛보도록 하는 것이기도 합니다.

세례는 회개와 분리될 수 없다

우리는 참교회의 표지인 세례와 성찬이 가진 각각의 의미를 바르고 구체적으로 알 필요가 있습니다. 주님은 이 둘을 엄숙히 제정하여 지키도록 하셨지만, 교회 안의 많은 사람들이 그 의미를 잘 알지 못하고 행하는 것이 현실입니다. 세례만 해도 그렇습니다. 세례식 때 한두 가지 질문에 형식적으로 대답할 뿐 세례의 의미와 이를 허락하신 하나님의 은혜에 대한 깊은 인식과 감격이 없습니다. 이처럼 세례가 형식적인 의식이 되면 결국 형식적인 신자들이 많아지게 됩니다. 주님이 직접 명하여 지키게 하신 성례는 절대로 형식적으로 시행되어서는 안 됩니다.

먼저 우리는 세례가 무엇인지를 바르게 알아야 합니다. 세례의 일차적인 의미는 물이 상징하는 바와 밀접하게 관련되어 있습니다. 구약에서부터 물과 피는 부정한 죄를 씻는 의미가 있었습니다. 세례 요한은 세례를 베풀며 물과 피가 부정한 죄를 씻는다는 구약의 의미를 새롭게 전했습니다. 그는 물로 세례를 주며 자신은 죄 사함을 받게 하는 회개의 세례를 전파하는 것이라고 말했습니다(막 1:4, 눅 3:3). 그가 전한 회개의 세례는 장차 임할 진노를 피하고(눅 3:7), 주님의 오심을 준비하는 것이었습니다(막 3:4). 바로 이것이 세례의 가장 기초적인 의미입니다.

세례는 하나님 나라를 위한 준비의 징표, 즉 하나님 나라에 들어가기 위해 어떤 준비가 필요한지를 가시적으로 나타내 줍니다. 씻음을 상징하는 물로써 우리가 하나님 나라에 들어가기 위해서는 죄 사함을 받게 하는 회개가 있어야 함을 말해 줍니다. 그러므로 세례는 회개와 분리될 수 없습니다. 베드로는 오순절에 말씀을 듣고 마음이 찔린 자들에게 "회개하여 각각 예수 그리스도의 이름으로 세례를 받고 죄 사함을 받으라"(행 2:38)고 말했습니다. 세례 요한과 베드로는 세례를 회개와 연관시키며 베풂으로써 회개가 하나님 나라에 들어가기 위한 관문임을 보여 준 것입니다.

그러나 오늘날의 많은 교회들이 이것을 잊고 있습니다. 그래서 회개

없는 자들에게 세례를 베푸는 현실이 만연하게 되었습니다. 세례는 회개하는 자에게 베풀어져야 합니다. 교회는 회개한 자들이 세례를 받고 들어와 구성원이 되는 공동체여야 합니다. 회개하지 않은 사람이 교회에 올 수는 있지만, 교회의 참구성원이 될 수는 없습니다.

또한 세례는 하나님 나라에 실제로 들어가는 징표로서의 의미를 갖기도 합니다. 세례 요한은 자신은 물로 세례를 베풀지만 오실 주님은 불과 성령으로 세례를 베푸시리라고 말했습니다(눅 3:16). 이후에 실제로 주님은 제자들에게 성령을 부어 주셨습니다. 베드로도 오순절에 회개하여 예수 그리스도의 이름으로 세례를 받고 죄 사함을 받으라고 한 뒤에, 그리하면 성령을 선물로 받을 것이라고 말했습니다(행 2:38). 그리고 성령을 선물로 받아 하나님 나라에 들어가는 징표로서 세례를 베풀었습니다.

이처럼 성경이 말하는 세례는 단순한 의식이 아닙니다. 그것은 성령으로 말미암은 내면의 역사와 관련된, 하나님 나라에 들어가는 징표로서 베풀어집니다. 세례는 외적인 표시이지만 내적인 인 치심의 의미를 가진 표시입니다.

세례는 엄청난 복을 내포하고 있다

세례가 중요한 또 한 가지 이유는 부활하신 주님이 제자들에게 자신의 이름으로 세례를 베풀도록 하셨다는 사실에 있습니다. 그래서 베드로는 오순절에 예수 그리스도의 이름으로 세례를 받으라고 말했습니다(행 2:38, 행 8:16, 행 10:48, 행 19:5). 이것은 세례가 중보자이신 예수 그리스도께 속하게 하는 의미로 베풀어짐을 말해 줍니다. 마태복음 본문에서 "아버지와 아들과 성령으로 이름으로 세례를 주라"는 예수님의 명령도 같은 맥락의 의미를 갖습니다. 성부와 성자와 성령의 이름으로 받는 세례는 세례 받는 사람이 삼위 하나님께 속하였다는 것을 공적으로 표하는 것입니다.

이처럼 세례는 신자가 하나님의 이름에 속한 자임을 나타내는 거룩한 의식입니다. 로마가톨릭교회에서는 세례 받는 자에게 별도의 세례명을 주지만 성경은 그렇게 말하지 않습니다. '성부, 성자, 성령 하나님께 속한 자'라는 이름 외에 별도의 세례명은 필요 없습니다. 그는 성부, 성자, 성령 하나님의 이름으로 일컬어지는 '하나님의 자녀'가 되는 것입니다. 구약의 제사장들도 하나님의 백성들을 축복할 때 하나님의 이름을 주었습니다. 구약에서부터 사람에게 줄 수 있는 가장 큰 복은 하나님의 이름을 주는 것이었습니다. 성부와 성자와 성령의 이름으로 주는 세례는 바로 그 복을 표현한 것입니다.

달리 말하면, 이 복은 예수 그리스도와의 연합의 복입니다. 우리는 이 연합으로써 죄인이요, 버려진 아이와 같았고 죽어 멸망할 수밖에 없었던 상태에서 구속의 은혜를 얻게 됩니다. 예수께서는 자신의 의를 연합된 우리에게 주시고, 대신 우리의 죄를 담당하심으로써 우리를 구속하십니다. 죄 사함을 받고 그분의 의를 덧입는 것, 이것이 인간이 얻을 수 있는 최고의 복입니다. 세례는 우리가 그러한 은혜의 수혜자가 되었음을 가시적으로 표현하는 것입니다.

나아가 우리는 예수 그리스도와 연합된 관계 안에서 부활의 생명을 얻습니다. 회개하여 세례 받은 자는 그분과 함께 죽고 장사되어 새 생명을 얻고 그분의 생명 안에서 풍성함을 얻습니다(롬 6:4-5). 그리스도와 연합한 자는 주님이 포도나무 비유(요 15:1-9)를 통해 말씀하신 것처럼 그분의 생명과 영광을 풍성하게 얻어 누리는 삶을 살게 됩니다. 이 땅에서부터 그리스도로 말미암은 모든 풍성한 은혜와 사랑을 누리다가 영원한 나라에서 더 온전한 생명을 누리는 데로 나아가는 것입니다. 하나님의 이름과 주 예수 그리스도의 이름으로 우리에게 베풀어지는 세례는 이처럼 엄청난 복을 내포하고 있는 것입니다.

세례 받은 자의 진실한 반응은 무엇인가

물론 세례를 받는다고 해서 자동적으로 모든 일이 잘되고, 모든 문제가 해결되지는 않습니다. 우리가 받은 세례의 복됨은 우리에게 능동적인 반응과 책임을 요구합니다. 세례를 통해 그리스도와 연합하여 그리스도와 함께 죽고 산 자는 이전과 같이 부패한 본성을 따르는 죄악된 생활에서 떠나 우상을 버리고 하나님의 자녀로서 합당한 삶을 살 것을 요구받습니다. 그는 자신에게 주어진 하나님의 이름을 위해서 살아야 합니다.

성경은 세례에 담긴 언약적인 내용과 세례 받은 사람이 하나님을 향하여 가져야 할 신앙적인 결심과 서약의 의미에 대해서 많이 말합니다. 세례는 자신에게 주어지는 실제적인 책임을 기꺼이, 그리고 공적으로 선언하는 것입니다. 진실로 회개하여 세례를 받은 사람은 실제로 그런 변화를 갖게 됩니다. 세례를 받았다고 하면서도 이런 변화의 모습이 없는 사람은 형식적으로 세례를 받은 형식적인 신자일 뿐입니다. 회개 없이 세례의 껍데기만 취한 자는 그리스도와 연합한 자 일 수 없습니다.

오늘날 세례가 형식적으로 취급되는 것은 참으로 안타까운 현실입니다. 세례가 형식화되면 교회도 참교회의 모습을 잃어 가게 됩니다. 세례를 받으면서 그리스도와의 연합의 복됨을 모르고, 그것을 기대하지도, 경험하지도 못하는 자들이 많아질수록 교회는 마땅히 가져야 할 생명력을 상실해 가게 됩니다. 교회는 성경이 말하는 세례를 바르게 시행해야 합니다. 세례 받는 당사자는 물론이고 교회 공동체 모두가 세례의 은혜로움을 알고 함께 참여해야 합니다.

성찬의 풍성한 의미

참교회가 시행해야 할 또 하나의 성례는 성찬입니다. 주님은 유월절에 제자들을 위해 이른바 최후의 만찬을 베푸시고, 떡을 떼시며 그것이 자신의 찢길 몸이라 하셨습니다. 또 포도주 잔을 가지시고 그것이 자신이 흘릴 피라고 하셨습니다. 그리고 주님은 "너희가 이를 행하여 나를 기념하라"(눅 22:19)고 말씀하셨습니다. 성찬은 주님의 명령을 따라 그리스도의 대속의 죽음을 기념하는 것입니다. 이 성례에는 그리스도께서 자신을 위해 죽으신 것을 알고 있는 사람, 곧 그리스도의 교회에 속한 자가 참여합니다. 성찬은 자신의 죄인 됨에 대한 고백과 죽을 수밖에 없는 죄인을 위해 피 흘려 죽으신 주님의 은혜에 대한 감사가 있는 자리입니다. 그리고 죄인들의 구주 되신 예수 그리스도께로 나아온 신자의 감격이 있는 자리입니다. 또 성찬은 새 언약의 백성 됨을 확인하는 자리입니다.

성찬도 세례와 마찬가지로 그리스도와의 연합을 나타냅니다. 단, 세례는 그리스도와의 연합으로 들어오는 것과 관련된 성례인 반면, 성찬은 들어온 상태에서 하나님의 가족으로서 누리는 지속적인 교통과 관련된 성례입니다. 세례는 그리스도와 함께 죽고 장사되었다가 새 생명으로 태어나는 것을 의미하고, 성찬은 우리가 그리스도의 살과 피를 먹고 마심으로써 주께로부터 받은 생명을 생생하게 누리는 것을 의미합니다.

물론 우리가 떡과 포도주를 먹고 마심으로써 영생하게 되는 것은 아닙니다. 신자는 그리스도와의 연합을 전제로 성찬에 참여하며, 주님은 성찬에 참여하는 자신과 연합한 자들에게 생명을 주십니다. 우리는 포도나무 비유처럼 그리스도에게서 생명을 얻습니다. 성찬은 바로 그 생명의 연결을 확인하고 나타내는 자리입니다. 예수님이 십자가에서 죽으심으로써 이루신 구원의 능력을 확인하고 확신하며 우리가 소유한 새 생명의 즐거움을 누리는 자리입니다.

그러므로 참된 신자라면 성찬에 반드시 참여해야 합니다. 로마가톨릭교회는 미사를 구원의 공로로 생각하여 참여하지만, 성찬은 구원을 받기 위한 조건은 아닙니다. 그러나 구원의 은혜를 얻은 신자는 자신이 소유하게 된 새 생명의 즐거움을 풍성히 공급받으며 누리는 성례를 등한히 할 수 없습니다. 성찬은 우리가 주님과의 연합에 의해서 사는 자요, 그분의 생명을 누리는 자임을 나타내는 아주 중요한 성례, 즉 거룩한 예식이기 때문입니다.

성찬에는 세례 받아 교회에 속하게 된 구성원들이 참여합니다. 세례 받지 않은 사람들은 참여할 수 없습니다. 예수를 믿는 자는 먼저 세례를 받아 교회의 구성원이 되어야 하고, 그런 조건에서 성찬에 참여할 수 있습니다. 어떤 신학자는 그리스도의 몸인 교회에 속한 자들이 참여하는 성찬의 의미를 이렇게 요약했습니다.

"우리는 그리스도와 한 몸으로 연합하여 그분의 것은 무엇이나 우리의 것이라는 확신 속에 거한다. 그분이 영원한 생명을 잃을 수 없는 것처럼 우리도 그것을 잃을 수 없다. 우리가 우리의 죄에 의해서 정죄 받을 수 없는 것은 마치 주님의 것인 양 주님이 그것을 담당하셨기 때문이다."

성찬은 이 땅에서부터 성도와 그리스도의 영원한 결속을 확인시켜 주는 거룩한 예식입니다. 그뿐 아니라 성찬은 장차 있을 천국 잔치의 예표이기도 합니다. 성찬은 장차 임할 아버지의 나라에서 언약 백성들이 참여하는 만찬의 성격을 가지고 있습니다. 주님은 자신에게 속한 자들이 완성될 하나님 나라에서 포도나무에서 난 열매가 아닌 새것으로 마시게 되리라고 말씀하셨습니다.

"또 잔을 가지사 감사 기도 하시고 그들에게 주시며 이르시되 너희가 다 이것을 마시라 이것은 죄 사함을 얻게 하려고 많은 사람을 위하여 흘리는 바 나의 피 곧 언약의 피니라 그러나 너희에게 이르노니 내가 포도나무에서 난 것을 이제부터 내 아버지의 나라에서 새것으로 너희와 함께 마시는 날까지 마시지 아니하리라 하시니라"(마 26:27-29).

참된 교회는 이 표지를 반드시 가져야 하고, 성도 된 자들은 거기에 꼭 참여해야 합니다. 그리고 성찬에 참여하며 우리 앞에 주의 피로 구속된 모든 백성과 함께 새것으로 마시게 될 잔치가 있다는 것을 항상 생각해야 합니다. 새 언약의 백성은 장차 천상에서 주께서 베푸실 잔치의 예표인 성찬에 참여함으로써 지상에서부터 그 기쁨을 경험하고 맛보아야 합니다.

형식적인 성례를 경계하라

세례와 성찬의 깊고 실제적인 의미와 복에도 불구하고 그것을 대단치 않은 연례행사 정도로 여기며 형식적으로 시행하고 참여하는 이들이 있습니다. 1세기 고린도 교회에는 자신을 살피지 않고 성찬의 떡과 잔을 먹고 마심으로써 병든 자와 죽은 자들이 있었습니다. 사도 바울은 그들에게 보내는 편지에서 성찬에 관해 말하며 반드시 자신을 살피며 성찬에 참여해야 한다고 가르칩니다(고전 11:27-32). 성찬은 그리스도의 대속적 죽음의 의미와 내용을 알고 믿어 자신의 것으로 소유한 자가 자신을 살피는 가운데 믿음으로 받아야 합니다.

성경이 말하는 성례의 의미와 내용을 충실히 전하며 집행하는 교회, 이를 바르게 알고 참여하는 자들이 모인 교회가 참교회입니다. 이토록 중요한 참교회의 표지인 성례를 형식적으로 시행하고 가볍게 참여하는 것은 참으로 안타까운 일입니다. 이런 안일함은 정녕 교회의 교회다움과 신자들의 거룩함을 상실하게 하여 결국 세상과 구별됨을 잃게 만듭니다. 이 사실을 알고도 계속해서 형식적으로 성례를 집행하고 참여한다면 우리는 스스로 참교회가 되기를 원치 않는 것이요, 참교회의 지체에게 허락된 수많은 은혜와 복을 거부하는 셈입니다.

우리는 매너리즘을 매우 경계해야 합니다. 중요한 참교회의 표지요, 은혜와 복을 주시는 중대한 방편인 성례를 통해 실제로 은혜를 받고 누릴 수 있도록 힘써야 합니다. 주님 오실 때까지 우리 모두가 한마음으로 지킬 수 있기를 바랍니다. 주께서 우리를 돌아보시고 인도해 주시기를 구합니다.

참된교회로 **돌아오라**

CHAPTER 4

참된 교회의 외적 표지 3
: 권징

권징은 하늘에서도 유효하다

"네 형제가 죄를 범하거든 가서 너와 그 사람과만 상대하여 권고하라 만일 들으면 네가 네 형제를 얻은 것이요 만일 듣지 않거든 한두 사람을 데리고 가서 두세 증인의 입으로 말마다 확증하게 하라 만일 그들의 말도 듣지 않거든 교회에 말하고 교회의 말도 듣지 않거든 이방인과 세리와 같이 여기라 진실로 너희에게 이르노니 무엇이든지 너희가 땅에서 매면 하늘에서도 매일 것이요 무엇이든지 땅에서 풀면 하늘에서도 풀리리라 진실로 다시 너희에게 이르노니 너희 중의 두 사람이 땅에서 합심하여 무엇이든지 구하면 하늘에 계신 내 아버지께서 그들을 위하여 이루게 하시리라 두세 사람이 내 이름으로 모인 곳에는 나도 그들 중에 있느니라"(마 18:15-20).

참교회의 외적 표지 중 마지막은 권징을 신실하게 시행하는 것입니다. 오늘날 교인들 중에는 권징이 무슨 뜻인지도 모르는 사람들이 있습니다. 이에 대해 구체적인 설교나 설명을 들어 보지 못했기 때문입니다. 하지만 권징은 참교회의 세 가지 외적 표지 중에 하나가 될 만큼 중요한 것입니다.

마태복음 본문은 권징과 관련하여 자주 인용되는 말씀입니다. 15-17절은 교회가 권징을 시행하는 절차를 말합니다. 18-20절은 교회가 시행하는 권징이 하늘에서도 유효하다는 사실을 말합니다. '땅에서 매면 하늘에서도 매인다'는 것은 우리가 시행한 권징을 하나님도 유효하게 여기신다는 것입니다. 이뿐 아니라 권징의 실제적인 사례와 의미는 고린도전서를 비롯한 신약의 서신 여러 곳에서 언급되고 있습니다.

참교회의 표지인 권징은 신자를 함부로 징계할 수 있는 교회의 무제한적 권력을 말하는 것이 아닙니다. 교회는 완전치 못한 사람들로 구성되어 있고, 따라서 언제든지 도덕적인 타락과 부패의 위험을 가지고 있습니다. 누구나 타락과 부패에 빠질 수 있습니다. 그리고 그로 인해 교회가 교회답지 못하게 변질될 수도 있습니다. 권징은 그런 위험을 예방하고, 실제로 위험에 빠졌을 때 바르게 교정하기 위한 것입니다. 웨스트민스터 신앙고백서는 성경을 종합해서 권징에 대해 다음과 같이 말합니다.

"교회의 권징은 과오를 범하는 형제들을 바로잡아 타락하는 것을 막고, 타인으로 하여금 비슷한 과오를 범하지 않도록 하고, 온 덩어리에 나쁜 영향을 미칠지도 모르는 누룩을 제거하고, 그리스도의 영광과 거룩한 복음의 고백을 옹호하며, 하나님의 진노를 막기 위해 필요하다."[5]

권징의 이러한 중요한 의미 때문에 교회는 반드시 권징을 신실하게 시행해야 합니다. 그러나 많은 교회들이 권징을 시행하지 않고 오히려 기피하고 있습니다. 권징의 포기는 참교회의 표지를 스스로 포기하는 것입니다. 겉으로 사람이 많고, 서로 친해서 사랑이 많아 보이고, 좋은 분위기를 갖추었다고 참교회가 되는 것은 아닙니다. 참교회는 권징을 신실하게 시행함으로써 교회의 순결함을 유지하고, 그것을 통해 그리스도께 영광을 돌리며, 교회가 전해야 할 복음에 장애가 되지 않도록 하는 교회입니다.

그런데 안타깝게도 많은 사람들이 권징을 부정적으로 생각합니다. 이는 권징이 무엇인지 잘 알지 못하고, 권징은 그저 냉정하고 사랑이 없는 것이라는 편견에서 나온 생각입니다. 이 때문에 실제로 교회에서 권징을 시행하려 해도 그것을 통해 치유와 회복이 일어나기는커녕 무작정 교회를 떠남으로써 권징을 거부하는 일이 많이 일어나고 있습니다. 그러나 편견과 회피로 권징이 무너지면 교회의 타락과 부패가 방치되고, 교회 안에서 죄가 왕성하게 역사하게 됩니다. 이로써 교회는 생기를 상실하게 됩니다.

진정한 의미에서 교회의 생기는 사람들이 외적으로 느끼는 활동성이나 친밀감과는 다를 수 있습니다. 참된 교회의 생명력은 하나님이 자신의 진리를 교회 공동체에 속한 이들 안에서 구현하심으로써 일어납니다. 성도들의 삶에 진리가 구현되지 않으면 교회는 참된 생명력을 가질 수 없습니다. 종교적 열심이나 외형만으로 대체될 수 없습니다. 이방 종교나 이단들도 얼마든지 서로 친절하고 살갑게 대하는 정도의 생기는 있을 수 있습니다. 그러나 주 안에서 얻는 교회의 참생명력은 권징을 경시하고 죄를 방조함으로써 진리를 바르게 구현하지 못하면 지속될 수가 없습니다. 권징을 등한히 한 교회는 하나님께 영광을 돌리기는커녕 결국 영광을 가리게 되고, 복음 증거의 길을 스스로 막는 어리석음에 빠지게 됩니다.

권징은 사랑의 행위이다

오늘날은 교회 안에서 그리스도인에게 용인될 수 없는 죄악된 일들이 하나둘 일어나다 못해 이제는 일상적인 것으로 여겨지는 지경에까지 이르렀습니다. 교회가 죄를 방조하며, 죄에 대한 설교나 죄를 경계하는 권면도 사라졌습니다. 교회들은 죄의 심각성을 경계하기보다 죄를 범한 사람이 상처 받아 교회를 떠나지는 않을까 두려워합니다. 죄를 범한 자가 받을 상처를 하나님의 영광보다 더 크게 의식합니다. 갈수록 권징은 드물어지고, 오히려 죄를 묵인하여 마치 누룩처럼 죄가 확산되는 일이 많아지고 있습니다.

우리는 주변에서 그리스도인들의 타락상을 많이 접하지만, 상대적으로 그것을 교정하는 권징이 진실하게 시행되었다는 소식은 거의 들지 못합니다. 물론 누구든 권징의 대상이 되면 교회를 떠나거나 숨고 싶은 마음이 생길 것입니다. 권징이 시행되어야 함을 잘 아는 교회의 지도자들도 권징이 남용되던 과거의 기억 때문에 조심스러운 마음이 들 수도 있습니다. 그러나 개인적인 불편함이나 부정적인 경험에 따른 반동으로 아예 권징 자체를 시행하지 않는 쪽으로 흘러가는 것은 옳지 않습니다.

과거 권징을 시행함에 있어 오직 엄격함으로 일관한 때가 있었습니다. 또 때로는 권징이 교회 안에서 의견이 다른 사람을 출교시키거나 직분을 박탈하기 위한 수단으로 남용되기도 했습니다. 그에 반해 근래에는 오직 관용과 관대함만으로 일관하는 극단으로 치우치게 되었습니다. 이는 권징을 바르게 시행하는 것이 결코 쉽지 않다는 것을 보여줍니다. 이처럼 권징의 시행에는 인간의 감정이 교묘하게 개입되어 두 가지 극단으로 빠질 수 있습니다.

또 권징을 시행한다고 해서 모든 문제가 해결되는 것은 아닙니다. 권징을 시행하면 실제로 사람들이 상처를 받거나 오해와 편견으로 공동체가 요동하게 될 수도 있습니다. 그럼에도 불구하고 교회는 주님이 말씀하신 대로, 그리고 신약의 교회들이 그랬던 것처럼 권징을 시행해야 합니다. 권징이 바르게 시행되지 않은 결과는 우리의 감정이 상하는 것보다 더 크고 결정적이기 때문입니다.

권징은 사랑의 행위입니다. 히브리서는 징계를 사랑의 표현이라고 말합니다(히 12:6). 그것은 마치 하나님이 이스라엘 백성들을 사랑하셨기 때문에 빗나간 그들을 징계하셔야 했던 것같이, 또 우리가 잘못된 길을 가는 자식을 가만히 놔두지 않고 견책하고 훈육하는 것같이 사랑으로 행하는 것입니다. 권징은 대상이 되는 영혼에 대한 사랑과 그리스도의 교회에 대한 사랑으로 행하는 것입니다.

권징을 신실하게 시행하지 않을 때

권징이 필요할 때 하나님의 말씀을 따른 권징이 시행되지 않으면 교회는 죄로 오염되고, 결국 하나님의 심판을 받게 됩니다. 이스라엘 역사는 물론이고 초대교회와 지난 교회 역사 역시 그러한 사실을 잘 보여 줍니다.

교회를 향한 하나님의 심판은 두 가지 형태로 나타납니다. 하나는 가장 일반적인 형태로 교회가 하나님의 임재를 경험하지 못하는 것입니다. 또 하나는 권징을 시행하지 않음으로써 죄로 오염된 교회를 주께서 직접 징계하여 다스리시는 것입니다. 고린도 교회에는 하나님의 직접적인 징계로 인해서 약한 자와 병든 자와 심지어 죽은 자도 있었습니다. 그것은 분명 고린도 교회에 큰 충격이었을 것입니다. 그러나 그것은 그 교회를 보존하시고 오고 오는 모든 교회를 위해 하나님이 행하신 일이었습니다. 하나님은 그렇게 교회를 일깨우시는 것입니다.

그러나 교회가 권징을 신실하게 시행하지 않을 때 더욱 흔하게 경험하는 심판은 하나님이 자신의 임재를 크게 나타내시지 않는 것입니다. 당사자 개인에게뿐만 아니라 교회적으로도 그렇습니다. 우리는 오늘날 조국 교회가 바로 그런 하나님의 심판을 받고 있는 것은 아닌지 조심스럽게 돌아보아야 합니다. 교회들이 하나님의 임재를 크게 경험하지 못하는 것은 권징을 시행해야 할 죄악들을 방치해 온 것과 무관하지 않습니다.

1970-80년대와 비교해 보더라도 지금의 조국 교회는 분명 사람들이 많아지고, 건물의 외형도 커지고, 경제적으로도 놀랍게 부요해졌지만 하나님의 임재를 경험하는 것은 옛날보다 못합니다. 껍데기만 보고 속아서는 안 됩니다. 사람이 많이 모인다고 하나님의 임재가 있는 것이 아닙니다. 권징이 신실하게 시행되지 않고 거룩함을 상실한 교회는 하나님의 임재를 기대할 수 없습니다.

물론 권징이 바르게 시행되면 무지하고 완악한 자들이 교회를 혼란스럽게 하는 일이 더욱 두드러지게 되어 일시적으로 교회 안에 혼란과 불안이 커지는 것처럼 보일 수 있습니다. 하지만 결국 하나님은 그런 과정을 지나 자신의 임재를 더욱 크게 나타내시고 축복하십니다. 그런 가운데서 영적 각성이 일어나기도 합니다. 워커는 이렇게 말했습니다.

"권징을 시행하지 않는 교회가 성공적인 교회가 되는 것은 불가능하다. 이런 교회는 하나님의 은총을 받지 못하며 진정한 성장도 기대할 수 없고 결국 죄를 용인하고 책망하지 않음으로 인해서 자연히 비참한 결과를 맞게 된다. 죄를 지은 사람들로 인해서 교회 전체는 유해하게 되고 부패한 독소가 급속도로 확산되어 가게 된다. 한 교인이 죄를 지었을 때 아무런 조사도 하지 않고 징계도 하지 않는다면 계속해서 또 다른 사람들이 그 뒤를 따라 죄를 범하게 된다. 이렇게 해서 온 교회가 죄에 오염되는 비참한 결과를 낳게 된다. 한마디로 적은 누룩이 온 덩어리에 퍼지게 되는 것이다. 쓴 뿌리 하나가 자라서 퍼지게 되면 많은 것을 더럽히는 것처럼 또 썩은 부위를 도려내지 않을 때 처음에는 작은 것이라 해도 빠르게 온몸에 퍼져 몸을 쇠하게 하고 보기 좋은 몸을 흉하게 만드는 것처럼 교인들이 범하는 죄를 용인할 때 경건치 못한 데로 점점 나아가게 된다."

거룩한 교회에 죄가 용인되면 죄는 급속도로 퍼져나가 우리의 완악한 마음을 따라 서로 편을 가르고, 질투하며 다투게 합니다. 권징은 죄로 기울어지기 쉬운 우리의 옛 본성 때문에 그리스도의 교회 안에서 반드시 시행되어야 할 외적인 표지입니다. 교훈과 책망과 바르게 하는 유익이 있는 말씀의 연장선상에서 권징은 반드시, 그리고 바르게 시행되어야 합니다.

권징의 세 가지 목표

권징이 시행되어야 할 목표는 첫째로, 교회의 순결과 교회의 머리되신 그리스도의 명예를 위해서입니다. 신자가 알고 짓는 죄를 지속적으로 범한다면 그것은 개인의 문제로 끝나지 않습니다. 교인 한 사람이 범한 죄는 결국 그가 속한 교회 전체를 더럽힙니다. 그의 죄가 회고되고 언급될 때마다 그리스도의 이름이 모욕을 당하고, 그분의 영광이 가려지는 것입니다. 이는 마치 유대인들이 율법에 불순종함으로 이방인들로 하여금 하나님의 이름을 모독하게 했던 것과 같습니다(롬 2:24).

가까운 예로 고린도 교회는 권징을 신실하게 시행하지 못하고, 도리어 불신자들에게 가서 교회 안의 다른 형제들을 고소하는 일을 행했습니다(고전 6:5-6). 그로 인해 결국 주님의 명예가 더럽혀졌고, 바울은 이 때문에 마음이 심히 상했습니다. 그러나 교회에 권징을 제정하신 분은 바울이 아니라 주님이십니다.

요한계시록에서 주님은 권징을 바르게 시행하지 않는 버가모 교회와 두아디라 교회에 직접 경고하셨습니다. 공공연한 불순종을 용납하고 권징을 행하지 않는 교회를 향해 "그러나 네게 책망할 일이 있노라 자칭 선지자라 하는 여자 이세벨을 네가 용납함이니 그가 내 종들을 가르쳐 꾀어 행음하게 하고 우상의 제물을 먹게 하는도다"(계 2:20) 하고 책망하셨습니다.

교회가 권징을 시행하지 않고 죄를 방조하면 교회는 자연히 사람들의 신뢰와 세상과의 구별을 잃게 됩니다. 이로써 결국 교회의 머리이신 그리스도의 이름이 욕보이고, 그분의 영광이 가려집니다. 물론 권징을 시행하지 않았을 때의 부정적인 결과를 처음에는 느끼지 못할 수도 있습니다. 그러나 한 세대만 지나면 확실히 드러납니다.

권징에 소홀했던 한국교회는 이미 지난 세대와는 다른 현실을 경험하고 있습니다. 기독교가 왕성한 생명력을 보일 때는 불교나 다른 종교인들 중에 스스로 나서서 교회에 한번 가 보고 싶다고 말하는 이들이 있었습니다. 그러나 이제는 대다수의 외부인들이 거침없이 교회를 비웃고 욕합니다. 이런 현실은 교회의 순결과 그리스도의 영광을 위해 시행하도록 하신 권징을 무시하여 자정 능력을 상실한 교회가 자초한 일입니다.

둘째로, 권징의 목표는 죄가 퍼지는 것을 막는 것입니다. 성경은 죄를 지어 권징을 받는 신자의 회복에 큰 관심을 둡니다. 물론 권징을 받는 자들 모두가 회복되는 것은 아닙니다. 권징을 피하여 교회를 떠나는 사람도 있고 오히려 그로 인해 더 완악해지는 사람도 있습니다. 언제든 권징을 통한 회복의 기회를 뿌리치는 사람들은 있게 마련입니다. 그러나 그것이 권징을 주저할 이유가 될 수는 없습니다. 권징은 치리 받는 자의 회복만을 목적으로 하지 않기 때문입니다.

권징은 죄가 다른 사람들에게 퍼지는 것을 막기 위한 것이기도 합니다. 이는 결코 부수적인 이유가 아닙니다. 히브리서 기자는 교회 안에서 "쓴 뿌리가 나서 괴롭게 하여 많은 사람이 이로 말미암아 더럽게 되지 않게"(히 12:15) 해야 한다고 말했습니다. 또 바울은 작은 누룩이 온 덩이에 퍼진다면서 고린도 교회 성도들에게 죄가 온 교회에 영향을 끼치지 않도록 하기 위해서 음란한 죄를 범한 자를 내쫓으라고 했습니다(고전 5:1-8).

만일 죄를 범한 사람이 권징을 받지 않는다면, 그 죄에 대해 알고 있는 사람들은 교회가 그것을 묵인한다는 사실 때문에 죄에 대한 경계는커녕 암암리에 죄는 생각만큼 심각한 것이 아니라고 여기게 됩니다. 마귀는 이런 기회를 놓치지 않고 죄를 가볍게 여기며, 육적인 본성대로 유사한 죄를 짓도록 충동합니다. 성경은 이렇게 말합니다.

"악한 일에 관한 징벌이 속히 실행되지 아니하므로 인생들이 악을 행하는 데에 마음이 담대하도다"(전 8:11).

인간의 본성이 그렇습니다. 징벌이 느려지면 악을 행하는 데 빨라집니다. 권징이 없고 죄가 방조되면 죄에 대한 대담함 또한 커집니다. 그리고 한번 권징을 실시하지 않았던 죄는 나중에 다른 사람들이 범했을 때 새삼 책임을 물을 수 없게 됩니다.

권징의 마지막 목적은 죄를 범한 자의 회복과 화해입니다. 죄는 사람을 소외시킵니다. 죄지은 자는 하나님으로부터, 다른 사람으로부터, 심지어 자기 자신으로부터 소외됩니다. 그가 성도들과의 교제는 물론이고 하나님과의 교제를 회복하기 위해서는 죄를 다루어야 합니다. 주님은 "네 형제가 죄를 범하거든 가서 너와 그 사람과만 상대하여 권고하라 만일 들으면 네가 네 형제를 얻은 것이요"(마 18:15)라고 말씀하셨습니다. 즉 권징을 잘 시행하고, 거기에 죄 범한 자가 잘 따르면 우리는 형제를 얻게 됩니다. 권징은 본래 형제를 얻기 위한 것이지 버리기 위한 것이 아닙니다. 여기에 이런 질문이 따를 수 있습니다. "그럼 출교는 무엇입니까?" 출교는 권징을 무시할 때 최종적으로 시행하는 징계입니다.

권징은 본래 죄로 인해 파멸로 나아가는 자에게 다가가 돌이키도록 이끌어 주는 것입니다. 만일 권징을 바르고 신실하게 시행한다면 하나님은 그 과정에서 죄 범한 자의 상한 영혼을 회복시키시고 그가 속한 공동체도 은혜와 회복을 맛보게 하십니다.

신실한 권징은 회복을 부른다

그러면 권징을 시행해야 하는 죄들은 구체적으로 어떤 것들일까요? 신약성경에서 권징의 대상으로 언급하는 죄들은 주로 교회의 순결과 화합을 깨뜨리는 것들입니다. 곧 분쟁과 부도덕한 죄와 게으름과 태만, 거룩한 말씀에 순종치 않고 거역하는 것, 참람한 말과 행동, 이단적인 교리를 가르치는 것 등입니다. 외적으로 공공연히 드러나고 인정되는 죄들 또한 권징의 대상입니다. 이방인조차도 악하게 보는 죄를 신자가 대수롭지 않게 지을 때 교회는 권징을 시행해야 합니다.

그리고 권징은 오랜 시간 지속하고 있는 죄들에 대해서도 시행됩니다. 그런 죄들은 다른 사람들에게도 알려져 교회의 순결을 깨고, 그리스도의 이름을 더럽히며, 공공연히 용납되어 다른 지체들까지 잘못된 생활 방식과 죄악된 행위에 빠뜨릴 위험이 있기 때문입니다. 이런 죄들을 신실하게 권징하는 교회가 바른 교회입니다.

교회가 권징을 시행할 때는 몇 가지 주의할 점이 있습니다. 먼저 자신의 죄를 인식하고 뉘우치며 그로부터 돌이키기 위해서 진실로 몸부림치는 회개의 태도를 보이는 자들에게 권징의 일반적인 절차와 방법을 모두 적용할 필요는 없습니다. 그들에게는 다시는 그 죄 가운데 빠지지 않도록 권면하고 죄로부터 분명히 돌이켜서 정상적인 신앙의 모습을 갖도록 격려하는 것이 바람직합니다.

문제는 교회를 더럽히고 그리스도의 영광을 가리는 죄를 짓고도 회개하지 않고 지속적으로 범하는 자들입니다. 주님은 그들에 대한 권징의 절차를 말씀해 주셨습니다(마 18:15-20). 먼저 우리는 죄 범한 사람에게 비밀리에 개인적으로 찾아가 권고해야 합니다. 그럼에도 듣지 않을 때는 점진적인 과정이 뒤따르게 됩니다.

주님은 최대한 당사자의 명예와 평판을 손상시키지 않고 보호하기 위해서 증인이 될 만한 한두 사람과 동행하여 권하도록 하셨습니다. 하지만 만일 그것에도 반응이 없고 회개치 않는다면 권징의 정도는 점점 강해지게 됩니다. 그리고 문제가 해결될 때까지 계속됩니다. 개인적인 만남에서 안 되면 두세 사람이 함께 만나고, 다음에는 교회에 알려야 합니다. 물론 교회에 알리는 것은 사실상 최후의 행동이기 때문에 최대한 신중하고 철저해야 합니다.

중요한 것은 절차 자체가 아니라 그 과정에서 보여야 할 반응입니다. 권징의 최선의 목표는 범죄한 자의 회복인데, 이를 위해 죄인을 권면하는 것은 매우 힘든 일입니다. 죄를 범한 당사자 역시 자존심이 상하고 싫겠지만, 그의 진실한 회개를 위해 권면해야 하는 사람 또한 속이 타고 마음이 아프게 마련입니다. 특히 평소부터 성도를 이끌어 바로 세워야 할 책임을 가진 목사의 마음은 편할 수 없습니다. 그의 죄에 대한 책임을 느끼며 자신도 회개하지 않을 수 없습니다. 그럼에도 불구하고 그의 회복을 위해 권면하는 것이 주님의 뜻입니다.

주님은 만일 두세 사람도 안 되고, 어떤 소규모 회동에서도 안 되고, 심지어 교회의 권면에도 죄에서 돌이키지 않으면, 그를 이방인과 세리처럼 여기라고 말씀하십니다. 이것은 아주 무서운 말입니다. 즉 그를 주님께 속한 자가 아닌 불신자처럼 여기라는 뜻입니다. 옛날 로마가톨릭교회가 그랬듯이 주님이 허락하신 교회의 권위는 언제든 남용될 위험이 있습니다. 하지만 이런 결정을 내릴 수 있는 교회의 권위는 성경에 근거한 것입니다. 주님은 출교, 즉 보이는 교회로부터 추방하는 교회의 결정에 자신이 함께할 것임을 말씀하십니다. 그 결정을 자신이 들을 것이라는 약속과 함께 다음과 같이 말씀하십니다.

"진실로 다시 너희에게 이르노니 너희 중의 두 사람이 땅에서 합심하여 무엇이든지 구하면 하늘에 계신 내 아버지께서 그들을 위하여 이루게 하시리라 두세 사람이 내 이름으로 모인 곳에는 나도 그들 중에 있느니라"(마 18:19-20).

많은 사람들이 20절, "두세 사람이 내 이름으로 모인 곳에는 나도 그들 중에 있느니라"는 말씀을 낭만적으로 생각하며 권징의 문맥과 상관없이 인용합니다. 그러나 이 말씀은 주님이 일반적인 교회 모임에 함께하겠다는 말씀이기도 하지만, 특히 권징의 문맥 속에서 말씀하신 것입니다. 신실한 권징의 시행에 주님이 함께하겠다는 것이 일차적인 의미입니다.

이렇게 권징의 최종 단계까지 시행되면 범죄자는 더 이상 교회의 교인이 아니고, 성찬에도 참여할 수 없고, 그리스도 밖에 있는 것으로 여겨지게 됩니다. 그리스도를 머리로 하는 몸에 참여한 자들의 연합을 말해주는 성찬에 일시적으로 참여하지 못하는 수찬정지는 그 은혜에서 잠시 제외되는 것이지만, 출교는 범죄자를 더 이상 그리스도의 몸에 함께 한 지체로 여기지 않는 것입니다. 그런 맥락에서 바울은 고린도 교인에게 만일 어떤 형제라 일컫는 자가 음행하거나 탐욕을 부리거나 우상숭배를 하거나 모욕하거나 술 취하거나 속여 빼앗거든 사귀지도 말고 그런 자와는 함께 먹지도 말라고 했습니다(고전 5:11). 그리고 주님께서도 이런 교회의 결정에 함께하시겠다고 말씀하셨습니다.

우리는 권징을 두려워할 뿐 아니라 권징의 대상이 되는 죄 자체를 극도로 경계해야 합니다. 그리고 만일 그런 죄를 범하였다면 그때는 권징을 잘 받음으로써 회복하기를 힘써야 합니다. 존 웨슬리는 예수 믿는 사람은 구원받았기 때문에 죄를 범하지 않는다는 완전성화론을 말하며, 신자에게는 죄가 아니라 실수만 있을 뿐이라고 주장했습니다. 하지만 이는 잘못된 교리입니다. 우리는 구원받은 자에게도 죄성이 남아 있어 죄를 지을 가능성이 있다는 것을 명심하고 죄에 대한 경계를 늦추지 말아야 합니다. 그것이 주님의 가르침입니다. 주님은 죄성과 죄를 지을 가능성이 있는 우리를 위해 죄를 경계하라 하셨을 뿐만 아니라 죄를 지었을 때에도 권징으로써 바르게 회복될 수 있는 길을 말씀해 주신 것입니다.

권징은 피하는 것은 은혜를 놓치는 것이다

혹자는 여전히 '그래도 권징은 너무 잔인한 것이 아닌가? 권징을 시행하는 교회는 사랑이 없는 것이 아닌가?' 하고 생각할 수도 있습니다. 그러나 잔인하고 악한 것은 오히려 죄인을 인내하시며, 노하기를 더디 하시고, 그 죄에서 회복시키시려는 은혜의 주님을 거역하는 것입니다. 권징은 죄를 범한 영혼이 하나님과 다른 지체들과 화목을 회복할 수 있도록 주께서 주신 사랑의 명령입니다. 또한 교회를 순결하게 보존하고, 그리스도의 영광을 더럽히지 않게 하기 위한 일입니다. 범죄한 영혼을 사랑하고 그리스도의 영광을 진정으로 위하는 교회와 신자는 권징을 무시하지 않습니다.

참교회는 권징을 신실하게 행해야 합니다. 물론 권징의 신실한 시행은 갈수록 힘들어질 것입니다. 이 세대는 개인의 자아가 절대적 지위를 가지고 있습니다. '나'를 건드리면 부모고 선생이고 없는 시대입니다. 포스트모더니즘의 시대에 모든 것의 중심은 '자아'입니다. '나' 외의 나를 통제할 수 있는 다른 권위나 절대적인 기준, 도덕 가치 등은 거부됩니다. 그럼에도 불구하고 변하지 않는 사실은 권징이 없으면 참교회라고 할 수 없다는 것입니다.

우리는 이런 맥락에서 우리 현실을 보아야 합니다. 오늘날에는 신실한 권징의 시행을 거의 찾아보기 어렵고, 따라서 교회 안에 추문도 끊이지 않고 있습니다. 그러나 누구보다 자신을 먼저 돌아보아야 합니다. 먼저 우리가 속한 교회가 권징을 신실하게 시행하는 참교회의 모습을 갖도록 힘써야 합니다.

우선 권징 받는 죄악을 범하지 않도록 경계해야 합니다. 교회의 순결과 화합을 깨뜨리는 죄, 하나님의 계명을 공개적으로 이행하기를 거부하고, 방종과 불경스런 삶과 악행과 음란의 죄에 빠지는 일이 없도록 해야 합니다. 또 태만과 게으름 속에서 예수를 믿지 않는 자들보다 못할 정도로 혼미한 삶을 살지 않도록 해야 합니다. 당연히 이단적인 가르침은 받지도 나누지도 말아야 합니다.

그리고 만일 이런 죄를 범하여 권징을 받게 되었을 때는 피하지 말아야 합니다. 치리에 복종하며 회개함으로써 하나님과 화해하고 공동체의 지체와 다시 온전한 관계를 회복해야 합니다. 혹 죄를 지었어도 죄 아래 머물지 말고 그런 우리를 다루시는 은혜 안에서 주님과의 막힘없는 교제를 회복하고 영적인 유익을 얻어야 합니다.

교회의 권징을 피하는 것은 은혜의 기회를 놓치는 것입니다. 만일 교회의 권징을 피하면 주님이 직접 조치를 취하실 것입니다. 정 교회를 떠나고 싶거든 죄를 범한 교회 내에서 권징을 받은 후에 떠나는 것이 좋고 안전한 길입니다. 주님이 교회에 주신 권한인 치리를 무시하는 것은 매우 불신앙적인 일이기 때문입니다.

주님의 몸의 지체 된 자에게는 주께서 주신 명령에 진실하게 순종하는 것이 가장 안전하고 현명한 길입니다. 이 세대가 더욱 교만해진다고 할지라도 그리스도인들만큼은 변함없이 참된 교회의 표지를 지키면서 넘어진 자를 회복시키며 교회의 거룩함을 지켜 나갈 수 있기를 소망합니다. 우리가 그런 길을 간다면, 그 과정 중에 있는 아픔의 순간들은 오히려 회복과 더 풍성한 은혜의 계기가 될 것입니다.

R E T U R N

PART 2

참된 교회가 가져야 할 내적 특성은 무엇인가?

참된교회로 돌아오라

CHAPTER 5

참된 교회의 내적 특성 1
: 일체성과 유기체성

예수 그리스도와 그분을 믿는 모든 자들은 하나이다

"우리가 한 몸에 많은 지체를 가졌으나 모든 지체가 같은 기능을 가진 것이 아니니 이와 같이 우리 많은 사람이 그리스도 안에서 한 몸이 되어 서로 지체가 되었느니라"(롬 12:4-5).

오늘날 참교회의 외형적인 표지에 대해 잘 알지 못한 채 자신이 교회에서 쌓아 온 주관적인 경험과 인상만으로 교회를 규정하는 사람들이 많아지고 있습니다. 이것은 큰 문제입니다. 주관적인 기준에 따른 교회 개념은 다음 세대로 대물림되어 교회를 점점 더 교회답지 않은 모습으로 변질시킬 것이기 때문입니다.

참교회의 표지가 무엇인지도 모르고 순종과 희생 없이 자기 욕심과 욕구를 추구하는 자들에 의해 교회가 세워지고 주도되어서는 안 됩니다. 앞선 믿음의 선배들은 교회는 끊임없이 개혁되어야 한다고 말해 왔습니다. 이는 개혁을 위해 계속 힘쓰지 않으면 안 될 만큼 우리에게 연약함과 부족함이 있다는 것을 전제한 말입니다. 개혁의 필요는 교회 안의 모든 사람에게 동일하게 있습니다. 목사 한 사람만이 아니라 모든 신자가 참교회의 모습을 바르게 알고 그렇게 되기 위해서 기꺼이 진리의 말씀 앞에 순복하며 스스로 개혁하기를 힘써야 합니다.

참교회에는 외적인 표징들 외에도 내면적인 특성이 있어야 합니다.[6] 참교회의 내적인 특징은 우리의 신앙생활에서 거의 모든 부분들과 밀접하게 관련되어 있습니다. 하나님과 다른 성도들과의 관계 속에서 갖는 예배와 말씀 공부, 서로 사랑하며 교제하는 것, 봉사와 선교, 헌상 등은 모두 교회의 내적 특징을 바르게 갖지 않고서는 제대로 이루어질 수 없습니다. 여기서 다룰 내용은 그중 가장 기초적인 진리, 곧 예수 그리스도와 그분을 믿는 모든 사람들이 하나라는 진리입니다.

성경은 교회의 특성을 설명하기 위해 그리스도의 몸, 하나님의 성전, 하나님의 집, 진리의 기둥과 터, 하나님의 가족, 하나님의 신부, 새 예루살렘 등 여러 은유들을 사용합니다. 성경에 다양한 은유가 사용된 것은 그만큼 교회가 많은 의미를 가진 신비로운 기관이기 때문입니다. 교회를 제대로 알려면 이 모든 표상들과 은유들을 종합적으로 이해할 필요가 있습니다. 하지만 여기서는 주로 그리스도의 몸으로서의 교회를 살피고, 그러한 교회 됨을 실천적으로 경험하며 사는 문제에 집중하고자 합니다.

성경은 그리스도를 믿는 사람들은 그분 안에서 한 몸이 되어 서로 지체가 되었다고 말합니다(롬 12:5). 신약성경은 교회를 설명하기 위해 그리스도의 몸이라는 표상을 가장 빈번하게 사용합니다. 이는 그리스도께서 세우신 교회의 중요한 본질과 속성을 말해 줍니다.

이 표상은 예수 그리스도를 믿는 모든 자들이 우리 몸에 있는 많은 기관과 지체들처럼 각각 고유한 기능을 가진 부분들로서 하나 됨을 이루고 있음을 말해 줍니다. 하나의 지교회에 속한 성도들뿐만 아니라 세계 각처의 모든 교회에 속한 그리스도인들이 각각 지체로서 한 몸을 이루고 있다는 것입니다. 물론 그 몸의 머리는 예수 그리스도이십니다. 에베소서 1장에서 사도 바울은 교회를 몸으로 표현하되 특별히 '그의 몸', 즉 '그리스도의 몸'이라고 말합니다(엡 1:23). 또 골로새서에서는 그리스도께서 '몸인 교회의 머리'가 되신다고 말합니다(골 1:18).

이 세상에는 수없이 많은 그리스도인들이 있지만 그들은 다 한 몸으로서 보편적 교회(universal church)를 이룹니다. 물론 교회라는 몸에 속한 지체들은 오직 참된 신앙을 가진 신자들을 말합니다. 그래서 보편적 교회는 현재적으로 눈에 보이지는 않습니다. 성경은 보이지 않는 보편적 교회를 볼 수 있는 몸의 이미지를 사용하여 표현한 것입니다. 이 땅의 여러 지역마다 흩어져 있는 지교회들은 불완전하지만 보편적 교회의 축소판입니다. 따라서 각 지교회들은 보편적 교회의 본질과 특성을 담고 있어야 합니다. 그것이 없는 교회는 참교회라고 할 수 없습니다.

교회는 그리스도의 생명에 참여한 자들의 모임이다

그리스도의 몸이라는 표상의 구체적인 의미는 세 가지 정도로 말할 수 있습니다. 그중 하나는 교회가 그리스도의 생명으로 통일되어 있다는 것을 의미합니다. 온 세계에 흩어져 있는 신자들이 서로 한 몸일 수 있는 이유는 우리에게 공통적인 생명이 있기 때문입니다. 한 사람의 몸의 각 지체(member)들이 한 생명을 소유한 것처럼 교회의 각 구성원(member)들도 한 분 예수 그리스도의 생명을 갖습니다. 교회는 그분의 생명 안에 속한 공동체입니다. 예수님을 믿어 생명을 얻은 자는 혼자 따로 떨어져서 존재할 수 없습니다. 예수 그리스도께서 교회의 머리가 되시고, 교회는 그분의 생명 안에서 그분을 머리로 섬기는 하나 된 몸입니다.

이것이 교회의 가장 중요하고 근본이 되는 의미입니다. 교회는 단순히 뜻이 맞는 사람들끼리 모여서 친목을 다지고 봉사를 하는 단체가 아닙니다. 교회는 그보다 훨씬 특별한 공동체입니다. 예수님을 믿는 각 사람이 예수 그리스도의 생명으로 연결되어 하나의 몸을 이룬 것입니다.

교회는 그리스도의 생명으로 역동하여 무엇보다 이 세상에 하나님의 영광을 드러내는 한 몸입니다. 그리스도 안에 있는 우리는 경험을 통해 이것을 어느 정도 알 수 있습니다. 신자들은 서로 신앙적인 공감대, 진리 안에서 삶의 공통된 목적과 방향성 등을 나누며 예수 그리스도 안에서 하나 됨을 경험합니다. 각자 주어진 상황과 환경 및 언어는 다르지만 그 안에서 선택하고 행동하는 기준은 다르지 않습니다.

교회의 하나 됨은 예수 그리스도에 대한 참된 믿음으로써 갖게 되는 특징입니다. 거듭남이 없이는, 예수 그리스도를 믿어 그분과 연합 없이는 그리스도의 몸 안에 들어올 수 없고 그 생명을 소유할 수도 없습니다. 물론 가시적인 교회 안에는 예수를 믿는 자와 믿지 않는 자가 섞여 있습니다. 그러나 보이지 않는 교회는 오직 예수 그리스도를 믿는 자, 거듭난 자들로만 구성된 그리스도의 몸입니다. 믿음으로써 그리스도의 생명을 얻어 한 몸을 이루는 것입니다. 그리스도와 교회는 믿음으로써 마치 나무줄기와 가지 같은 하나 됨을 이룹니다. 이에 따라 흩어져 있어도 그 몸에 속한 자들은 모두 자신에게 믿음의 생명이 역동하는 것을 드러냅니다.

신자가 되어 그리스도의 몸인 교회에 들어오는 것은 결코 우리의 의지와 능력만으로 이룰 수 있는 일이 아닙니다. 그것은 성령으로 거듭나 그리스도의 생명 안에 연합되는 신적인 일입니다. 하나님이 부르시고, 성령께서 각 사람이 그리스도의 몸의 지체가 되도록 생명으로 연결하시는 것입니다. 하나님이 역사하시지 않으면 누구도 임의로 그리스도의 몸 안에 들어갈 수 없습니다.

예배당이라는 건물 공간에 들어올 수는 있으나 그것은 그리스도의 신비로운 몸 안에 들어가는 일이 아닙니다. 아무리 오랫동안 교회에 소속되어 있었어도 거듭나지 않은 자, 곧 예수 그리스도를 믿어 죄 사함을 받지 못한 자는 그리스도의 몸의 지체일 수 없습니다. 주님께 속한 참교회는 사람의 뜻에 따라 참여하거나 사람의 능력으로 세워질 수 없습니다(요 1:13). 교회는 오직 하나님이 친히 한 사람 한 사람을 불러 그리스도와 연합하게 하심으로써 이루시는 공동체입니다.

교회의 강함은 바로 여기에 있습니다. 지금까지 세상의 권력자들은 그리스도의 몸인 교회를 온갖 수단을 통해서 없애려고 했습니다. 세상은 신자들을 흩어 교회를 말살하고자 안간힘을 써 왔습니다. 그러나 그 뜻을 이루지 못했습니다. 교회는 애초부터 사람들에 의해서 결성되고 유지되어 온 공동체가 아니기 때문입니다. 교회는 세상의 주관자요, 창조자요, 모든 것의 주권자이신 그리스도를 머리로 하여 그분의 생명으로 연결된 몸입니다. 교회의 지체들은 그리스도 안에서 그분의 생명으로 연합되어 있기 때문에 물리적인 힘으로는 몸에서 떼어 낼 수 없습니다.

예수님을 믿어 그리스도의 생명으로 연합된 교회는 영원히 존재합니다. 새 하늘과 새 땅, 그리고 천상에서도 존재합니다. 요한계시록 7장에 나오는 천상의 승리한 교회가 그것을 보여 줍니다. 장차 참생명으로써 교회에 속한 모든 지체들은 한 몸 된 완전한 구성체로 드러날 것입니다. 우리는 이 사실을 늘 가슴에 새겨 두어야 합니다.

교회는 하나의 영적인 유기체이다

교회가 그리스도의 몸이라는 표상의 또 다른 중요한 의미는 교회가 그리스도 안에서 하나 되어 움직이는 유기체라는 것입니다. 우리의 몸에는 다양한 지체들이 있지만 모든 지체들이 각자의 자리에서 유기적으로 기능함으로써 몸 전체가 하나로 유지되고 움직입니다. 교회의 주인이신 그리스도께서 각 지체들에게 다양한 직분과 역할을 주셔서 자신의 몸을 세우게 하십니다(엡 4:11-12). 그리스도의 생명이 우리 가운데 역동하여 유기적인 공동체성을 나타냅니다.

"우리가 다 하나님의 아들을 믿는 것과 아는 일에 하나가 되어 온전한 사람을 이루어 그리스도의 장성한 분량이 충만한 데까지 이르리니……오직 사랑 안에서 참된 것을 하여 범사에 그에게까지 자랄지라 그는 머리니 곧 그리스도라 그에게서 온몸이 각 마디를 통하여 도움을 받음으로 연결되고 결합되어 각 지체의 분량대로 역사하여 그 몸을 자라게 하며 사랑 안에서 스스로 세우느니라"(엡 4:13, 15-16).

각 지체들은 저마다 다른 모습으로 자기 자리에서 다양한 역할을 감당합니다(고전 12:27-30). 우리의 몸에는 다양한 지체가 있어야 하듯이, 그리스도 안에서 한 몸을 이룬 지체들 역시 다양한 기능과 역할로써 서로 도움을 주고받는 유기적 관계를 이룹니다. 참교회는 유기적인 생명력을 왕성하게 드러내는 교회입니다.

바울은 로마서에서 "우리에게 주신 은혜대로 받은 은사가 각각 다르니 혹 예언이면 믿음의 분수대로, 혹 섬기는 일이면 섬기는 일로, 혹 가르치는 자면 가르치는 일로, 혹 위로하는 자면 위로하는 일로, 구제하는 자는 성실함으로, 다스리는 자는 부지런함으로, 긍휼을 베푸는 자는 즐거움으로 할 것이니라"(롬 12:6-8)고 하며 그리스도의 몸의 지체들의 서로 다른 역할을 상기시킵니다.

교회의 지체들은 서로가 없으면 안 되는 관계 안에 있습니다. 물론 그들이 가진 은사들 중에는 상대적으로 더 눈에 띄거나 그렇지 않은 것이 있을 수 있습니다. 예를 들면 설교를 하는 목사는 좀 더 눈에 띄게 마련입니다. 또 일의 경중이 다를 수도 있습니다. 어떤 사람은 교회 공동체의 중요한 사안을 결정하는 중책을 맡기도 하고, 어떤 사람은 그보다 작은 일을 감당할 수도 있습니다. 그렇지만 그것이 우열을 의미하는 것은 아닙니다. 몸에서 눈이 아무리 귀하다 할지라도 눈은 손의 역할을 할 수 없습니다. 눈과 손은 눈이 본 것을 손이 만짐으로써 서로 보완적인 각각의 기능을 담당합니다. 마찬가지로 주님은 교회 안에 우리 각 사람을 두셔서 은사대로 서로 돕게 하셨습니다.

교회에서 눈에 띄는 일을 하는 사람을 우월한 자로 여기는 성공주의적인 관점은 세상의 사고방식에 물든 것입니다. 어떤 사람들은 목사나 장로나 권사 같은 직책을 계급으로 여겨 직분을 얻는 것을 승진으로 받아들입니다. 그래서 자기와 비슷한 연배의 다른 사람들과 자신의 직분을 비교하며 열등감이나 우월감에 빠집니다. 직분에 대한 이런 태도는 교회가 무엇인지를 모르기 때문에 나타나는 현상입니다. 교회에는 우월하거나 열등한 직분이나 위치가 없습니다.

교회에서는 세상에서의 높은 지위도 내세울 것이 못 됩니다. 종이나 자유자나, 가난한 자나 부자나, 누구나 그리스도 안에서 하나요 동일한 지체입니다. 독특한 은사나 남다른 재능과 실력 역시 어디까지나 지체로서 몸을 섬기기 위해 허락된 조건으로 여겨야지 우월함의 근거로 여겨서는 안 됩니다. 세상에서 통용되는 가치관으로 서로를 판단하는 교회는 참된 교회로 서기 어렵습니다.

한 몸 안에 있는 지체들 사이에서 중요한 것은 우열이 아니라 질서입니다. 고린도전서에서 바울은 "하나님이 교회 중에 몇을 세우셨으니 첫째는 사도요 둘째는 선지자요 셋째는 교사요 그다음은……"(고전

12:28) 하고 순서를 말합니다. 이러한 표현은 초대교회의 질서를 위해서 그와 같이 리더를 세우셨다는 의미입니다. 하나님은 우리 각자에게 직책과 역할을 주셔서 교회가 질서 있는 유기적 공동체로 세워지게 하셨습니다.

그리스도께서 교회의 머리가 되신다

교회가 그리스도의 몸이라는 비유의 가장 핵심적인 의미는 그리스도께서 교회의 머리로서 교회를 유지하시고 움직이신다는 것입니다. 교회는 똑똑한 몇몇 사람의 능력으로 유지되는 곳이 아닙니다. 교회를 지탱하는 가장 중요한 특성은 예수 그리스도께서 친히 교회의 머리로서 교회를 통제하시고 이끄신다는 사실입니다.

그러나 어떤 이들은 이 사실을 무시하고 교회를 그저 사람들이 함께 모여서 예배하고 교제하고 봉사하고, 나름대로 감동과 위로를 받고, 무언가를 이루어 나가는 모임 정도로 이해합니다. 이러한 생각을 따라 인간적인 수단과 방법으로 교회를 운영하고, 세상적인 방법으로 교회의 발전을 꾀하기도 합니다.

그러나 교회의 교회 됨은 그리스도의 머리 되심과 그분으로부터 얻는 생명에 있습니다. 우리의 온몸이 머리의 통제를 받아서 움직이듯, 교회는 교회의 머리이신 그리스도의 생명 안에서 움직이는 몸으로서 그분의 도움과 통제와 인도와 다스리심을 받아 움직입니다. 교회에 속한 각 지체들은 자신의 생각과 판단을 따르거나 자기 명예와 이익을 위해서 움직이는 것이 아니라 자신을 기꺼이 드려 하나님의 말씀을 따르고, 예수 그리스도의 명령과 통제에 순종해야 합니다. 이것이 그리스도의 생명에 의해 움직이는 교회의 모습입니다.

성경은 교회의 눈에 보이지 않는 면을 크게 강조합니다. 바울은 에베소서에서 "그는 머리니 곧 그리스도라 그에게서 온몸이 각 마디를 통하여 도움을 받음으로 연결되고 결합되어 각 지체의 분량대로 역사하여 그 몸을 자라게 하며 사랑 안에서 스스로 세우느니라"(엡 4:15-16)고 말합니다. 우리 몸에서 머리가 차지하는 위치는 절대적입니다. 머리에 문제가 생기면 몸은 제대로 기능할 수 없습니다. 그렇듯 그리스도께서 머리로 계셔서 다스리시지 않는다면 그분의 몸인 교회와 각 지체들은 모두 제 기능을 발휘할 수 없습니다. 그러므로 교회를 향한 모든 섬김과 수고는 그리스도의 다스리심과 통제와 도움을 받는 것으로부터 시작되어야 합니다. 그리스도의 머리 되심은 추상적인 이론이 아니라 교회의 지체인 우리의 삶이 실제로 예수 그리스도의 통치 아래 있음으로써 경험되어야 합니다.

예수님이 승천하신 이후 지금까지 교회 공동체가 존속하며 생명력을 가지고 세계 각처로 뻗어 나갈 수 있었던 이유는 오직 그리스도께서 모든 교회의 머리로서 지금까지 다스리고 계시기 때문입니다. 그분은 보이지 않는 교회 또는 보편적 교회라고 하는 이 세상의 모든 참교회의 머리로서 지금도 계속 통치하고 계십니다. 그리고 보이는 교회, 즉 우리 각 사람이 속한 지교회들의 머리도 그리스도이십니다. 지상의 교회들은 오직 그리스도께서 머리로서 다스리시는 경험 안에서만 참교회로 세워질 수 있습니다. 혹자는 주님이 교회의 머리가 되신다는 당연한 사실을 그렇게까지 강조할 필요가 있느냐고 물을 수도 있습니다. 그러나 바울은 이것을 수신자들에게 상세하게 설명하며 강조합니다. 오늘날 그리스도의 통치를 무시하고 방종하는 교회의 현실은 그 '당연한' 진리를 가볍게 여긴 탓입니다.

지체들을 통한 그리스도의 통치

승천하신 주님은 하나님 보좌 우편에 계셔서 지금도 교회를 통치하십니다. 지금 주님은 이 땅에 계실 때처럼 사람들과 직접 대화를 나누시거나, 병든 자들을 직접 고치시거나, 마음이 상하고 가난한 자들을 직접 만나시지는 않습니다. 그러나 그분은 자신의 몸인 교회의 지체들을 통하여 통치를 행하십니다.

우리가 한 몸인 교회의 지체가 된 것은 머리 되신 그리스도의 통제를 따라 움직이는 그분의 손발이 되었다는 의미입니다. 주님의 몸인 교회에서 우리는 각자의 역할을 따라 머리 되신 그리스도의 뜻을 수행함으로써 그리스도께서 가셔야 할 그 자리에 '내'가 가고, 그리스도께서 도우셔야 할 그 영혼을 '내'가 돕고, 그리스도께서 위로하셔야 할 대상을 '내'가 위로하고, 그리스도께서 권면하셔야 할 그 사람을 '내'가 권면하고 세워 주는 지체가 되는 것입니다. 이것이 머리 되신 그리스도의 다스리심을 받아서 움직이는 그리스도의 몸인 참된 교회의 모습입니다.

어떤 사람은 서로 지체가 된 관계를 사사로운 이익을 위해 이용하기도 합니다. 그러나 교회를 사적인 이익을 가져다주는 인맥으로 이용해서는 안 됩니다. 그런 태도는 지체라는 미명 아래 서로를 상하게 하는 원인이 됩니다. 교회는 진리 안에서 서로를 세우고, 함께 자라게 하고, 그리스도의 통제 안에서 서로의 유익을 위해 섬기는 공동체입니다. 그리스도의 통제를 받는 가운데서만 우리는 바른 지체 됨을 경험하게 됩니다.

마태복음 25장에서 주님은 최후 심판대 앞에서 우리의 지체로서의 삶이 판단 받을 것이라고 말씀하십니다. 주님은 창세로부터 예비된 나라를 상속 받을 오른편의 사람들이 그리스도의 몸인 교회의 지체로서 필요한 자리에서 돕고 봉사한 것을 가지고 다음과 같이 말씀하십니다.

"내가 주릴 때에 너희가 먹을 것을 주었고 [내가] 목마를 때에 마시게 하였고 [내가] 나그네 되었을 때에 영접하였고 [내가] 헐벗었을 때에 옷을 입혔고 [내가] 병들었을 때에 돌보았고 [내가] 옥에 갇혔을 때에 와서 보았느니라"(마 25:35-36).

우리말 성경에는 빠져 있지만 원문에는 어구마다 '내가'라는 단어가 쓰였습니다. 오른편의 사람들이 실제로 예수님에게 그렇게 행한 것은 아닙니다. 그들은 다만 교회 안의 다른 지체들을 위로하고 섬겼을 뿐입니다. 그런데 주님은 그것이 자신에게 한 것이라고 말씀하십니다(마 25:40). 이 말은 그들이 주님의 몸의 지체, 주님의 손발이 되어서 움직였다는 말입니다. 이것이 바로 그리스도를 주로 섬기는 교회의 지체다운 모습입니다. 주님은 그들에게 "내 아버지께 복 받을 자들이여 나아와 창세로부터 너희를 위하여 예비된 나라를 상속 받으라"(마 25:34)고 말씀하십니다.

반면 왼편에 있는 자들은 "너희는 나에게 무엇무엇을 하지 않았다"는 책망을 듣습니다(마 25:41-43). 그들은 주님의 말씀을 이해하지 못하고 "주여 우리가 어느 때에 주께서 주리신 것이나 목마르신 것이나 나그네 되신 것이나 헐벗으신 것이나 병드신 것이나 옥에 갇히신 것을 보고 공양하지 아니하더이까"(마 25:44) 하고 반문합니다. 그러나 그들은 머리의 통치를 따라서 움직이지 않았습니다. 그들은 삶에서 주님을 의식하지 않았고, 주님의 뜻, 주님이 하고자 하시는 일에도 관심을 기울이지 않았습니다. 즉 그들에게는 주님이 주인이신 적이 없었고, 그들은 주님을 위해 또는 주님 자신에게 아무것도 하지 않았습니다. 그래서 결국 그들은 영원한 형벌이라는 심판을 받게 됩니다.

그리스도의 머리 되심은 단순한 이론이 아니다

그리스도께서 다스리시는 교회의 참 지체 됨은 그저 몇몇 사람이 의기투합하여 서로 돕고 무언가를 열심히 하는 것으로는 보장되지 않습니다. 그런 정도는 교회가 아닌, 여타의 자선 단체들도 얼마든지 보일 수 있는 모습입니다. 그리스도께서 머리 되시는 교회에는 각 구성원들이 그리스도의 생명으로 연결되어 그리스도의 다스리심을 받는 증거가 있어야 합니다.

그리스도의 몸에 속한 지체는 그리스도의 거룩한 명령과 뜻을 따르는 실제적인 다스리심 아래 있어야 합니다. 그리고 무엇을 하든지 궁극적인 목적은 머리 되신 그리스도를 높이는 것이어야 합니다. 우리는 주님의 말씀과 뜻보다 자신의 논리와 판단에 따라 행하는 데 익숙하고, 경쟁이 붙을 때 더욱 열심히 하는 본성을 가진 자들입니다. 그러나 그것은 그리스도의 다스리심을 따르는 제대로 된 성도의 모습이 아닙니다.

그리스도의 피 값으로 그분의 몸의 지체가 된 우리는 자신의 선행과 의에 만족하는 자아 중심적 삶에서 벗어나 자신이 드러나지 않아도 그리스도를 위해 그리스도의 말씀을 따라 서로를 섬기며 헌신하는 자가 되어야 합니다. 이것이 교회의 지체로서 행하는 것이요, 세상과 다른 교회의 구별됨입니다. 이 세상에 속한 사람들은 그 구별됨 때문에 거부감을 갖기도 하지만, 동시에 그 때문에 하나님의 영광에 대한 인식과 두려움을 가지고 교회와 지체들을 바라보게 됩니다. 우리는 이런 구별됨을 회복해야 합니다.

오늘날은 교회가 세상과 다를 바 없어지고, 오히려 세상이 교회의 여러 도덕적 결함을 지적하고 교회 개혁의 필요성을 주장하는 지경에 이르게 되었습니다. 교회라는 이름은 가졌으나 그리스도의 머리 되심은 이론일 뿐 실제로는 그분의 다스리심과 통치를 받지 않고 있습니다. 하지만 믿는다고 하면서도 여전히 자기 방식대로 사는 자들은 경건의 능력을 소유할 수 없습니다.

기독교적인 분위기나 문화를 수용하고 거기에 참여하여 잘 적응한다고 참된 지체가 되는 것이 아닙니다. 구주 예수 그리스도의 다스리심으로 말미암아 그분의 마음과 뜻이 지체들의 행동과 봉사와 섬김에 나타나는 공동체만이 참교회일 수 있습니다.

그리스도께서는 자신의 거룩한 뜻을 따라 우리에게 선한 일을 행하셨을 뿐 아니라 그분의 몸으로 부름 받은 교회로 하여금 그 거룩한 뜻을 알게 하십니다. 그리고 그 뜻을 따라 행하도록 하십니다. 주님의 뜻을 따르는 동시에 죄를 용인하는 것, 즉 시기와 질투, 미움, 탐욕과 같은 더럽고 지극히 자기중심적인 감정과 생각들로 인간적인 경쟁을 일삼는 것은 가능하지 않습니다. 자기의 영광을 구하는 자는 주님의 뜻을 따라 그리스도의 영광을 귀히 여길 수 없습니다.

주님이 교회에 두신 뜻은 사람이 많이 모이는 것이 아니라 우리가 주님과 같은 깨끗한 마음으로 그분의 거룩한 말씀을 따르며 머리 되신 주님을 높이는 것입니다. 그리스도가 교회의 머리 되심은 죽은 이론일 수 없습니다. 그것은 실제로 교회의 지체 된 우리 개인의 삶 속에서 드러나는 진리, 드러나야 할 진리입니다.

그리스도의 통제를 따르는 참된 하나 됨

교회의 지체들 사이의 관계는 생명 없는 기계적인 관계가 아니라 그리스도의 은혜로운 다스리심 아래 자신의 인격이 승복되어 서로를 향하여 자발적인 수고를 감당하는 유기적인 관계입니다. 이와 같은 교회의 유기적인 역동성을 모르는 자는 분명 그리스도와의 연합이 없기 때문일 것입니다.

거듭나지 못한 자에게 그리스도의 사랑 안에서 다른 지체를 위해 사랑의 수고를 하고, 교회의 머리 되신 그리스도의 뜻을 따라 기쁨으로 행하고 봉사하며 섬기는 것 등은 그저 하나의 이상(理想)에 지나지 않을 것입니다. 또 그는 몸인 교회에 속한 지체로서 머리 되신 그리스도의 통제를 따라 제 역할을 감당할 때 참된 하나 됨을 경험한다는 것이 무엇인지 알지 못하기에 그것이 가능하다는 것도 믿지 않고 좋아하지도 않을 것입니다.

어떤 이들은 자신은 교회에 대한 실망이 너무 커서 별도로 성경을 연구하며 혼자 열심히 신앙생활을 하겠다고 주장합니다. 그러나 그것은 신앙도, 하나님의 경륜도 모르기 때문에 하는 말입니다. 신앙생활은 학원에 가서 시험공부 하듯이 별도로 성경을 공부하면 되는 것이 아닙니다. 우리는 교회 안에서 그리스도의 몸인 교회의 지체로서 그분의 통치를 받으며 움직이고 성장해야 합니다.

물론 교회에 들어오면 상처 받는 일이 있을 수 있습니다. 서로 다르고 온전하지 못한 지상의 성도들 사이에 있는 크고 작은 문제들을 마냥 회피할 수는 없습니다. 신자는 비록 완전하지는 않더라도 이 땅에 바른 교회들이 세워지기를 구하고, 스스로가 그런 교회의 지체가 되기를 힘쓰며 자신의 약함을 이겨내야 합니다.

우리는 그 속에서 그리스도의 다스리심을 따라 그분의 말씀에 순종하며 그분의 뜻이 우리의 존재와 삶에 이루어지는 것을 경험할 것입니다. 주님이 교회에 뜻하신 통일성과 거룩함이 드러나기 위해서는 그런 현실 속에서 우리의 죄성과 싸워야 합니다. 그것이 교회의 머리 되신 그리스도의 다스리심 안에서 그분의 이름과 영광을 위하는 길입니다.

교회에 사람이 많아지면 그리스도께 영광이 되리라는 실용적이고 값싼 논리는 버려야 합니다. 많은 이들이 소위 '비전'(vision)을 내세워 기발한 아이디어와 기획력, 리더십과 큰 규모의 인적자원을 동원하여 하나님께 영광 돌리기를 꿈꾸고 있습니다. 세상에서는 이런 모습이 매력적으로 비칠지도 모릅니다. 그러나 그것은 계시를 모르는 사람들의 이야기입니다.

하나님의 계시에 입각한 참교회는 무엇보다 철저하게 그리스도의 다스리심을 받아 한마음과 한뜻으로 머리 되신 주님의 거룩하심이 드러나는 공동체입니다. 사람들의 칭찬과 인정과 주목을 구하는 자기중심성에 의해서가 아니라 주님의 뜻을 따름으로써 움직이는 유기체입니다. 우리 모두 각자의 자리에서 주님의 뜻에 충성하며 참된 교회를 세우는 자가 될 수 있기를 소원합니다.

머리 되신 그리스도를 사랑하고, 그분의 뜻과 말씀을 사랑하고, 그에 따라 행하며 사는, 주님과의 신령한 교통을 가진 신자요, 교회가 되기를 바랍니다. 또 그런 주님과의 연합과 그분의 다스리심 아래서 교회의 다른 지체들을 돕고 섬기고 사랑함으로써 그들과도 신령한 교통을 갖기를 바랍니다.

신자의 교회 됨을 가볍게 여기지 마십시오. 신자는 세상 것을 누리고 난 뒤 나머지의 시간과 열정으로 지체로서의 삶을 사는 것이 아니라 오히려 그리스도의 몸에 속한 지체로서 거룩한 삶을 위해 세상의 것들을 활용하거나 제한할 줄 알아야 합니다. 우리가 이 땅에서 취할 것 중 그리스도의 몸의 지체로서의 지위보다 가치 있고 영구한 것은 없습니다. 그것은 돈으로도 살 수 없이 값지고, 두고두고 감사하며 감격하게 될 만큼 영원한 것입니다. 이 지위의 가치는 곧 확연하게 드러날 것입니다.

그리스도의 생명과 성령의 일하심

"그때에 너희는 그리스도 밖에 있었고 이스라엘 나라 밖의 사람이라 약속의 언약들에 대하여는 외인이요 세상에서 소망이 없고 하나님도 없는 자이더니 이제는 전에 멀리 있던 너희가 그리스도 예수 안에서 그리스도의 피로 가까워졌느니라 그는 우리의 화평이신지라 둘로 하나를 만드사 원수 된 것 곧 중간에 막힌 담을 자기 육체로 허시고 법조문으로 된 계명의 율법을 폐하셨으니 이는 이 둘로 자기 안에서 한 새 사람을 지어 화평하게 하시고 또 십자가로 이 둘을 한 몸으로 하나님과 화목하게 하려 하심이라 원수 된 것을 십자가로 소멸하시고"(엡 2:12-16).

"평안의 매는 줄로 성령이 하나 되게 하신 것을 힘써 지키라 몸이 하나요 성령도 한 분이시니 이와 같이 너희가 부르심의 한 소망 안에서 부르심을 받았느니라 주도 한 분이시요 믿음도 하나요 세례도 하나요 하나님도 한 분이시니 곧 만유의 아버지시라 만유 위에 계시고 만유를 통일하시고 만유 가운데 계시도다"(엡 4:3-6).

교회는 눈에 보이는 외형적 요소들만으로는 다 설명할 수 없는 신비를 담고 있는 하나님이 직접 만드신 기이하고 특별한 공동체입니다. 무엇보다 교회는 교회의 유일한 머리이신 그리스도를 섬기며 그분의 생명으로 움직이는 유기체로서 일체성을 갖습니다. 따라서 교회는 그리스도로 말미암아 분명한 일체성을 갖습니다.

에베소서에서 바울은 전에 그리스도 밖에 있었고 약속의 언약들(the covenants of promise)에 대하여는 외인이었던 이방인들이 그리스도의 피로써 그리스도의 몸인 교회 안에 들어오게 되었다고 말합니다. 그리스도께서는 자기 육체로 막힌 담을 허시고 이방인과 유대인을 하나로 만드셨습니다. 자기 안에서 한 새 사람을 지어 화평하게 하신 것입니다. 뿐만 아니라 주님은 십자가로 교회를 하나님과 화목하게 하셨습니다. 교회는 유대인과 이방인을 막론하고 그리스도의 피로써 그분 안에서 연합한 한 몸이며, 그리스도의 십자가로 하나님 아버지와 화목하게 된 몸입니다(엡 2:12-16).

성경은 교회의 하나 됨을 말할 때 머리 되신 그리스도의 교회를 위한 희생과 더불어 성령 하나님의 하나 되게 하심을 말합니다. 바울은 에베소서의 다른 본문에서 한 몸으로서의 교회를 말하며, 성령의 역사 안에서 하나 된 교회를 강조합니다(엡 4:3-6). 교회의 하나 됨은 이런 확고한 신적인 근거를 갖습니다. 그리고 이는 우리에게 "한 몸 되게 하신 것을 힘써 지키라"(엡 4:3)는 책임을 부여합니다.

인간은 저마다 고유한 인격을 가진 존재입니다. 교회는 고유한 각 사람의 인격을 무시하지 않고, 그 인격체들이 머리 되신 그리스도의 다스리심 안에서 서로 하나 됨을 이루고 그것을 자발적으로 힘써 지켜 나가는 공동체입니다. 그리스도의 몸에 참여한 지체들은 결코 수동적으로 하나 됨에 참여하지 않습니다. 그들은 성령께서 하나 되게 하심으로써 그 안에서 유기적으로 활동합니다. 이것이 하나님의 계시된 말씀이 가르치는 참교회의 특징입니다.

물론 우리는 이와 다른 교회의 현실을 경험하기도 합니다. 하지만 그때 우리는 뒤틀린 교회의 현실로 인해 안타까워하고 기도할지언정, 그런 왜곡된 현실 경험을 근거로 교회의 교회 됨을 재규정할 수도 없고 해서도 안 됩니다. 오히려 진리에 근거해서 교회에 대한 이해를 가지고 현실을 거슬러 그러한 교회를 이루기 위해 각자의 자리에서 힘써야 합니다.

그리스도의 피로 한 몸된 우리

지금까지 교회의 하나 됨에 대해 살펴본 내용은 세 가지로 정리될 수 있습니다. 첫째, 교회는 예수 그리스도의 피로 말미암아 죄 사함을 받은 자들로 구성된다는 것입니다. 둘째, 이렇게 구성된 교회는 성령의 하나 되게 하심으로써 굳게 세워진다는 것입니다. 셋째, 교회는 각 지체들이 성령의 하나 되게 하신 것을 힘써 지키며 유기체로서 일체성 있게 움직인다는 것입니다. 첫째와 둘째는 교회의 하나 됨을 위한 하나님 편에서의 일에 대한 내용입니다. 그리고 셋째는 하나 되게 하신 것을 지키는 우리의 책임과 관련된 내용입니다.

먼저 우리는 교회가 한 몸으로서 유기적으로 움직일 수 있는 가장 근본적인 기초를 확고히 알아야 합니다. 그것은 바로 교회의 구성원들 모두 예수 그리스도께서 우리 죄를 위해 흘리신 피로 한 몸이 되었다는 사실입니다. 오랜 역사 동안 유대인은 이방인과 상종하지 않았습니다. 그런데 '그리스도의 피'가 이 벽을 허물어뜨렸습니다. 전에 하나님의 백성의 범주는 이스라엘 백성으로 제한되었습니다. 그래서 경건한 이방인이 하나님의 백성으로 인정받기 위해서는 유대인이 되어야 했습니다. 하지만 이제 유대인과 이방인 모두가 예수 그리스도의 피로 죄 사함을 받아 한 몸에 참여하는 역사적인 일이 일어났습니다.

교회는 그리스도의 피라는 분명한 기초 위에서 통일성을 갖고 유기적으로 움직입니다. 이 기초 없이는 우리 스스로 교회의 유기적인 관계를 이룰 수 없습니다. 우리는 교회에서 다투거나 편을 가르고 맘을 상하게 하는 상황과 문제 앞에서 교회의 하나 됨이라는 이 기초를 생각해야 합니다. 하나님은 그리스도의 피로써 우리를 하나 되게 하셨고, 그 가운데 '나'를 두시어 다른 지체들과 하나 되게 하셨습니다. 그러므로 여전히 자기중심적인 마음과 태도로 다른 사람을 용납하지 않고 다툼을 일삼는 자는 아직 어린 신자이거나 예수 그리스도의 피로써 그분의 몸인 교회 안에 있게 하시는 구속과 관계가 없는 자입니다.

그리스도의 몸의 지체 된 자들은 '교회가 나를 위해서 있는 것이 아니라 내가 그리스도를 위해 그분의 몸인 교회로 부름을 받았다'는 사실을 알고 행동합니다. 그것이 정상적인 신자의 모습입니다. 신자는 자신을 위해 피 흘리신 그리스도의 몸의 지체가 되었음을 감사히 여기고 그분의 뜻이 자신을 통해서 행해지는 것을 기뻐합니다.

우리의 현실에는 이런 중심을 잃어버리고 인간 중심적인 모임으로 변질된 교회의 모습이 있습니다. 하지만 우리는 현실 교회에 대한 단편적인 경험이 아닌, 계시된 말씀에서 교회의 원래적인 모습을 찾아야 합니다. 현실 교회는 언제나 완벽하지 못하지만 초대교회와 이후 교회 역사 속에서 참된 교회의 실체가 사라진 적은 없었습니다. 교회의 본래적인 존재 이유와 목적, 존재의 방식은 예나 지금이나 변함이 없습니다.

교회는 육신을 입으신 하나님의 아들 예수 그리스도의 피로 죄 사함을 받은 자들이 그리스도와 한 몸이 되어 유기적으로 그리스도를 위하고 그분을 높이는 독특한 공동체입니다. 그런 교회에 속한 참신자들은 언제나 자발적으로 주의 뜻을 따름으로써 주께서 자신들의 머리이심을 드러내 왔습니다. 참된 신자들은 자신을 교회의 지체로 부르시고 다스리시는 머리를 위해서 존재하고 움직입니다. 교회는 이렇게 그리스도의 피라는 기초 위에서 유기체적 일체성을 갖게 되는 것입니다.

성령의 하나 되게 하심

교회가 유기체로서 일체성을 가지고 움직일 수 있는 두 번째 이유는 성령의 '하나 되게 하심' 때문입니다. 교회가 통일성을 가지고 유기적으로 움직이는 것은 예수 그리스도와 성령 하나님 때문입니다. 지상 교회 안에 있는 우리가 서로 다른 출신 배경과 성격에도 불구하고 모여서 하나가 된 것은 결국 하나님 때문이라는 것입니다.

세상의 다른 기관과 집단들은 사람이 만든 외적인 형식으로 구성되지만 교회는 그렇지 않습니다. 비유하자면, 세상의 다른 기관들은 각각 다른 나무토막들을 엮어서 나무 모양의 외형을 만드는 것과 같은 반면, 교회는 생명의 씨앗이 발아하여 자라난 생명 있는 나무와 같다고 할 수 있습니다. 외형은 비슷해 보일지 몰라도 둘은 결코 같을 수 없습니다. 그래서 수명이 유한한 세상의 다른 집단이나 조직과 달리 교회는 영구히 같은 방향성과 같은 내용과 같은 활동 방식으로 존재해 왔고, 앞으로도 그럴 수 있는 것입니다.

교회는 시대와 지역을 초월하여 같은 주를 섬기고, 한 성령 안에서 한 세례를 받고, 한 하나님께 예배하는 일체성을 갖습니다. 교회는 신적인 근거에 따라 안으로부터 하나 되어 밖으로 생명성을 드러냅니다. 이것이 성령의 하나 되게 하시는 일의 내용입니다.

일반적으로는 이것을 성령의 교통하시는 역사라고 말합니다. 성령의 교통하심 자체는 내적이고 영적이어서 볼 수 없지만, 성령께서는 성도 각 사람의 인격 안에 계셔서 서로 교제하게 하심으로써 그들의 인격과 행동 가운데 자신의 일하심을 드러내십니다. 그들의 마음에 역사하셔서 성숙을 이루시고, 주신 은사를 가지고 피차 선한 행동을 하게 하심으로써 자신을 나타내시는 것입니다. 교회는 이런 성령의 역사를 따라 세워지고 하나가 되며, 반대로 성령의 교통하시는 사역은 교회의 하나 됨을 통해 드러납니다.

그러나 안타깝게도 갈수록 많은 교회들이 이런 교회 됨의 근거를 잃어버리고 외적인 모임이나 행사를 통해 교회를 세우고 성장시키려는 우를 범하고 있습니다. 그럴수록 교회는 점점 더 유기적인 생명의 일체성을 잃어 갑니다. 교회 구성원들끼리 사교적인 관계를 형성하고 자선사업이나 문화 사역 등의 명목으로 여러 행사들을 벌이지만, 그뿐입니다. 그 이상은 없습니다. 성령 하나님의 신적인 역사에 따른 일체성이 없는 교회는 참교회일 수 없습니다.

출신 지역과 배경도 다르고, 이전에 서로 아는 바도 없었고 얽힌 관계도 없었던 사람들이 한 생명 안에 하나가 되는 것은 사람의 열심과 지혜의 결과가 아닙니다. 교회의 하나 됨은 오직 성령 하나님의 역사로 인한 것입니다. 교회의 하나 됨은 각 사람을 주장하시는 성령의 내적이며 영적인 교통의 역사가 외적으로 드러난 것입니다. 보이는 교회 안에 있어도 성령께서 그 안에 거하시지 않는 자는 성령의 하나 되게 하시는 사역에 수동적으로 임하거나 그것을 기피하게 됩니다. 그러나 성령께서 그 안에 거하시는 자들은 그분의 역사를 따라 한 몸으로서의 일체성을 갖고 유기적으로 움직입니다.

교회는 예수 그리스도의 피와 성령 하나님의 역사로써 일체성을 가지고 유기적으로 움직이는 공동체입니다. 비록 눈으로 볼 수는 없지만 교회에는 머리 되신 예수 그리스도의 다스리심과 하나 되게 하시는 성령의 역사가 있고, 교회는 그 독특하고 신비로운 신적인 근거 위에서 존재하고 유지됩니다.

하나 되게 하심을 힘써 지키라

그런데 성경의 가르침은 이것으로 끝나지 않습니다. 교회에 관한 모든 진리는 하나님의 주권과 우리의 책임이 신비하게 엮여 있습니다.

성경은 성령의 역사 안에서 교회가 유기체로서 일체성 있게 움직인다고 말하는 동시에 그리스도의 몸의 지체 된 우리의 반응과 역할로써 "성령의 하나 되게 하신 것을 힘써 지키라"고 말합니다.

교회의 하나 됨은 기계적이고 강압적인 통제에 의한 것이 아닙니다. 그것은 머리 되신 그리스도의 다스리심과 성령의 역사 속에서, 지체 된 자들의 인격적인 반응으로써 실현되는 것입니다. 물론 우리에게 요구되는 책임은 우리 스스로 교회를 하나 되게 할 수 있다는 의미는 아닙니다. '힘써 지키라'는 말은 이미 성령께서 하나 되게 하셨고 또 그렇게 이끌고 계신 교회를 그분의 역사하심에 의지하여 우리 또한 아끼고 하나 됨을 힘써 지켜야 한다는 뜻입니다.

만일 지체들이 성령의 역사에 따르지 않으면, 교회에 불협화음이 생기고 통일성이 깨질 수 있습니다. 실제로 바울 당시 고린도 교회가 그러했습니다. 고린도 교회 안에 어떤 사람들은 자신들이 바울에게 속하였다 하고, 어떤 사람들은 아볼로에게, 어떤 사람들은 게바에게 속하였다고 했습니다. 심지어 어떤 사람들은 이에 대한 반발로 자신들은 그리스도께 속했다고 주장했습니다. 이에 대하여 바울은 "그리스도께서 어찌 나뉘었느냐 바울이 너희를 위하여 십자가에 못 박혔으며 바울의 이름으로 너희가 세례를 받았느냐"(고전 1:13)고 책망합니다.

바로 이런 모습이 머리 되신 그리스도의 다스리심을 따라서 성령의 하나 되게 하시는 것을 힘써 지키지 않는 모습입니다. 교회는 본질상 나뉠 수 없는 그리스도의 몸임에도 불구하고, 어리석은 행동으로 그 안에서 분열을 일으킨 것입니다.

교회에 속한 각 지체들은 교회의 유기적인 하나 됨을 위해서 마음을 쏟아 그리스도의 통제를 받고 그분의 뜻대로 행하기 위해 힘써야 합니다. 또 성령께서 그리스도의 생명으로 우리를 묶으신 것을 기억하고, 다른 성도들과 교제하게 하신 성령의 뜻을 따라야 합니다. 우리는 우리의 인격을 예수 그리스도의 말씀과 뜻에 복종시킬 뿐만 아니라, 성령의 교통하심에 따라 성도 간에 교제하며 주신 은사를 교회를 위해 사용해야 합니다. 성령께서 하나 되게 하신 교회를 힘써 지키는 것은 곧 그리스도의 뜻이기도 하기 때문입니다.

성령 안에서의 진정한 교제

거듭난 신자는 머리 되신 그리스도를 따라 교회 안에서 그리스도의 손발 역할을 감당하게 됩니다. 참된 그리스도의 지체는 성령의 교통하게 하심을 힘써 지켜 다른 성도들과 교제하고, 자신에게 주신 은사를 교회를 위해 사용하기를 주저하지 않습니다. 우리가 예수님을 믿고 나서 달라지는 여러 가지가 인격적인 변화에 있어서는 성령의 교제하게 하심과 관련된 내용이 반드시 포함됩니다. 이전에는 믿지 않는 자들과 대화가 더 잘 통했어도 믿고 난 이후로는 그리스도인들과 대화가 통하고 그것을 원하게 됩니다. 성도의 거룩한 교제 안에서 함께 찬송하며 예배하고 은혜를 나누는 것을 즐거워합니다.

로이드존스는 성령께서 거하시는 사람과 성령께서 거하시지 않는 사람 사이에 영적인 교제는 불가능하다고 했습니다. 성령 안에서만 진정한 영적 교제가 가능하다는 것입니다. 심지어 가족들, 즉 친척, 부부, 부모 자식 사이에서도 그렇습니다. 누구 한 사람에게라도 성령께서 계시지 않으면 진정한 영적인 교제를 나눌 수 없습니다. 그것은 신적인 역사이기 때문입니다. 우리가 원한다고 되는 것이 아닙니다. 성령께서 거하실 때만 성령의 교통하심에 따라 성도의 교통이 일어나는 것입니다.

우리는 신적인 근거 위해 선 교회의 영광스러움을 기억해야 합니다. 그리고 하나님이 친히 우리를 부르시고 우리와 함께 일하신다는 사실을 알고 인격적으로 반응해야 합니다. 하나님의 손발이 되어 필요한 데 찾아가고, 가진 것을 나누고, 은사를 사용하게 하시는 뜻에 순종해야 합니다. 물론 우리 중에는 예수님을 자신의 주와 구주로 믿으면서도 여전히 수동적인 사람들이 있습니다. 그러나 그런 상태가 지속되어서는 안 됩니다. 그것은 아주 미숙하거나 크게 병든 상태입니다. 모든 신자들은 그리스도의 몸인 교회를 힘써 지키는 능동적이고 인격적인 반응을 가질 만큼 성숙하고 회복되기를 구해야 합니다.

신적인 근거 위에서 교회의 하나 됨을 위해 힘쓰고 있는지, 분명히 그리스도로 말미암아 그렇게 하는지 늘 확인하십시오. 우리는 진실로 그리스도로 말미암아 인격적인 자원함으로 교회를 섬기는 자이어야 합니다. 그런 자가 영광스런 그리스도의 몸의 참된 지체입니다.

참된교회로 돌아오라

CHAPTER 6

참된 교회의 내적 특성 2
: 거룩성

거룩한 백성들의 모임

"그는 몸인 교회의 머리시라 그가 근본이시요 죽은 자들 가운데서 먼저 나신 이시니 이는 친히 만물의 으뜸이 되려 하심이요……이제는 그의 육체의 죽음으로 말미암아 화목하게 하사 너희를 거룩하고 흠 없고 책망할 것이 없는 자로 그 앞에 세우고자 하셨으니"(골 1:18, 22).

"너희가 순종하는 자식처럼 전에 알지 못할 때에 따르던 너희 사욕을 본받지 말고 오직 너희를 부르신 거룩한 이처럼 너희도 모든 행실에 거룩한 자가 되라 기록되었으되 내가 거룩하니 너희도 거룩할지어다 하셨느니라"(벧전 1:14-16).

교회의 신비롭고 내면적인 또 하나의 속성은 바로 그리스도의 몸인 교회의 거룩함입니다. 참된 교회는 본질적으로 유기적인 일체성을 가질 뿐만 아니라 또한 거룩합니다. 교회의 거룩성은 매우 중요하고 본질적인 속성으로서 사도신경에서도 '거룩한 공회'로 고백됩니다. 교회의 통일성과 마찬가지로 거룩함이라는 본질적인 특성으로 인해 교회는 이 세상의 다른 집단들과 구별됩니다. 만일 교회에 거룩함이 없다면 그것은 교회가 그 본질을 상실한 것입니다. 오늘날 교회 안팎에서 교회에 대한 불미스런 일들과 소문이 끊이지 않는 것은 바로 그런 교회의 본질을 잃어버렸기 때문입니다.

골로새서 본문은 그리스도께서 몸인 교회의 머리가 되신다는 것(골 1:18)과 더불어 그 교회에 두신 하나님의 뜻이 무엇인지(골 1:22)를 말합니다. 즉 하나님이 그리스도의 육체의 죽음으로써 우리를 자기와 화목하게 하신 것은 우리를 '거룩하고 흠이 없고 책망할 것이 없는 자'로 세우시기 위해서였다는 것입니다. 이것은 교회가 거룩해야 할 가장 큰 이유이자 거룩할 수 있는 근거입니다.

교회는 하나님의 뜻 안에서 교회의 머리이신 거룩하신 예수 그리스도와 연합함으로써 신분상 거룩하게 됩니다. 그리고 교회에 속한 자들은 그런 신분상의 변화에 근거해서 하나님을 두려워함으로 거룩함을 추구하며 이루어 갑니다. '교회는 거룩하다'고 할 때 우리는 항상 이 두 가지를 생각해야 합니다.

거룩함의 근거, 예수 그리스도

교회의 거룩함은 무엇보다 교회의 머리이신 예수 그리스도의 거룩함으로 인한 것입니다. 즉 머리 되신 주님과의 연합 안에서 그분의 통제를 따라 움직이는 유기체로서 갖는 거룩함입니다. 교회에 속한 모든 지체들은 이러한 사실을 확실하게 인식해야 합니다. 교회는 우리 자신의 어떠함 이전에 흠과 티가 없고 죄가 전혀 없으신 예수 그리스도, 거룩하신 우리 주님과의 연합으로써 이미 거룩한 것입니다. 물론 그 거룩함은 반드시 우리의 삶으로 드러나게 되어 있고, 또 드러나야 합니다. 하지만 그것은 이차적인 내용입니다. 교회의 거룩함은 우리의 행실을 통해 드러나기 이전에 교회의 머리 되신 주님으로 인하여 갖게 된 교회의 신분상의 특성입니다.

바울은 고린도 교회에 분쟁, 음란, 예배의 오용, 영적 은사의 남용, 도덕적 타락 등 많은 문제들이 있었음에도 불구하고 그들에게 보내는 편지의 서두에서 "고린도에 있는 하나님의 교회 곧 그리스도 예수 안에서 거룩하여지고 성도라 부르심을 받은 자들에게"(고전 1:2) 편지한다고 했습니다. 그들이 가진 많은 문제들에도 불구하고 그들을 '거룩하여진 자', '성도로 부르심을 받은 자'라고 한 것입니다. 바울이 그렇게 부를 수 있었던 것은 거룩하신 그리스도께서 그들과 연합하여 그들의 머리가 되시기 때문입니다.

교회는 예수 그리스도를 빼놓고는 설 수 없는 모임입니다. 교회는 예수 그리스도의 은혜뿐만 아니라 그분의 주 되심과 다스리심, 그분의 거룩하심, 그분의 인도와 역사, 그분의 성품과 뜻으로 인하여 존재하는 공동체입니다. 그분과 무관한 모임은 더 이상 교회가 아닙니다. 사람들끼리 모여 자의적으로 만든 집단일 뿐입니다.

교회와 같은 집단은 이 세상 어디에도 없습니다. 사도 베드로는 "너희는 택하신 족속이요 왕 같은 제사장들이요 거룩한 나라요 그의 소유가 된 백성이니"(벧전 2:9상)라고 말합니다. 교회가 바로 그렇다는 것입니다. 거룩함은 우리가 이루어야 할 어떤 것이기 이전에 그리스도로 말미암아 죄 씻음을 받고 의롭다 함을 받은 자로서 갖는 신분적인 상태입니다. 바울은 고린도 교회 성도들에게 "[너희는] 주 예수 그리스도의 이름과 우리 하나님의 성령 안에서 씻음과 거룩함과 의롭다 하심을 받았느니라"(고전 6:11)고 말하기도 했습니다. 거룩함을 죄 씻음이나 의롭다 하심처럼 이미 그들이 소유한 것으로 말한 것입니다.

우리는 바로 이런 이유로 예수를 믿어 그리스도인이 된 사람을 가리켜 성도, 곧 '거룩한 백성'이라 부를 수 있습니다. 로마가톨릭교회에서는 성 김대건, 성 어거스틴 등 몇몇 사람들에게만 '성'(聖), '세인트'(saint)라는 말을 붙입니다. 그러나 성경은 예수 믿는 모든 사람이 예수 그리스도 때문에 '성도'(聖徒)가 되었다고 말합니다. 하나님은 예수 믿는 우리 모두를 거룩한 자, 거룩한 백성으로 여기십니다.

"너희는 하나님으로부터 나서 그리스도 예수 안에 있고 예수는 하나님으로부터 나와서 우리에게 지혜와 의로움과 거룩함과 구원함이 되셨으니"(고전 1:30).

성도의 거룩함의 근거는 우리의 행실 이전에 거룩하신 하나님, 우리 주님과의 관계에 있습니다. 아무리 행실이 괜찮아 보이는 자라도 거룩하신 하나님과 관계가 없고 거룩하신 그리스도와 연합되어 있지 않다면 거룩하다 할 수 없습니다. 주를 믿지 않는 세상은 참된 거룩함을 알지도 보지도 못합니다. 세상은 그저 상대적인 도덕 기준만 가지고 있을 뿐입니다. 그러나 교회는 하나님께로 구별된 상태, 거룩하신 주님과 연합된 관계로 인하여 거룩합니다. 신자들 중에는 거룩함을 도덕성 정도로만 이해하는 사람들이 있습니다. 그러나 그런 관점만으로는 성경이 말하는 거룩함의 본래적인 의미를 설명할 수 없습니다.

삶에서도 드러나야 하는 거룩함

교회의 거룩함에는 또 한 가지 중요한 측면이 있습니다. 그것은 바로 거룩함이 우리의 행실 가운데 실현되고 나타나야 한다는 것입니다. 거룩하신 하나님으로 말미암은 교회의 거룩함은 죽은 관념이 아닙니다. 교회의 거룩함은 신자들의 현실적인 삶에서 드러나게 되는 속성입니다. 참된 교회의 거룩함에는 그리스도의 몸 된 교회 안에서 실제적이고 구체적인 행실로 드러나는 생명력이 있습니다. 그리스도께 속한 교회의 지체들은 교회의 머리 되신 예수 그리스도께서 거룩하신 것처럼 거룩함을 추구하고 이루어 갑니다. 베드로 사도는 흩어져 있는 성도들에게 쓴 편지에서 "너희가 순종하는 자식처럼 전에 알지 못할 때에 따르던 너희 사욕을 본받지 말고 오직 너희를 부르신 거룩한 이처럼 너희도 모든 행실에 거룩한 자가 되라 기록되었으되 내가 거룩하니 너희도 거룩할지어다 하셨느니라"(벧전 1:14-16)고 말합니다.

교회는 그리스도 안에서 신분상 거룩해진 것으로 그치지 않습니다.

하나님이 그리스도를 교회의 머리 되게 하신 데에는 교회로 하여금 그분의 거룩함을 본받게 하시려는 뜻이 있었기 때문입니다. 주님의 몸인 교회와 그에 속한 지체들은 교회의 머리 되신 거룩한 이처럼 모든 행실에서 거룩한 자가 되어야 합니다. 이것이 '교회는 거룩하다'고 할 때 그 속에 포함된 두 번째 내용입니다. 교회의 거룩함은 우리가 모여 있을 때만이 아니라 교회의 지체 된 우리 각 사람이 발 딛고 있는 모든 삶의 행실 속에서 드러나야 합니다. 그리스도의 이름으로 말미암는 우리가 바로 교회의 거룩함을 드러내는 존재이기 때문입니다.

오늘날 '거룩하지 못한 교회'의 현실은 각 그리스도인들의 부도덕하고 불경건한 생활과 긴밀하게 연관되어 있습니다. 우리는 사도 베드로가 교회의 지체 된 자들에게 "오직 너희를 부르신 거룩한 이처럼 너희도 모든 행실에 거룩한 자가 되라"고 말한 것을 명심해야 합니다. 우리에게 요구되는 거룩함이란 우선 '구별된다', 즉 죄악된 것과 속된 것으로부터 구별된다는 의미를 갖습니다. 그러나 성경에서 말하는 거룩함은 그런 소극적인 의미뿐만 아니라 우리를 부르신 거룩하신 이처럼 거룩한 자가 되는 것, 즉 거룩하신 하나님의 도덕적인 성품을 본받는다는 적극적인 의미도 갖습니다.

성경이 요구하는 그리스도인들의 거룩함과 정결함은 이렇게 소극적인 의미와 적극적인 의미를 모두 갖습니다. 어떤 사람들은 단순히 정해진 규율을 엄격하게 지키는 것으로써 자신의 구별됨을 나타내려 합니다. 그러나 그것은 소극적인 것일 뿐입니다. 각 성도들에게는 거룩하신 분의 도덕적인 성품을 본받아 거룩함이 드러나야 합니다. 성경이 요구하는 거룩함은 단순히 개인의 청렴한 생활만을 의미하지 않습니다. 그것은 놀라울 정도로 하나님과 연관되어 있습니다. 성도는 하나님의 백성 공동체요, 그리스도의 몸인 교회 안에서 거룩함을 갖고 세상에 드러내도록 부름 받은 자들입니다.

그리스도의 몸으로서 성도다운 삶

이처럼 그리스도인의 모든 삶은 교회로서의 삶입니다. 예배당 안에 있든 밖에 있든 우리의 모든 삶의 영역은 교회의 거룩함을 나타내는 삶입니다. 성도된 우리의 삶은 결코 개인적인 의미만 갖지 않습니다. 우리는 교회로서, 그리스도의 몸으로서 우리의 삶을 생각해야 합니다. '나 한 사람쯤이야' 하는 생각으로 성도다운 삶을 살지 않는 것은 교회의 거룩함에 해를 끼치고 교회의 머리이신 주님의 영광을 가리는 것입니다.

물론 우리는 이 땅에서 거룩함과 반대되는 온갖 더러운 것들에 둘러싸여 삽니다. 또 우리 마음에는 조금만 방심해도 쉽게 더러운 것으로 기우는 죄성이 있습니다. 그러나 우리는 그런 조건 가운데서도 자신을 깨끗하게 하고자 해야 할 자들입니다. 우리는 교회의 지체 된 자로서 교회의 머리이신 그리스도를 닮아 가며 그리스도께서 거룩하신 것처럼 자신의 삶에서도 거룩함을 나타내야 하기 때문입니다. 우리 각 사람은 교회가 이토록 빈번하고 맹렬하게 지탄과 비난의 대상이 되는 현실에 연대적인 책임감을 가지고 아파하며 고민해야 합니다. 이러한 현실은 우리 자신과도 관련이 있기 때문입니다.

물론 거룩함을 추구하는 것은 쉽지 않습니다. 사탄은 거룩함을 추구하는 자를 집요하게 방해하고 정죄하고 조롱합니다. 참교회의 지체로서 살고자 하는 자는 불가피하게 이 전쟁에 참여하게 됩니다. 이런 싸움에서 우리가 의지해야 할 것은 우리를 그리스도의 통치와 성령의 교통하심 안에 있게 하신 은혜입니다. 성령 하나님은 우리로 하여금 거룩한 것을 생각하게 하시고 그것을 좇도록 도우시며 역사하십니다. 그러므로 우리는 내주하시는 성령을 의지하여 교회 안에서든 밖에서든 교회의 머리 되신 그리스도의 다스리심 안에 있고자 해야 합니다. 주께서 거룩하신 것처럼 우리 또한 거룩한 자로 부름 받은 사실을 기억하고 죄악된 것을 거부하고자 해야 합니다.

교회의 생명은 거룩함에 있다

지금 우리는 교회 안에서조차 거룩함을 위한 싸움이 희귀해지고 있는 시대를 살고 있습니다. 우리는 이런 흐름을 숙명처럼 여기며 끌려가서는 안 됩니다. 거룩함으로부터 멀어지면 기독교 신앙의 생명력은 상실됩니다.

근래 한국 교회에는 본질을 떠나 신앙의 초점을 다른 것으로 대신하는 일들이 많아졌습니다. 관상기도를 통한 하나님과의 합일 추구, 신비한 은사 체험 등 정체불명의 종교적 활동에 열심을 냅니다. 또한 현세적 축복과 성공 그리고 심리 치유를 적극적으로 강조하여 그것을 구하는 열심을 독려함으로써 냉랭하고 경직된 교회의 분위기를 반전시켜 보려 하기도 합니다. 그러나 안타깝게도 그 속에서 하나님의 거룩하심이나 우리의 거룩한 생활, 죄와의 싸움 등은 거의 무시됩니다. 그 결과 오늘날 그리스도인들의 도덕성은 오히려 이방 종교인들보다 못하다는 평가를 받는 지경에 이르렀습니다. 이것은 비극입니다. 단순히 결과론적 비극이 아니라 그 과정 자체가 비극입니다. 교회가 거룩함과 무관한 어떤 목표와 열심을 갖게 된 것 자체가 슬프고 참담한 일인 것입니다.

교회는, 성도는, 거룩하신 그리스도의 몸의 지체는 거룩함과 무관할 수 없습니다. 아니, 거룩함을 잃어버린 교회는 모든 것을 잃게 됩니다. 우리는 "모든 사람과 더불어 화평함과 거룩함을 따르라 이것이 없이는 아무도 주를 보지 못하리라"는 히브리서 12장 14절 말씀을 기억해야 합니다. 교회는 거룩함을 갖도록 부름 받은 공동체입니다. 거룩함은 교회와 그리스도인의 신분적 특성일 뿐만 아니라 지속적으로 현실의 삶 가운데서 드러나야 할 모든 성도들의 지향점입니다. 성도 된 우리 모두는 하나님을 두려워하는 가운데 거룩함을 온전히 이루어 육과 영의 온갖 더러운 것에서 자신을 깨끗하게 해야 합니다(고후 7:1).

교회의 지체 된 우리는 예배당 안에서뿐만 아니라 삶의 모든 면에서 거룩하도록 부름 받은 자들입니다. 만일 개인의 삶이 거룩하지 않고 더러우면 결국 그리스도의 몸인 교회의 거룩함이 훼손되고 그분의 영광이 가리어질 것입니다. 우리는 오늘날 교회의 현실을 개탄할 수도, 비판할 수도 있습니다. 하지만 객관자로서가 아니라 교회에 속한 한 지체로서 자신을 먼저 돌아보아야 합니다. 모든 행실에서 거룩한 자로서 행하십시오. 거룩하게 구별된 교회로서의 정체성을 인식하고 삶을 살아가십시오. 교회의 머리 되신 예수 그리스도께서 거룩하신 것처럼 자신의 거룩함을 나타내며 실현하는 삶을 살고자 하십시오.

우리의 삶은 교회의 머리 되신 그리스도의 영광과 직결되어 있습니다. 이 땅의 교회들이 그것을 생각지 않고 물질적 부유함에 도취되어 머리이신 그리스도의 거룩한 이름을 짓밟으면서도 부끄러운 줄 모르고 있지만, 어느 때까지 계속 그럴 수는 없습니다. 우리나라도 포스트모더니즘의 영향 아래 불교와 같은 종교가 문화 코드의 하나로서 대중에게 수용되고 지지를 받고 있습니다. 갈수록 불교나 기타 자기 본위적 묵상 종교들이 대중의 호응을 받게 될 것입니다. 이러한 때에 교회가 바로 서 있어도 세상은 이런저런 이유로 교회의 신앙을 흔들고 거부할 것입니다.

더구나 교회가 지금처럼 도덕적인 문제들에 있어서 강하고 빈번한 비난에 시달린다면 그 결과는 어떻게 될까요? 세상은 거룩함을 상실한 교회를 마음 놓고 비난하고 손가락질하며 교회를 흔들 것입니다. 하지만 우리가 그보다 더 두려워해야 할 대상은 하나님입니다. 거룩함을 잃어버린 교회는 세상에서 배척 받기 전에 하나님이 촛대를 옮기시는 일을 경험하게 될 것이기 때문입니다.

교회의 생명은 거룩함에 있습니다. 성도는 거룩함을 자신의 생명으로 여겨야 합니다. 우리는 그리스도와 연합되어 있기 때문에 신분상 거룩하지만, 동시에 우리의 전 삶을 통해 교회의 거룩함이 실현되어 드러나야 합니다. 이 두 가지를 모두 놓치면 안 됩니다. 이 세대가 어떠하건 우리는 이 세상에서 육과 영의 온갖 행실들을 깨끗게 함으로써 교회로서의 거룩함을 드러내야 할 자들입니다. 교회 안에서뿐만 아니라 삶의 전 영역에서 말입니다. 주께서 교회의 거룩함이 거짓이 아니라는 사실을 우리를 통해서 이 세대 가운데 드러내시기를 진심으로 소원합니다.

교회의 생명이 나타는 증거, 거룩함

"너희는 믿지 않는 자와 멍에를 함께 메지 말라 의와 불법이 어찌 함께 하며 빛과 어둠이 어찌 사귀며 그리스도와 벨리알이 어찌 조화되며 믿는 자와 믿지 않는 자가 어찌 상관하며 하나님의 성전과 우상이 어찌 일치가 되리요 우리는 살아 계신 하나님의 성전이라 이와 같이 하나님께서 이르시되 내가 그들 가운데 거하며 두루 행하여 나는 그들의 하나님이 되고 그들은 나의 백성이 되리라 그러므로 너희는 그들 중에서 나와서 따로 있고 부정한 것을 만지지 말라 내가 너희를 영접하여 너희에게 아버지가 되고 너희는 내게 자녀가 되리라 전능하신 주의 말씀이니라 하셨느니라 그런즉 사랑하는 자들아 이 약속을 가진 우리는 하나님을 두려워하는 가운데서 거룩함을 온전히 이루어 육과 영의 온갖 더러운 것에서 자신을 깨끗하게 하자"(고후 6:14-7:1).

교회의 거룩성은 세상과 교회를 구별해 주는 아주 중요한 속성이요,

그리스도의 생명이 그 안에 역사하고 있다는 가장 분명한 증거입니다. 만일 교회에 거룩함이 없다면 그것은 그리스도의 생명이 더 이상 그 안에서 역사하지 않는다는 증거입니다. 따라서 교회의 그러한 상태는 사실상 모든 것을 잃어버린 것과 같은 치명적인 상태입니다.

교회의 생명은 사람이 많아지는 양적 성장으로도 나타날 수 있습니다. 그리스도의 생명이 역동적으로 역사하는 교회에 거듭난 자들이 더 해지고 은혜를 사모하는 자들이 많아지는 것은 이상한 일이 아닙니다. 그러나 교회의 생명은 다른 무엇보다 먼저, 거룩함으로 나타납니다. 만일 교회에 사람들이 많이 늘어난다고 해도 거기에 거룩함이 없다면 그것은 그리스도의 참생명과 성령의 은혜로운 역사로 말미암은 결과라고 할 수 없습니다.

앞에서 살펴본 것처럼 성경은 교회의 거룩함을 가르치며 교회에 속한 신자 개인의 거룩함을 매우 강조합니다. 앞에 인용한 고린도후서 말씀도 신자의 삶은 거룩함을 구체적으로 드러내야 한다고 가르칩니다. 여기서 바울은 교회의 거룩함을 세 가지로 표현합니다.

첫째, "우리는 살아 계신 하나님의 성전이라"고 함으로써 교회의 변할 수 없는 신분상의 거룩함을 선언적으로 서술합니다(고후 6:16). 둘째, "너희는 그들 중에서 나와서 따로 있으라"는 말로써 교회는 이 세상과 구별되어야 한다는 내용을 말해 줍니다(고후 6:17). 마지막으로, "하나님을 두려워하는 가운데서 거룩함을 온전히 이루어 육과 영의 온갖 더러운 것에서 자신을 깨끗하게 하자"고 권합니다(고후 7:1). 신자는 하나님의 성전으로서 도덕적으로 깨끗하고 순결한 삶으로 교회의 거룩함을 나타내야 한다는 것입니다.

이처럼 성경이 말하는 거룩함의 세 가지 면은 서로 분리해서 생각할 수 없을 만큼 긴밀하게 연결되어 있습니다. 즉 '우리는 하나님의 성전'이라는 표현 자체가 이 세상에서 따로 구별되었다는 사실을 함의하며, 또한 그러한 자로서 자신을 도덕적으로 깨끗하게 해야 함을 선언하는 말입니다. 그리스도의 몸 된 교회의 지체는 이 중 어느 한 면만을 알고 다른 것들은 무시해서는 안 됩니다. 하나님의 성전으로서 신분상의 거룩함을 소유한 자가 세상으로부터 구별됨이 없거나 도덕적 정결함에 대해 냉담할 수는 없는 것입니다.

세상으로부터 구별된 자들

그리스도의 지체 된 자는 분명한 신분상의 특징을 갖습니다. 신자는 그에 대한 분명한 이해를 가지고 있어야 합니다. "너희는 하나님의 성전이다. 하나님의 자녀다. 하나님의 거룩한 백성이다. 하나님의 거룩한 나라다. 그리스도의 피 값으로 산 자요, 의로운 자다"라는 성경의 모든 선언들은 교회의 지체 된 우리에게 하나님이 주신 영광스러운 지위와 신분을 밝혀 줍니다.

이러한 사실을 알고 항상 기억하며 살고 있습니까? 만일 그렇지 못하면, 우리는 사탄의 정죄에 흔들리고 세상의 여러 시련과 유혹에 넘어져 거룩한 삶을 살지 못하게 됩니다. 예수 그리스도를 믿는 자들은 의인으로 인정받은 자들입니다. 예수 그리스도 때문에, 그분이 피 값을 지불하고 우리의 죄를 사하셨기 때문에 우리는 하나님의 자녀요,

거룩하신 하나님의 성전이 되었습니다. 이런 은혜를 알지 못하고 그 은혜에 힘입어 살아가지 않는 사람들은 거룩함을 실현할 수도 없고, 그럴 필요도 느끼지 못합니다. 우리에게 베푸신 은혜를 아는 것이 거룩함의 출발입니다.

본문은 여기서 그치지 않고 하나님의 백성으로 구별하신 교회의 거룩함이 가진 의미를 더 구체적으로 이야기합니다. 바울은 "부정한 것을 만지지 말라"는 구약의 말씀(레 5:2 등)을 인용하면서 하나님이 세상에서 우리를 불러 구별하신 뜻에는 뒤따라야 할 구체적인 삶의 요구가 있음을 가르칩니다. 믿는 자로서 믿지 않는 자와 멍에를 멜 수 없다고 말한 것도 같은 맥락에서입니다(고후 6:14-15).

하나님의 성전이요, 그리스도의 몸의 지체 된 자들은 세상과 구별된 모습과 방법으로 살아가도록 구별된 자들입니다. 우리는 세상에 속한 자가 아닙니다. 예수 그리스도의 피로 구속 받은 자는 그리스도 안에서 세상에 대하여 죽은 자입니다. 교회의 거룩함은 이런 의미에서의 구별됨, 즉 세상에 속하지 않고 세상과 섞이지 않는 것을 의미합니다.

교회의 거룩함은 세상에도 유익이 된다

세상으로부터 구별된 신자의 정체성은 우리 내면에만 머물러서는 안 됩니다. 삶의 외면에 구체화되어 나타나야 합니다. 하나님은 우리가 어떤 시대, 어떤 환경에서 살아가든지 신자로서 삶의 목적과 방식이 세상 사람들과 뚜렷이 '구별'되어야 한다고 말씀하십니다. 하나님이 안식일을 구별하여 지키게 하시고, 시간을 구별하여 따로 모여 하나님께 공적인 예배를 드리도록 하신 데에도 그런 뜻이 반영되어 있습니다. 하나님은 우리의 시간뿐만 아니라 교제의 장소나 드리는 물질도 구별하도록 하셨습니다.

구별됨은 섞이지 않는 것을 의미합니다. 그리스도 안에서 하나님께 부름 받은 우리는 세상과 구별된 거룩함을 가지고 있어야 합니다. 그러나 오늘날 많은 교회들이 세상 사람을 얻으려면 그들과 접촉해야 한다는 논리로 세상의 문화를 수용하고, 생활 방식을 따르고, 심지어 가치관까지 따르면서 거룩함과 구별됨을 무시하고 있습니다. 그런데 그 결과가 매우 비참합니다. 교회가 교회답지 못한 모습으로 세상의 손가락질을 당할 뿐만 아니라 하나님의 영광을 욕되게 하고 있습니다.

교회는 교회다운 거룩함을 지켜야 합니다. 그것은 교회뿐만 아니라 세상을 위한 길이기도 합니다. 예수를 안 믿는 사람에게도 교회의 거룩함은 유익이 됩니다. 죄인들이 이리저리 헤매다가 하나님 없이 사는 인생의 허망함을 깨닫게 될 때 여전히 거룩함을 지키고 있는 교회를 찾게 될 것이기 때문입니다. 하지만 교회의 거룩함이 무너져 세상과 같이 뒤엉켜 썩은 내를 풍기고 있으면 영혼이 목마른 자가 갈 곳이 없습니다.

우리는 성경의 가르침을 따라 모든 삶의 목적과 방식에서 세상으로부터 구별되기를 고집해야 합니다. 예수 그리스도를 믿는 우리는 성별된 자입니다. 그런 우리가 만일 "멍에를 함께 메지 말라. 빛과 어둠은 사귈 수 없다. 의와 불법은 함께할 수 없다. 그리스도와 벨리알은 조화될 수 없다"(고후 6:14-15)는 성경의 가르침을 무시하며 세상의 가치관을 받아들이고 세상의 방식대로 살면 교회의 거룩함은 짓밟히게 됩니다. 이는 하나님의 영광을 더럽히는 일이요, 목마른 자들이 갈증을 해결할 길까지 막아 버리는 일이기도 합니다.

전신갑주를 취하라

하나님의 말씀은 세상으로부터 구별된 자는 자신을 구별하신 구체적인 뜻을 따라 육과 영의 온갖 더러운 것에서 자신을 깨끗하게 해야 한다고 말합니다(고후 7:1). 신자는 하나님과의 관계 안에 있는 자로서 선을 향한 의지적인 행동과 도덕적으로 순결한 삶을 살아야 한다는 것입니다.

이 땅 위의 모든 가시적인 교회들은 끊임없이 거룩함을 위해 분투합니다. 이 싸움을 다 끝내고 승리한 천상의 교회와 달리 죄와 사탄에 맞서 영적인 전투를 끊임없이 해야 합니다. 물론 예수 그리스도께서 이미 십자가에서 이루신 승리에 근거해서 부르심을 받은 우리는 이미 승리한 무리라고 할 수 있습니다. 그럼에도 불구하고 죄와 싸워야 하는 요소들이 아직 남아 있는 이 땅의 교회는 또한 전투적인 교회입니다. 거룩함을 실현하기 위한 싸움을 계속 해 나가야 한다는 것입니다.

바울은 에베소서 6장에서 "우리의 씨름은 혈과 육을 상대하는 것이 아니요……이 어둠의 세상 주관자들과 하늘에 있는 악의 영들을 상대함이라"(엡 6:12)고 하며 "전신갑주를 취하라"(엡 6:13)고 권면합니다. 이 어둠의 세상 주관자들과 악한 영들은 우리가 세상과 구별되어 거룩함을 이루어 가도록 가만두지 않습니다. 우리가 참된 신자도, 거룩한 교회의 지체도 아니고 거룩함과 무관한 자라면 영적인 싸움이 필요 없고 싸울 능력도 의지도 없을 것입니다. 그러나 거룩한 교회의 지체가 되었을 때는 반드시 세상 정신과 싸우게 되고, 거룩한 교회의 지체로서 자신을 깨끗하게 하기 위해 죄와 유혹과 싸워야 합니다.

이 싸움은 개인적인 차원에서 끝나지 않습니다. 신자가 자신의 거룩함을 손상시키는 세상 정신과 각종 이단 사상, 혼합주의, 육체의 정욕을 부추기고 욕심을 따라 행하도록 하는 불법의 유혹과 싸우는 것은 결국 교회의 거룩함을 위한 것이기도 합니다. 우리는 문화의 얼굴을 하고 다가와 우리를 도덕적으로 부정하게 하는 유혹들에 대항하여 싸워야 합니다. 우리의 싸움은 혈과 육에 속한 것이 아니라 그 배후의 악한 영에 대항하는 것입니다. 교회인 우리는 육과 영의 온갖 더러운 것에서 자신을 깨끗하게 해야 합니다.

거룩함을 위한 힘 1 : 하나님을 두려워함

우리는 우리를 더럽게 하는 것들을 분별하여 대항해야 합니다. 그러나 그것은 거룩함을 위한 소극적인 방법일 뿐입니다. 우리가 적극적으로 취해야 할 모습은 거룩하지 못한 것에 마음을 뺏기지 않을 만큼 하나님의 성전이요, 구별된 자로서 관심을 가져야 할 것에 더욱 큰 관심을 갖는 것입니다. 즉 거룩하신 하나님과 우리를 거룩함으로 인도하는 진리의 말씀에 더욱 관심을 가지고 마음을 쏟고 그것으로 무장하는 것입니다.

고린도후서 7장 1절에는 "육과 영의 온갖 더러운 것에서 자신을 깨끗하게 하자"는 권면 앞에 중요한 말이 언급됩니다. 바로 "하나님을 두려워하는 가운데서"입니다. 우리는 우리를 유혹하는 세상의 거룩하지 못한 것들과는 비교할 수 없이 귀하신 하나님, 우리가 경외함으로 섬겨야 할 하나님, 그 거룩하신 하나님을 사무치게 알아야 합니다. 신자의 존재 가치는 하나님을 경외하는 가운데 있습니다. 그런데 오늘날 많은 교회들과 교회의 지체 된 자들이 하나님을 의식하지 않고 두려워하지 않기 때문에 거룩함을 상실해 가고 있습니다. '하나님을 두려워하는 가운데서' 온전한 생활을 하고자 하는 모습을 갖지 않는 것입니다. 교회가 세상의 지탄을 받는 현실은 이와 무관하지 않습니다.

거룩하신 하나님을 깊이 알아야 거룩한 교회의 실현도 가능합니다. 그분을 두려워하는 태도, 심히 경외하는 마음 없이 하나님에 대해서 가볍게 이야기하는 자는 거룩함을 위해 싸울 수 없습니다. 예수님을 믿는 사람들은 하나님께 방자하지 않도록 각별히 주의해야 합니다.

하나님은 우리가 하루 동안 말과 행실로, 생각과 마음으로 지은 죄, 깊은 곳에 품은 음욕까지도 다 아십니다. 이런 사실은 우리를 떨게 만듭니다. 우리는 우리를 유혹하는 거룩하지 못한 세상 것들보다 하나님의 거룩하심을 먼저 크게 인식하는 것이 필요합니다. 그러할 때에 우리는 거룩한 삶으로 나아갈 힘을 더욱 얻게 될 것입니다.

거룩함을 위한 힘 2 : 진리의 말씀

우리가 거룩한 교회로서의 삶을 살기 위해서 적극적으로 취해야 할 또 한 가지는 믿는 자를 거룩으로 인도하는 진리의 말씀입니다. 우리는 하나님의 말씀으로 무장하고 그 풍성한 말씀 안에 거해야 합니다. 그것은 우리의 싸움이 거룩하지 않은 것을 피하는 것 정도를 말하지 않기 때문입니다. 성경은 하나님이 지으신 모든 것이 본래 선한 것이라고 가르칩니다. 다만 하나님의 말씀과 기도로 거룩하게 쓰일 필요가 있을 뿐입니다(딤전 4:4-5). 신자는 하나님이 허락하신 이 땅에서의 삶 전반이 거룩해지기를 힘써야 합니다.

물론 그것은 쉬운 일이 아닙니다. 이 땅에서 사는 신자는 거룩함에서 멀어지고 세속적인 정신에 빠져들곤 하는데, 거기에는 이유가 있습니다. 가장 주된 이유는 하나님의 진리로 무장되어 있지 않기 때문입니다. 하나님을 의식하지 않고 하나님의 진리를 풍성하게 먹고 소유하지 않은 자는 이 영적인 싸움에 매우 취약할 수밖에 없습니다.

교회 안에는 하나님의 말씀으로 견고히 무장하고 그 말씀을 풍성하게 먹는 사람들과 그렇지 못한 사람들 사이의 상대적인 차이가 뚜렷하게 드러납니다. 전자는 마치 하루라도 생명의 양식인 하나님의 말씀을 먹지 못하면 살 수 없는 것처럼 하나님의 말씀을 가까이하고 그 말씀에 근거해서 하나님께 기도합니다. 그들은 삶 가운데 거룩함을 더욱 확연히 드러냅니다.

우리가 진리로 무장하고 그 안에 풍성히 거하게 되면 그전에 인식하지 않았던 죄와 유혹들이 분별되고, 전에 생각 없이 지었던 죄악들에 대항하게 됩니다. 나아가 세상적인 것에 대한 관심이 덜해집니다. 오히려 하나님을 더 알고자 하는 소원을 갖게 되고, 그런 추구를 통해 그분을 알아 가는 은혜를 맛보게 됩니다.

물론 어느 때는 매번 드리는 예배가 똑같고, 말씀도 똑같다고 느껴질 수 있습니다. 그러나 그런 마음을 틈타 우리의 영혼에 혼란, 갈등 등 여러 번잡한 문제들이 야기됩니다. 그러므로 우리는 진리로 무장하기를 힘써야 합니다. 진리로부터 멀어진 사람들은 상대적으로 거룩함에 대한 열정과 열심이 덜할 수밖에 없습니다. 그 마음에 혼란과 갈등이 많아지고, 이전에는 쉽게 거부했던 죄와 유혹 앞에서도 고민하며 흔들리고 넘어지게 됩니다. 분별력이 희미해집니다. 진리의 비추임을 받으며 살아가는 신자의 삶과는 분명히 다른 모습을 보입니다.

거룩함을 위한 싸움은 단순히 세상의 거룩하지 못한 것들을 거절하는 정도가 아닙니다. 우리는 그것을 넘어 진리의 말씀을 통해 적극적으로 거룩하신 하나님을 알아 가고, 모든 삶 속에서 그분을 의식하며, 진실로 그분의 면전에서 살 듯이 살아야 합니다. 우리를 하나님의 거룩함으로 인도하는 진리의 말씀으로 무장해야 합니다. 진리의 말씀을 더 듣고 읽고 알기를 원해야 합니다.

교회의 거룩함으로 세상을 비춰라

세상이 교회를 향해 손가락질하는 이유는 교회의 거룩함을 볼 수 없기 때문입니다. 겉으로는 우리를 비난하고 있을 뿐이지만, 우리는 그 이면에 교회의 거룩함을 보고자 하는 목마름이 있다는 것을 생각해야 합니다. 그것은 교회의 본질인 거룩함을 찾고 싶어 하는 아우성입니다. 우리는 이 소리를 들어야 합니다.

교회의 지체 된 우리는 육과 영의 더러운 것에서부터 우리를 깨끗게

함으로써 이 세상에 교회의 거룩함을 드러내야 합니다. 교회의 거룩함으로 세상을 비춰야 합니다. 그렇게 하여 이 세상이 다 더러울지라도 교회는 다르다는 위로와 안도를 그들에게 주어야 합니다. 세상의 더러움에 깨지고 가난해진 심령이 거룩한 교회로 향하게 해야 합니다.

오늘날 우리 교회는 이런 모습을 상실했습니다. 우리 모두 교회의 거룩함의 회복을 위해 땀과 눈물을 쏟을 수 있기를 바랍니다. 교회의 지체인 우리가 각자의 삶의 자리에서부터 교회가 하나님의 성전인 것을 드러내길 바랍니다. 세상에서 구별된 자로서 실제로 도덕적으로 바르게 행하는 교회의 거룩함을 세상에 드러내길 바랍니다.

주님이 오늘날과 같은 교회의 현실을 더 나빠지지 않게 하시고, 각 교회들과 신자들을 일깨우셔서 이 부패한 세상에 빛을 비추는 거룩한 교회들을 이곳저곳에 일으켜 주시기를 소원합니다. 한국교회에, 아니 한국 사회 전반에 소망은 그것밖에 없습니다. 규모는 작을지라도 참된 교회들이 이곳저곳에 세워지는 것만이 이 땅을 위한 유일한 소망입니다. 우리가 그런 통로요 도구가 되기를 소원합니다.

PART 3

참된 교회의
활동은 무엇인가?

참된교회로 돌아오라

CHAPTER 7

하나님을 향한 활동 1
: 하나님을 예배함

하나님을 경외하며 경배하라

"그러므로 주 안에서 갇힌 내가 너희를 권하노니 너희가 부르심을 받은 일에 합당하게 행하여 모든 겸손과 온유로 하고 오래 참음으로 사랑 가운데서 서로 용납하고 평안의 매는 줄로 성령이 하나 되게 하신 것을 힘써 지키라 몸이 하나요 성령도 한 분이시니 이와 같이 너희가 부르심의 한 소망 안에서 부르심을 받았느니라 주도 한 분이시요 믿음도 하나요 세례도 하나요 하나님도 한 분이시니 곧 만유의 아버지시라 만유 위에 계시고 만유를 통일하시고 만유 가운데 계시도다"(엡 4:1-6).

교회의 활동은 마치 사람의 몸 안에 있는 장기와 기관들이 제자리를 지키며 활동하는 것과 같이 유기적이고 생명력이 있는 활동입니다. 그리스도의 몸에 속한 지체들은 유기적으로 함께 움직이며 교회를 세우고 자라 갑니다.

비록 현실 교회 안에 온전하지 못한 모습과 어려운 문제들이 있더라도 우리의 신앙은 교회 안에서 성장해야 합니다. 주일에 잠깐 나와 한 번 예배를 드리는 것을 전부로 여겨서는 안 됩니다. 이제부터 살필 교회의 활동들에 대한 내용을 알아 감으로써 교회에 대한 피상적인 이해와 태도에서 벗어나 주님의 몸 된 교회에 속한 지체로서의 신앙과 삶을 풍성히 가질 수 있기를 바랍니다.

우리는 각각 개별적인 성향과 선택의 자유를 가진 인격체들입니다. 그런 우리가 강압적인 통제나 기만적인 조종 없이 하나 됨을 이루어 다양한 활동을 유기적으로 함께 해 나가는 것이 어떻게 가능할까요?

에베소서 본문은 교회의 유기적인 활동이 어떻게 가능한지를 특별히 성령 하나님의 사역과 관련해서 말합니다. 에베소서 4장의 전반부인 1-16절은 교회가 일체성을 갖고 유기적인 관계 속에서 움직인다는 것을 말해 줍니다. 그중에서 특히 1-6절은 교회와 삼위 하나님의 관계를 말합니다. 4절은 성령 하나님, 5절은 주, 곧 예수 그리스도, 6절은 성부 하나님을 언급합니다.

한 가지 특이한 점은 삼위 하나님을 말할 때의 일반적인 순서인 성부, 성자, 성령의 순서로 말하지 않고 반대로 성령, 성자, 성부 하나님 순으로 말했다는 것입니다. 바울은 교회 안에 있는 구체적이고 실제적인 내용들을 말하고자 했기 때문에 교회의 실제적인 활동과 가장 밀접하게 관련있는 성령 하나님을 먼저 말한 것으로 보입니다. 우리가 교회 안에서 교제하고, 말씀을 전하고, 듣고, 배우고, 봉사하고, 은사를 발휘하는 모든 것들이 다 성령 하나님과 밀접한 관련이 있습니다.

특히 에베소서 4장 1-4절은 모두 성령 하나님에 의한 교회의 구체적인 활동들에 관한 것입니다. 성령 하나님은 교회의 지체 된 자들이 부르심을 따라 합당하게 행하도록 도우시고, 모든 겸손과 온유로 행하도록 역사하십니다. 우리가 오래 참음으로 사랑 가운데서 서로 용납하게 하시고, 평안의 매는 줄로 하나 되게 하신 것을 힘써 지키도록 인도하시는 분도 역시 성령 하나님이십니다. 바울은 그리스도의 몸인 교회 지체들의 모든 활동은 성령의 도우심과 인도를 받아야 하며 지체들은 그에 따라 성령께서 하나 되게 하신 것을 지켜야 한다고 말합니다.

성령 하나님의 신적인 역사가 아니면 교회 안에서의 모든 활동은 그리스도의 생명 안에서 유기적으로 이루어지는 몸의 활동이 될 수 없습니다. 즉 교회 안에서 하나님과의 관계를 생각하지 않고 행하는 사역과 활동은 본래적인 목적에서 벗어나게 됩니다. 그러므로 우리는 반드시 예배든 봉사든 성경 공부든 교제든 모든 활동들에서 성령 하나님의 사역을 인정하고 의식해야 합니다.

오직 성령 하나님의 힘으로

우리가 살펴볼 내용들은 모두 성령께서 교회의 지체들에게 각각 다른 은사들을 주어 교회를 세우도록 도우시는 것과 관련되어 있습니다.

물론 교회 내에서 이루어지는 거의 대부분의 활동들은 외형적인 모방이 가능합니다. 성경 공부나 봉사와 예배 모두 마찬가지입니다. 하지만 그런 활동의 진정성과 지속성은 오직 성령의 역사하심으로써만 가능합니다. 성령과 무관한 활동들은 결국 그 공허함을 드러내게 됩니다. 하나님의 영광을 위하는 교회의 지체로서의 지속적이고 진정성 있는 활동은 오직 성령께서 허락하십니다.

우리는 어떤 사람의 진정성과 기꺼움과 지속성을 통해서 그의 신앙과 삶이 성령의 역사로 인한 것인지 아닌지를 볼 수 있습니다. 만일 어떤 사람이 교회를 다니다가 결국 배교한다거나 교회를 떠나는 것은 그가 처음부터 성령과 상관이 없었던 자임을 드러내는 일입니다. 반면 참교회 안에 속한 몸의 지체들은 성령께서 그 안에 거하심으로써 성도로서의 생활을 지속하게 됩니다. 성령께서 그들을 온유와 겸손으로 행하게 하시며 시간과 물질로 주님과 교회를 진심과 열심으로 섬기게 하십니다.

초대교회 이후로 2천 년이 넘도록 세계 각처의 교회들이 각각 유기적으로 하나 됨을 지키며 활동해 온 것은 그리스도께서 성령을 통해 역사하셨기에 가능한 것입니다. 예나 지금이나 동일한 성경을 가지고 그 안에서 함께 예수 그리스도 때문에 감동을 받고, 구속의 은혜로 인해 한 하나님께 찬양하고 경배하며, 은밀히 봉사하고, 즐겁게 헌상하고, 숱한 고난과 인내를 견딘 교회의 역사는 오직 성령 하나님이 그들 가운데 역사하셨기 때문에 있을 수 있었습니다.

교회의 참된 능력은 돈이 많거나 똑똑하고 재능 있는 사람들에 의한 것이 아닙니다. 우리에게 주신 은사 자체에 있는 것도, 직분자들의 헌신에 있는 것도 아닙니다. 중요한 것은 신자 각 사람에게 능력과 은사, 직분을 주어 교회를 세우시는 성령 하나님의 역사입니다. 성경은 교회 안에서 직분자들을 세우는 것을 비롯한 여타의 모든 활동들을 성령의 역사와 관련하여 설명합니다. 우리는 예배 중에 말씀을 듣고 기도하며 찬송할 때뿐만 아니라 봉사할 때도 성령께서 우리 안에 역사하시어 감동하게 하심으로써 이끄신다는 사실을 의식해야 합니다.

교회는 예배 없이 존재할 수 없다

성령께서 교회의 지체 된 자들 가운데서 역사하심으로써 갖게 하시는 활동들은 크게 하나님을 향한 활동, 지체들을 향한 활동 그리고 세상을 향한 활동으로 구분될 수 있습니다. 그중에서 우리가 가장 먼저 생각해야 할 내용은 당연히 하나님을 향한 활동입니다. 그리고 하나님을 향해 갖는 교회의 활동으로서 가장 우선 되어야 하는 것은 예배입니다. 하나님을 경외하며 경배하는 것입니다.

하나님을 예배하는 것은 성령께서 그리스도의 몸인 지체들 안에서 공통적으로 일으키시는 반응으로서 기독교 신앙의 핵심에 있어야 합니다. 예배는 최초의 사람 아담은 물론이고, 타락 이후에도 하나님을 섬기는 무리 가운데 사라지지 않고 계속되어 왔습니다. 교회는 "하나님을 경외하며 경배하라"는 성경의 일관된 가르침을 따라 예배에 헌신해 왔습니다. 예배 없이 교회는 존재할 수 없습니다. 하나님을 예배하는 것을 소홀히 하면서 다른 활동에 분주한 것은 교회의 바른 모습이 아닙니다. 의외로 교회에 오래 다닌 사람들 중에 예배는 대충 해치우고 다른 활동과 행사에 더 큰 열심을 쏟는 이들이 있습니다. 그러나 아무리 다른 봉사와 사역에 열심을 내고 겉보기에 탁월한 결과를 이루더라도 예배를 상실한 교회의 활동은 본질에서 벗어난 것일 뿐입니다.

성경은 여호와를 경외하는 것이 지혜의 근본이라고 가르칩니다(잠 9:10). 우리가 은혜를 입어 주의 백성이 되었을 때, 그리스도의 교회의 지체가 되었을 때 반드시 하나님을 경외함으로 드리는 예배가 우리의 존재와 삶의 최우선 순위가 됩니다. 그리스도의 몸인 교회 밖에 있는 사람들에게는 이러한 경외심이 없습니다. 그들도 나름의 우상을 가지고 있고, 우상에게 찾아가 점을 보고 복채도 내지만 예배를 최우선적인 일로 여기지는 않습니다. 그것은 오직 그리스도의 몸의 지체 된 자들에게서만 찾아볼 수 있는 모습입니다. 존 맥아더는 하나님을 경외하는 것의 중요성을 다음과 같이 말했습니다.

"하나님과 올바른 관계를 가진다면 다른 모든 것은 올바른 자리를 차지하게 될 것입니다. 다시 말해서 우리의 일은 하나님에 대한 경외에서 출발해야 합니다. 나는 하나님을 그 보좌에서 끌어내려 그를 마치 사람들의 요구를 다 들어주어야 하는 사람들의 종처럼 만들고자 하는 설교자들에 대해 의분을 느끼곤 합니다. 어떤 사람들은 하나님을 경외하지 않으며 그에게 예배하는 법도 잘 알지 못합니다. 또 어떤 사람들은 예배를 사람들의 푸근한 감정을 자아내게 하는 수단으로만 여깁니다. 그들은 하나님에 대해 거의 알지 못합니다.

교회에는 마르다 같은 사람이 너무 많고 마리아 같은 사람은 많지 않습니다. 우리는 섬기는 일에 너무 바쁘기 때문에 주님의 발밑에 차분히 앉을 시간을 갖지 못합니다. 우리는 주님의 말씀을 듣고도 떨지 않습니다. 하나님은 우리를 그의 영광을 위해 쓰시고자 하지만 우리는 하나님께 나아가 그의 영광과 우리의 죄악됨을 직면하려고 들지 않습니다. 그러면서도 어떤 사람이 죽으면 우리는 종종 이렇게 말하곤 합니다. 하나님께서 어떻게 이런 일이 일어나게 하셨는가. 그러나 우리는 그렇게 질문할 권리가 없습니다. 오히려 이렇게 물어야 합니다. 왜 우리가 아직 살아 있는 것일까. 거룩하신 하나님은 인간이 처음 죄에 빠졌을 때 그를 죽이실 수도 있었습니다. 우리는 하나님께서 우리에 대해 은혜로우시다는 이유 때문에 하나님을 무관심하게 대해서는 안 됩니다. 오히려 우리는 하나님을 진지하게 대해야 합니다."

이어서 그는 사람들로 하여금 하나님을 진실로 경외하며 진지하게 대하도록 하기 위해서 때로는 교회 안에 어떤 극적인 사건이 일어나기를 바란다는 말을 덧붙였습니다.

"때때로 나는 하나님이 헌금 시간 동안 사람들을 치시어 죽게 하시기를 원합니다. 어떤 극적인 일이 일어나서 사람들에게 그들이 하나님을 진지하게 대해야만 한다는 것을 보여 주시기를 바랍니다."

하나님을 두려워하지 않고 하나님을 기만하는 사람들에게 사도행전의 아나니아와 삽비라 사건과 같은 일이 일어나기를 바란다는 것입니다. 우리의 모습은 어떻습니까? 우리는 스스로 하나님을 진실하게 또 진지하게 경외하며 섬기고 예배하는 것을 삶의 우선으로 삼고 있습니까? 우리는 수시로 멈춰 서서 이렇게 질문해 보아야 합니다. 우리의 예배가 그러한지 살펴보아야 합니다. 예배의 여러 행동들, 하나님의 말씀을 듣는 것, 찬양과 기도와 헌상 등을 할 때 과연 하나님을 생각하며 그분을 경외함으로 진지하고 진실하게 행하고 있는지 돌아보아야 합니다.

무엇이 참된 예배인가

오늘날 소위 '열린 예배'를 드린다는 교회들이 많아지고 있습니다. 이 '예배'에서는 신앙 없이 공연을 보러 온 관객처럼 모인 회중들의 흥미를 불러일으키기 위한 갖가지 볼거리들을 제공합니다. 그러나 여기에 흥겨움은 있을지언정 하나님을 두려워하는 모습은 없습니다. 진지하게 하나님의 말씀을 듣고 그 앞에 반응해야 하는 전통적인 예배에 집중하지 못하고 반감을 갖는 이들을 위해 감각을 자극하는 공연과 같은 무대를 고안한 것입니다.

물론 교회는 아직 믿음이 없는 사람들을 하나님께로 이끌기 위해 힘쓰며 다각적으로 도와야 합니다. 하지만 그들의 변화되지 않는 마음의 호응을 얻기 위해 예배를 변형하는 것은 예배의 대상이신 하나님을 이차적으로 여기는 것입니다. 하나님께 드리는 예배를 하나님에 대한 의식이 없는 이들의 환심을 사는 수단으로 사용하는 것은 하나를 얻으려다 모든 것을 잃는 것과 같은 일입니다.

'열린 예배'와 같은 형식을 정당화하는 사람들이 나름대로 내세우는 또 하나의 근거는 하나님께 드리는 예배에 기쁨이 있어야 한다는 것입니다. 일리가 있는 말입니다. 그런데 문제는 그런 예배 방식이 주는 기쁨이 정말 하나님을 대면하여 얻는 기쁨인가, 아니면 다분히 인위적으로 감정을 자극하여 만들어 낸 흥분인가 하는 점입니다. 우리는 자칫 감성을 자극하는 예배 인도자들의 능수능란한 기술, 무대의 조명과 음향이 만드는 분위기와 거기에 취한 사람들 사이에 있음으로써 발생하는 공명(共鳴) 효과에서 오는 기쁨을 하나님이 주신 것으로 착각할 수 있습니다.

예배 중에 얻는 하나님을 만나는 기쁨은 언제나 하나님을 향한 진지한 경외감을 동반합니다. 하지만 '열린 예배'를 표방하는 이들은 이런 경외감을 구시대적인 유물처럼 여기며 무시합니다. 그들은 경건한 두려움을 갖게 하는 예배는 너무 정적이고 무겁다고 불평하면서 비정상인 것으로 치부합니다. 하지만 성경은 이에 대해서 분명한 가르침을 줍니다.

"경건함과 두려움으로 하나님을 기쁘시게 섬길지니 우리 하나님은 소멸하는 불이심이라"(히 12:28-29).

하나님께 드리는 예배 속에는 기쁨과 두려움이 함께 있어야 합니다. 전자만 강조하고 그것을 인위적으로 선동하는 예배는 진짜 예배가 아니고 거기서 누리는 기쁨도 진짜일 수 없습니다. 물론 진지함과 두려움만을 강조하고 그런 분위기를 인위적으로 만들어 낸다면 그것 역시 잘못입니다. 실제로 '정통'이라는 틀에 갇혀 성령의 역사로 말미암은 어떠한 기쁨도 누리지 못하는 이들도 있습니다. 그러나 그에 대한 반작용으로 '열린 예배'와 같은 예배 형식을 좋고 옳은 것이라고 말할 수는 없습니다. 참된 교회와 예배의 기준은 늘 하나님의 말씀이어야 합니다.

성경은 기쁨만 강조하지 않습니다. 더구나 성경이 말하는 예배 속에서의 기쁨은 인위적인 기쁨이 아니라 참되신 하나님의 은혜로우심을 맛봄으로써 생기는 기쁨입니다. 그런 기쁨은 하나님에 대한 깊은 존중에서 오는 두려움과 분리되지 않습니다. 우리는 하나님을 진실하게 예배할 때에만 이 두 가지 감정을 경험할 수 있습니다. 참되게 예배하는 자만이 자신 같은 죄인을 여전히 기다리시며 은혜를 주시는 지극히 자비로우신 하나님으로 인하여서 기쁨을 맛보게 됩니다. 그뿐 아니라 참되게 예배하는 자는 지극히 거룩하시고 소멸하는 불이신 하나님을 의식함으로써 경건한 두려움도 갖게 됩니다.

하나님께 드리는 예배는 우리가 임의로 정한 무엇으로 드리는 것이 아니라 하나님이 정하신 것으로 드려야 합니다. 하나님이 정하시고 허락하신 조건 가운데 나아갈 때에야 하나님이 받으시는 예배다운 예배를 드릴 수 있게 됩니다. 구약에 하나님의 제단에서 취하지 않은 불로 하나님께 분향했다가 죽은 아론의 두 아들 나답과 아비후를 기억하십시오. 하나님은 반드시 자신이 정한 불로 나오라고 하셨습니다. 그래야 참된 예배가 되는 것입니다.

예수님도 참된 예배는 신령과 진정으로 드리는 예배라고 말씀하셨습니다(요 4:23). 주님이 말씀하신 신령과 진정에는 경건과 두려움의 요소가 담겨 있습니다. 경건함과 두려움을 담은 신령과 진정으로 예배하는 가운데서 우리를 만나 주시는 하나님을 알고 기뻐하는 것이 참된 예배의 기쁨입니다. 그런 기쁨이 있는 예배가 거룩하신 하나님 앞에 드리기 합당한 것이요, 그런 예배를 하나님이 우리 중에서 찾으시고 받으십니다.

예배는 주님이 허락해 주신 은혜의 방편

그리스도의 몸에 속한 지체들의 활동과 생활의 중심은 하나님을 경외하며 드리는 예배입니다. 교회의 지체 된 자들에게 예배는 선택이 아니라 성령의 역사 안에서 기쁨과 두려움으로 기꺼이 드려야 하는 것입니다. 그것이 교회가 가진 생명을 가장 결정적으로 나타내는 것입니다. 예배를 진지하게 생각할 줄 모르는 사람은 성령의 역사와 무관한 자이거나 중심적인 생명의 활동을 방해하는 여러 장애물에 넘어져 빗나간 신앙생활을 하고 있는 것입니다.

우리는 우리의 예배가 필요하신 주님께 예배를 드려 주는 것이 아닙니다. 예배의 본질은 그와 정반대입니다. 예배는 주님이 우리의 필요 때문에 허락해 주신 은혜의 방편입니다. 우리가 그리스도의 구속을 믿고 하나님을 알게 된 후에 가장 먼저 깨닫게 되는 사실 중 하나는 우리가 하나님 없이는 살 수 없는 존재라는 것입니다. 우리는 신자로서 하나님의 하나님 되심의 가치를 알 뿐 아니라 동시에 하나님 없이 설 수 없는 자신의 존재 또한 알게 됩니다. 한순간이라도 주님의 도우심과 인도가 없다면 생명의 길을 갈 수 없고 멸망할 수밖에 없다는 것을 알게 됩니다.

하나님은 그런 우리에게 예배라는 방편을 허락하시고, 거기서 은혜 받으며 경건한 신자로 세워질 수 있도록 이끄십니다. 예배는 하나님이 우리와 만나 은혜를 주기 위해서 정하신 것입니다. 신자는 예배를 통해 실제로 하나님만이 자신을 살리시는 것을 인정하며 은혜를 경험합니다. 신자는 새찬송가 9장의 가사처럼 '주 앞에 나올 때 우리 마음 기쁘고 그 말씀 힘 되어 새 희망이 솟는' 자입니다. 하나님이 자신에게 얼마나 필요한 분이신지를 알고, 예배를 통해 하나님이 그 필요를 풍족히 채워 주시기를 구하며 기꺼이 주께로 나아가야 합니다.

이런 예배가 삶의 중심에서 사라지면 신자의 영혼은 주리고 갈팡질팡하며 혼란과 메마름에 빠지게 됩니다. 하나님이 베푸시는 은혜에 의존하여 사는 자가 예배를 잃어버리면 돈을 벌어도, 사회적인 성공을 이루어도 영혼이 공허하고, 가장 친밀했던 관계들조차 위로가 되지 못하고 꼬이며 무너지는 것을 경험하게 됩니다.

이처럼 교회는 예배 가운데 그리스도의 생명의 역사를 풍성하게 경험합니다. 그리스도의 몸의 지체 된 자들 안에서 역사하시는 성령께서는 예배를 통하여 신자의 영적인 생명을 풍성케 하시고, 그들의 삶에 절실하게 필요한 하나님의 은혜를 베푸십니다. 그러므로 교회의 지체 된 자들은 항상 예배를 자신의 중심에 두고, 그것을 기쁨으로 삼아야 합니다. 그리스도의 몸인 교회의 영광은 무엇보다 하나님을 경외하며 예배하는 데 있습니다. 우리는 그 가운데서 하나님을 만나며, 은혜를 덧입고, 그분과 교통하는 복을 얻습니다. 그것이 우리 삶의 생기요, 구심점이 되어 이 척박한 세상에서 흔들리지 않고 살아가게 합니다.

우리는 예배 중에 교회에 베푸시는 주님의 은혜와 성령의 교통하시는 역사를 경험해야 합니다. 예배를 드리는 우리의 마음에 다음과 같은 고백이 있어야 합니다. "우리의 자랑과 기쁨은 생명의 하나님이십니다. 그러하신 하나님, 우리의 예배를 받아 주시옵소서!" 우리가 하나님 앞에 이런 의식을 가지고 기쁨과 경건한 두려움을 함께 경험하는 산 예배를 드리기를 소망합니다.

교회는 성령의 역사 속에서 이와 같은 한마음으로 예배할 때 참되게 세워집니다. 반면 이런 예배가 없다면 아무리 많은 사람이 모여도 참 교회로 설 수 없습니다. 우리는 하나님 앞에서의 경솔함과 교만하고 냉담한 마음을 거두고 참된 예배를 위해 힘써야 합니다. 오직 거룩하신 주님 앞에서 겸손과 경건한 두려움으로 주님의 은혜를 덧입기를 구하고, 그런 우리를 만나 주시는 자비로우신 하나님으로 인한 기쁨을 구해야 합니다. 우리 모두가 그런 예배를 드리는 참교회로 세워져 나가기를 소원합니다.

참된교회로 돌아오라

CHAPTER 8

하나님을 향한 활동 2
: 하나님의 말씀을 따름

부르심에 합당하게 행하라

"그러므로 주 안에서 갇힌 내가 너희를 권하노니 너희가 부르심을 받은 일에 합당하게 행하여"(엡 4:1).

누구나 예수님을 믿기 전에는 자신을 독립적인 존재로 생각하며 살아갑니다. 고작 몇십 년간 형성된 유한한 배움과 경험에 따라 스스로 하나님이라도 된 것처럼 자기 생각대로 옳고 그름을 말하고, 자기 뜻을 모든 판단의 기준으로 삼고 살아갑니다. 그러나 예수 그리스도를 믿게 된 신자의 삶은 이전과 같지 않습니다.

신자의 삶은 교회의 머리요, 만물의 머리이신 그리스도의 몸에 속한 지체로서 하나님을 섬기고, 그분의 말씀을 따르는 삶입니다. 또한 신자는 그리스도의 몸인 교회의 지체로서 모든 시간과 영역에서 교회와 관계된 삶을 삽니다. 그렇게 신자의 모든 삶은 교회라는 몸의 활동에 포함됩니다. 신자요, 교회에 속한 지체로서 갖는 활동 중에 가장 중요하고 우선 되는 것은 하나님을 향한 활동입니다. 그중에서 교회에 대한 성령의 역사하심에 따라 그리스도의 몸의 지체들이 '부르심에 합당하게' 행하는 내용에 대해 살펴보려고 합니다.

교회 안에 있는 성령의 역사에 따른 지체들의 반응을 이해하는 것은 매우 중요합니다. 앞서 이야기했듯이 교회와 교회의 지체로서의 활동들은 모두 성령의 역사하심과 밀접하게 관련되어 있기 때문입니다. 우리는 뒤이어 살펴볼 교회의 다른 모든 활동들의 기초인 성령의 역사를 잘 이해해야 합니다.

성령께서는 부르심을 받은 신자들이 '부르심에 합당하게' 행하도록 하십니다. 성령께서 이런 역사를 일으키시는 범위는 넓은 의미에서 하나님을 향한 활동, 지체를 향한 활동, 세상을 향한 활동을 망라합니다. 특히 에베소서 4장에서 이어지는 문맥은 주로 지체들에 대한 활동을 언급합니다. 하지만 하나님의 부르심에 합당하게 행하는 것의 시작과 중심에는 하나님을 경외하고 진정으로 예배하는 것이 있습니다. 성령께서는 하나님을 향한 예배를 바로 서게 하시는 가운데 우리를 부르심에 합당하게 행하도록 이끄십니다.

이때 반드시 강조되어야 할 내용이 바로 성령께서 허락하신 말씀을 듣고 반응하는 활동입니다. 성령께서는 교회와 지체들의 모든 활동들과 삶에 역사하시는데, 특히 그 모든 일들을 말씀을 통해서 하십니다. 이는 성령의 감동하심으로 기록된 하나님의 말씀을 통해서 우리의 이지를 깨우고, 정서를 감동시키며, 깨닫고 감동된 바를 행동으로 실천할 의지를 발휘하도록 역사하신다는 의미입니다.

그리스도의 몸인 교회의 진정한 활동은 모두 성령 하나님이 각 신자의 인격 안에 거하며 역사하심으로써, 특별히 그분의 말씀으로 감화 감동하심으로써 하나 됨과 거룩함을 이룰 수 있습니다. 이것은 세상의 다른 집단에는 없는 교회의 신비입니다. 다른 집단과 조직 안에서 각 사람이 맡은 책임의 기준은 정해진 매뉴얼이나 자기 임의적인 판단에 달려 있습니다. 하지만 교회는 한 성령님의 말씀과 그것을 통한 감화, 감동으로써 온 지체가 한 생명 안에서 유기적으로 움직입니다. 따라서 교회에 속한 지체들의 활동은 우리 각 사람의 죄악된 본성을 넘어서 하나님의 뜻을 따르는 거룩한 일체성을 갖게 됩니다.

말씀으로 우리 안에 역사하신다

그리스도의 몸의 신비는 성령께서 하나님의 말씀으로 우리 안에 역사하심으로써 자기 마음대로 행하고자 하는 우리의 본성을 넘어서게 하시는 데 있습니다. 성령께서는 말씀으로 우리의 마음을 주장하심으로써 하나님을 경외하는 것이나 하나님을 자발적으로 예배하는 등 인간의 본성에서는 나오지 않는 모습을 갖게 하십니다. 이런 역사 때문에 그리스도의 몸에 속한 신실한 지체들은 사회에서는 대접받는 지위에 있을지라도 시간을 들여 교회를 위해 허드렛일을 하기를 마다하지 않습니다. 때로는 교회를 섬기는 다수의 지체들이 한 영혼을 위해 힘써 수고하기도 합니다.

교회의 지체 된 자들의 삶에는 성령께서 주시는 감화와 감동에 따라 말씀에 순종하여 행하는 것이 있어야 합니다. 교회는 이런 보이지 않는 근원과 원리에 의해서 유기적으로 움직이며 머리 되신 그리스도를 높이고 하나님을 영화롭게 하는 한 방향성과 목적을 나타냅니다.

우리는 이런 사실에 비추어 교회를 인위적으로 구성하고 움직이려는 여타의 시도들을 냉정하게 되돌아보아야 합니다. 오늘날 여러 사람들이 교회의 위기를 운운하면서도 자신의 의협심, 기술과 재능 있는 인재들, 돈 등으로 교회를 새롭게 하려는 일들을 많이 합니다. 그런 것들로 교회의 외형적 개혁은 어느 정도 가능할 수 있습니다. 그러나 교회의 참된 변화와 정상적인 활동은 오직 말씀을 통한 성령의 역사하심을 통해서만 가능합니다. 참된 교회는 외적인 조직의 변형과 운영 방식의 변화가 아니라 각 지체들이 하나님의 말씀을 듣고 그것을 통한 성령의 역사에 인격적으로 순종하는 가운데서 유기적으로 세워져 갈 수 있습니다.

그런 교회의 생명의 근원과 원리를 무시하고, 교회를 활기차게 하기 위해서 세상의 다른 기관과 단체들처럼 조직과 제도를 정비하고 교회의 외형을 그럴듯하게 꾸미고 영화관같이 안락한 좌석을 설치하는 것은 무익한 일입니다. 사람이 많아지고 인간적인 관점에서는 성공이라 할 만한 결과는 얻을 수 있을지 모르지만 그런 식으로 참교회를 이룰 수는 없습니다. 우리는 참교회를 세워 가기 위해 교회의 본질이 무엇인지를 기억하고 끊임없이 생각하며 행해야 합니다.

교회의 조직과 제도, 프로그램의 변화를 시도하고 직분자를 선출하는 일도 마찬가지입니다. 그런 것들이 일시적으로 교회에 활기를 불어넣을 수는 있지만 그렇다고 교회가 교회다워지는 것은 아닙니다. 교회는 교회의 구성원들이 그리스도의 몸의 지체로서 성령께서 말씀으로 자기 안에 역사하심을 알고 그에 따라 하나의 유기체로서 함께 움직일 때에야 교회다워질 수 있습니다.

이 땅에 완전한 교회는 없을지라도 참된 교회를 추구하고 그에 합당한 모습을 가질 수는 있습니다. 우리는 우리의 교회가 교회다워지도록 하기 위해서 오직 성령께서 기록된 말씀을 통하여 우리를 깨우치시고 감동하게 하시는 역사를 따라 각자 그 말씀에 순종하여 행해야 합니다. 성령께서 하나님의 말씀으로 감동하시면 우리는 하나님을 잘 섬기고자 하는 같은 마음으로 각자에게 주신 은사를 따라 다양한 영역에서 다양한 방식으로 주님의 뜻을 실현해 나갑니다. 유기체로서 다양성과 통일성을 가진 한 몸을 이루어 가는 것입니다. 이것은 교회가 가진 참으로 놀라운 특성입니다.

교회다움을 방해하는 것들

그런데 의외로 교회가 하나님의 말씀을 진심으로 따르며 교회다움을 갖게 되는 것을 비현실적인 일로 여기는 경우가 많습니다. 그래서 많은 교회들이 성령께서 말씀을 통해 각 심령 안에서 역사하시는 방식으로 교회다움이 이루어지기를 기대하고 힘써 순종하기보다 오히려 부수적이고 외적 수단에 더 큰 관심과 기대와 열심을 둡니다.

  물론 당장은 그런 것들이 더 즉각적인 효과를 일으키는 듯이 보일 수 있습니다. 각 지체들이 하나님의 말씀을 따라 유기적으로 움직이며 참된 교회의 모습을 갖는 것은 상대적으로 훨씬 더 많은 시간과 노력을 필요로 하는 것이 사실입니다. 저마다 나름의 생각과 고집을 가진 인격들이 하나님의 말씀에 순종하기까지는 이지와 정서, 의지에 걸쳐 전인격적인 다루어짐이 필요하기 때문입니다. 그러나 참된 말씀과 성령으로 거듭난 자라면 시간이 좀 걸려도 반드시 변하게 됩니다. 하나님의 말씀을 따라 움직이는 지체는 처음에는 다소 수동적으로 보일지라도 결국 성숙하게 됩니다. 이런 변화와 함께 교회가 교회답게 세워지는 것입니다.

  그런데 많은 사람들이 이런 교회의 참된 변화와 생명력 있는 활동에 걸리는 시간을 견디지 못합니다. 어떤 극적인 변화만을 원합니다. 그러나 교회는 규모만으로 평가할 수 없는 유기체입니다. 성령께서 각 지체들 안에 말씀에 따른 인격의 변화를 일으키시어 하나의 몸으로서 움직이게 하시는 통일성 있는 유기체입니다. 이 유기체는 머리 되신 그리스도를 높이고 하나님의 영광을 드러내는 방향성과 목적을 가집니다. 당장 눈에 띄는 성과만을 좇아 말씀으로써 인격적인 변화를 주도하시는 성령의 역사를 무시하고 인위적인 수단만을 사용하는 것은 외형을 위해 교회의 생명과 본질을 포기하는 꼴입니다. 말씀을 통한 사람의 변화, 성령 하나님에 의한 변화가 아니면 결국 껍데기만 움직이는 것입니다.

말씀을 따라 움직이는 공동체

진실한 교회는 각 지체가 지닌 인격의 중심이 하나님의 말씀에 순복하고 따르는 움직임을 갖습니다. 그것이 부르심에 합당하게 행하는 것이기 때문입니다. 말씀에 반응하여 하나님을 진실로 예배하고, 그분이 자신의 진정한 생명의 주이심을 기뻐하고 감사하며, 다른 영혼들을 사랑하고 섬기는 유기체가 바로 교회입니다.

교회는 강요에 의해서 움직이는 공동체도, 각자의 개인적인 소원 성취를 위해 모인 무리도 아닙니다. 교회는 하나님을 경외하며 그의 말씀을 따라 움직이는 공동체요, 성령 하나님으로 말미암아 감화되고 변화된 인격으로 하나님의 영광을 위해 움직이는 유기적인 몸입니다. 하나님의 말씀과 성령의 감동을 따라 움직이는 이 몸의 지체들이 구하는 만족의 대상은 오직 하나님입니다.

반면 성령의 일하심 아래 있지 않은 자들은 자기 자신을 만족의 대상으로 삼습니다. 자신이 새벽 기도회에 빠지지 않고, 봉사를 많이 했다는 사실 자체가 그의 신앙의 기쁨이고 만족입니다. 어떤 사람들은 그런 동기를 통해서라도 하나님께 나와서 기도하고 열심을 내는 것이 좋지 않느냐고 생각할 수 있습니다.

물론 때로는 외적인 열심에 대한 요구도 필요합니다. 우리의 생활을 약함과 죄성을 가진 본성에 이끌려 가도록 방치하는 것은 바람직하지 못합니다. 그러나 자기중심적인 동기와 목적을 가지고 자기 식대로 일하는 열심은 아무리 겉보기에 대단한 것이라도 성령께서 역사하시는 참된 교회를 이루지 못합니다. 우리는 처음부터 명확한 기준을 가지고 신앙생활을 해야 합니다.

우리가 참교회로 세워지기 위해서는 우리를 교회의 지체로 부르신 부르심에 합당하게 행해야 합니다. 즉 하나님의 말씀을 듣고 진실로 그 말씀에 따라서 행해야 합니다. 성령 하나님은 그리스도의 몸의 지체 된 자들 안에서 역사하시고 교회 전체에 생기와 교회다움을 드러내십니다.

우리는 세상 사람들처럼 자기중심적인 동기와 방식으로 행하는 자들이 아닙니다. 교회의 지체된 자의 활동과 삶은 하나님의 말씀에 따르는 것입니다. 다름 아닌 하나님의 말씀이 교회의 지체 된 자들의 활동과 삶을 규정하고 방향을 제시하는 것입니다. 그리스도의 몸의 지체들에게 하나님의 말씀은 절대적인 위치를 차지합니다. 하나님의 말씀을 음식처럼 먹지 않으면 삶의 방향을 잃고 혼란에 빠지며 힘을 잃게 됩니다.

물론 신자에게도 일시적인 영적 침체가 있을 수는 있습니다. 하지만 그런 침체는 결코 그리스도의 몸인 교회의 지체로서 지속해야 할 정상적인 모습이 아닙니다. 머리 되신 그리스도의 다스리심을 의식하지 않고, 말씀을 통해 성령께서 일하시는 것을 제한하거나 무시하며 거룩한 소욕을 따르지 않는 신자의 상태는 회개하여 돌이켜야 할 모습입니다.

이것은 과장된 엄격함이나 무리한 요구가 아닙니다. 신자는 말씀으로부터 멀어진 자신의 영혼과 삶을 아무 문제없는 것으로 생각할 수 없는 것입니다. 성령께서 하나님의 말씀을 통해 하시는 역사를 사모하고 그 말씀을 듣고 순종하기를 힘쓰는 것은 교회의 지체 된 자 모두에게 있어야 할 하나님을 향한 중요한 활동입니다.

말씀을 따라 사는 참된 신자의 삶

그리스도의 몸의 지체 된 자들은 주님이 말씀하신 대로 떡으로만 살지 않고 하나님의 입으로 나오는 모든 말씀으로 삽니다(마 4:4). 기록된 말씀을 통하여 성령께서 하시는 말씀을 듣고 그에 따라서 행하는 것은 앞으로 살펴볼 모든 교회의 지체 된 자들의 생활의 기초입니다. 이후로 다루게 될 교회의 모든 활동은 다 하나님의 말씀을 따르는 것들입니다.

마치 손과 발이 머리의 지시를 따라서 움직이는 것처럼 그리스도의 몸의 지체들은 하나님의 말씀을 따라 움직입니다. 머리이신 그리스도께서 성령과 말씀으로 온몸을 움직이시는 것입니다.

말씀으로 사는 것은 우리가 그리스도의 몸의 지체가 되기 전과 후의 가장 분명한 차이입니다. 그리스도께 속한 지체들은 이전과 달리 모든 삶의 기준과 근거와 목적을 말씀에 두고, 교회와 관련되어 삽니다. 성령의 인도하심을 받는 그리스도의 몸의 지체는 하나님의 말씀을 따라 자신의 삶의 방향과 내용을 결정합니다. 비록 이 땅에서의 삶 동안 신자가 완전한 모습을 보이는 것은 아니지만 감지할 수 있을 만큼 분명한 변화를 말씀을 통하여 갖게 됩니다.

성경은 이런 면에서 부득불 참신자와 거짓 신자를 나누어 말합니다. 진짜 몸에 속한 자와 아닌 자를 말합니다. 마지막에 우리가 주님 앞에 설 때 모든 사람은 두 그룹으로 나뉘게 될 텐데, 교회 안에 있는 사람부터 먼저 나뉘게 될 것입니다. 거기서 자신이 예수의 이름으로 무엇도 하고 교회 안에서 중직을 맡았다고 하소연해도 주께서 "내가 너를 도무지 알지 못한다"(마 7:21-23)고 하시는 일이 있을 것입니다. 그가 하나님의 뜻대로 행하지 않았기 때문입니다. 곧 하나님을 말씀을 따르지 않은 것입니다. 이것은 결정적인 기준이 됩니다.

그리스도의 몸의 지체는 하나님의 말씀을 따라 삽니다. 지체가 되기 위해 하나님의 말씀을 따르는 것이 아니라 지체로 부름 받아 지체 된 자이기 때문에 하나님의 말씀을 통하여 성령께서 그 안에 역사하시는 것입니다. 어떤 사람의 삶의 내용과 활동의 근원에 말씀과 성령의 역사가 없다면, 그에게 예수님의 이름으로 행한 업적이 있고 선지자 노릇을 한 경력이 있어도 모두 주님과 관계가 없는, 주님이 도무지 알지 못하는 자로서의 일이 되는 것입니다.

오른편의 양들은 이 땅에서 성령께서 그분의 말씀을 통해서 주시는 인도를 따라서 인격적으로 순복하였던 자들이고, 왼편에 있는 자들은 겉으로는 교회에 나와 말씀도 듣고 교회의 일을 하기도 했지만 여전히 자기중심적이었던 자들입니다(마 25:31-46). 우리는 이 땅에서 전자와 후자를 정확하게 알아보기 어렵지만 주님은 아십니다. 우리가 본성을 따라 자기중심적으로 사는 자인지, 말씀으로 다스리시는 성령 하나님의 주권에 순복하는 자인지를 아십니다.

우리가 완전할 수는 없습니다. 그러나 우리 모두 누군가의 강압이나 자기중심적인 동기에서가 아니라 말씀으로 우리 안에 은밀하지만 분명하게 역사하시는 성령을 따라 행하는 참된 신자로 바로 서야 합니다. 그리스도의 신실한 말씀을 따르는 기꺼운 삶을 통하여 그분의 머리 되심을 나타내는 교회가 되기를 소원합니다.

참된교회로 돌아오라

CHAPTER 9

공동체 안에서의 활동 1
: 지체의 성품과 교회의 연합

겸손과 하나 됨

"모든 겸손과 온유로 하고 오래 참음으로 사랑 가운데서 서로 용납하고 평안의 매는 줄로 성령이 하나 되게 하신 것을 힘써 지키라"(엡 4:2-3).

앞서 우리는 하나님을 향한 교회의 지체로서의 활동을 하나님을 경외하며 예배하는 것과 하나님의 말씀을 따라 사는 것으로 나누어 살펴보았습니다. 이 두 가지는 이제부터 살펴볼 교회의 다른 활동들의 중요한 전제요, 뿌리입니다. 따라서 우리는 하나님을 향한 활동이 정말 우리에게 뚜렷하고 왕성하게 일어나고 있는지를 살펴야 합니다. 이제부터 다룰 활동들은 그 위에서만 진실하고 열정적으로 이루어질 수 있기 때문입니다.

그리스도의 몸인 교회의 생명은 하나님과의 관계에 뿌리를 두고 있습니다. 그리고 그 생명은 주님의 몸에 속한 다른 지체들을 향한 활동을 통해서도 나타납니다. 신자들이 주일 예배 때마다 하는 신앙고백에서 '성도가 서로 교제하는 것'이란 그리스도의 몸의 지체 된 자들이 유기적인 관계 속에서 갖는 서로를 향한 활동을 의미합니다. 정상적인 교회는 이 사실을 믿을 뿐만 아니라, 또한 그 믿음을 따라 행합니다.

그리스도의 몸 안에 있는 지체는 서로 교제하는 것, 곧 다른 지체들과 연합하는 활동 없이는 바로 설 수 없습니다. 만일 참된 믿음으로 하나님의 구속에 참여한 자가 일시적으로 다른 지체들과 단절된 현실에 있다면 그는 반드시 그런 상태를 극복하기 위해 힘써야 합니다. 왜냐하면 그런 상태는 교회를 향한 하나님의 뜻을 거스르는 것이요, 그리스도의 은혜와 성령의 계속적인 이끄심에 반하는 것이기 때문입니다.

성도 간의 교제 또는 서로를 향한 활동은 에베소서 본문이 말하는 "성령이 하나 되게 하신 것을 힘써 지키라"는 명령과 결부되어 있습니다. 그리스도의 몸의 지체는 개인적인 일들에만 얽매여 사는 자가 아니라 다른 지체를 향한 역할과 책임을 가진 자입니다. 우리는 스스로를 그런 자로 여겨야 합니다. 교회의 지체 된 자는 어떤 어려움에 부딪히더라도 성령께서 하나 되게 하신 것을 지키기 위해 다른 지체들과의 교제에 힘써야 합니다.

성령의 인도를 받는 그리스도의 몸의 지체들은 서로 연합하는 가운데 각각의 은사를 가지고 다양하게 교회와 다른 지체들을 섬깁니다. 성령의 하나 되게 하시는 역사를 따라 서로 간의 연합을 위해 힘쓰는 것입니다. 이런 연합은 자동적으로 이루어지는 것이 아닙니다. 이 연합은 성령께서 교회를 하나 되게 하심으로써 그리고 교회에 속한 지체들이 힘써 그 일에 동참함으로써 이루어집니다. 지체들은 성령께서 주시는 특별한 성품과 그에 따른 태도를 서로를 향해서 나타냄으로써 성령께서 하나 되게 하신 것을 지키는 일을 하고, 이를 통해 교회의 연합이 구체화되는 것입니다.

연합의 상함과 깨어짐

본문은 이것을 명령어로 표현합니다. "성령이 하나 되게 하신 것을 힘써 지키라." 이 표현의 숨은 의미는 우리가 이 명령대로 성령께서 하나 되게 하신 것을 힘써 지키지 않으면 문제가 생길 수 있다는 것입니다. 그 문제는 물론 연합의 상함과 깨어짐입니다. 실제로 오늘날 교회에는 이런 일이 심심치 않게 벌어지고 있습니다.

최근 법원들은 교회와 관련된 엄청나게 많은 소송들 때문에 골머리를 앓고 있습니다. 얼마 전까지만 해도 법원은 교회 문제는 교회법에 따라 당사자들끼리 해결하도록 돌려보내는 것을 원칙으로 했습니다. 사실 교회에는 교회 내에서 발생하는 갈등을 조정하고 판결해 주는 교회법과 절차가 있습니다. 그런데 교인들이 서로에 대한 불신의 수위가 높아져 이제는 교회의 제도와 절차도 믿지 못하게 된 것입니다. 성경은 분명히 교회 내에서 생긴 서로 간의 문제를 세상 법정으로 가져가지 말라고 말하지만, 그런 하나님의 말씀은 무시됩니다(고전 6:1-7).

본문의 "힘써 지키라"는 말은 이런 부정적인 가능성을 염두에 둔 명령입니다. 바울 당시 고린도 교회에는 사람들의 마음이 나뉘어 서로 자신은 "바울파다", "아볼로파다", "게바파다" 주장하며 다투는 일이 있었습니다. 그런데 이런 어리석음이 오늘날 교회 안에서도 자신의 선호나 입장을 고집하는 가운데 반복되고 있습니다. 바울과 아볼로 같은 교회의 교사와 지도자들은 특정 개인이나 그룹의 입장을 대변하기 위해 있는 자들이 아닙니다. 오히려 교회를 한 몸으로 부르신 머리 되신 그리스도를 위해 일하는 도구입니다. 그럼에도 그런 일꾼들의 이름을 내세우면서까지 서로를 나누고 반목하는 일을 하는 것입니다.

뿐만 아니라 한 교회 안에서 뜻과 성향이 맞는 사람들끼리 어울리고 비슷한 계층끼리 뭉치는 일도 있습니다. 교수는 교수 그룹, 의사는 의사 그룹 등으로 모입니다. 영국의 웨스트민스터 채플에 부임했던 로이드존스는 그 교회 안에 기존에 있던 각종 모임들을 깨트리려고 무척 애썼습니다.

그러나 교회는 취향대로 끼리끼리 뭉치는 공동체가 아니라 예수님 때문에 모인 공동체입니다. 우리가 교회로 모이게 된 근거와 목적과 방향성을 망각한 채 교회 공동체의 모임을 사적인 필요나 원함에 따라 형성하거나 죄를 공유하는 쪽으로 끌어가는 것은 그리스도를 반대하고 미워하는 쪽에 서는 것입니다. 주님의 몸인 교회를 해하고자 하는 사탄의 도구로 사용되는 것입니다.

마음 맞는 사람들과 연대하는 것이 무슨 큰 문제인가 하고 생각할지 모르지만 그런 어울림은 결국 교회의 유기체적인 통일성을 무너뜨리게 됩니다. 그런 분파들은 필연적으로 하나 되게 하시는 성령을 거슬러 교회의 진정한 영적 생기를 훼손시키는 많은 문제들을 일으키게 됩니다. 바울은 이런 위험을 예견하고 신자는 성령께서 하나 되게 하신 것을 힘써 지키라고 권한 것입니다.

성령의 하나 되게 하신 것을 지키는 길, 겸손

성경은 성령께서 하나 되게 하신 것을 힘써 지키기 위해 교회의 지체들에게 몇 가지 중요한 내적 성품과 태도를 요구합니다. 겸손, 온유, 오래 참음, 사랑 등이 그것입니다. 여기서 중요한 것은 이런 성품은 성령께서 거하시는 그리스도의 지체가 아니면 가질 수 없다는 사실입니다. 이런 권면은 그리스도의 몸에 속한 지체들에게만 해당됩니다.

그중에서도 본문이 그리스도의 몸의 지체 된 자들에게 가장 먼저 요구하는 것은 겸손입니다. '겸손'이란 우리에게 낯선 말이 아닙니다. 하지만 실제로 그러한 성품을 갖는 것은 매우 어려운 문제입니다. 특히 오늘날 세상의 시대정신은 은근히 겸손을 어리석은 것으로 여깁니다. 경쟁 사회에서 거추장스럽고 불필요한 덕목으로 취급됩니다. 그래서 이제는 교회 안에서도 겸손보다 자신만만하게 밀어붙이는 당당함을 더욱 값진 것으로 생각하는 사람들이 많아졌습니다.

그러나 세상이 겸손을 유익 없는 유약한 것으로 보더라도 그리스도의 몸인 교회의 지체들은 겸손한 성품을 가져야 합니다. 왜냐하면 그것이 성경의 가르침이기 때문입니다. 본문은 교회의 하나 됨을 지키기 위해 우리에게 있어야 할 성품으로 겸손을 가장 먼저 언급합니다. 이후에 흔히 최고의 덕목이라고 불리는 사랑도 나오지만, 사랑 역시 겸손을 내포한 사랑이어야 합니다. 사랑이 아무리 값진 것이라 한들 겸손 없는 사랑은 단순히 이기적인 감정일 뿐입니다. 실제로 고린도전서 13장에서 말하는 사랑 속에는 겸손이 있고, 그것을 중심에 두고 있습니다(고전 13:4-7).

만일 지체들이 겸손을 잃고 오만함에 사로잡혀 행하면 교회의 하나 됨은 깨지고 분열이 싹트게 됩니다. 겸손을 잃어버린 인간은 고삐 풀린 자기중심성의 노예가 됩니다. 물론 자기중심성을 가지고 자신과 뜻이 맞는 사람들과 이룬 그룹 안에서 강력한 결속력을 경험할 수도 있습니다. 자기중심적인 사람들은 자주 공통의 적을 상정해 놓고 거기에 대항하며 서로 연대하곤 합니다. 그것은 성령께서 하나 되게 하시는 역사로 말미암은 성품보다 일시적으로 더 큰 단결력을 만들어 내는 것처럼 보일 수도 있습니다. 그러나 그런 것은 결코 참된 성도의 교제에 이르지 못합니다. 도리어 하나 됨을 해치는 결과에 이르게 합니다.

겸손의 이유와 기초

교회의 지체 된 자로서 교회의 하나 됨을 지키기 위해서는 반드시 겸손이 필요합니다. 하지만 우리의 본성과 세상의 흐름을 감안했을 때 이 성품을 갖추기란 결코 쉽지 않습니다. 그러므로 우리는 더욱 우리를 위해 자신을 낮추어 이 땅에 오신 우리 주 예수 그리스도를 생각해야 합니다. 우리가 어떻게 그리스도의 몸 안에 있게 되었는지를 생각해야 합니다. 우리의 겸손의 동기와 근원은 하늘의 영광을 뒤로하고 자신을 낮추어 종의 형태를 취하신 예수 그리스도께 있습니다. 우리는 자신을 지극히 낮추신 그분의 겸손으로 말미암아 구원의 은혜를 입고 교회 안에 있게 된 자들입니다. 하나님은 이런 사실에 근거하여 우리에게 겸손한 성품을 요구하십니다. 바울은 빌립보서 2장에서 "너희 안에 이 마음을 품으라 곧 그리스도 예수의 마음이니"(빌 2:5)라고 하면서 주님이 우리를 구속하기 위해 자신을 한없이 낮추신 것을 기억하고 본받으라고 권면합니다.

예수 그리스도의 낮아지심을 통해 죄에서 구원받은 자는 겸손이 어렵다고 핑계만 댈 수 없습니다. 겸손은 분명 우리의 죄악된 본성과 반대되는 성품이지만 그리스도의 몸의 지체들은 그리스도를 따라 그 마음을 품어야 합니다. 그러기 위해 자신의 죄악된 본성과 싸워야 합니다. 그렇지 않으면 우리는 자기 자신을 돌아보지 못하고 죄악된 본성을 따라 다른 지체들을 상하게 하는 일을 반복하게 될 것입니다. 고삐 풀린 우리의 본성은 이런 식으로 공동체의 연합을 흔들고 깨뜨립니다.

겸손은 쉽게 말하면 자신의 몸과 마음을 낮추는 것입니다. 우리는 구속의 은혜에 힘입어 본성을 거슬러 자신을 낮추어야 합니다. 그리스도와 그분의 은혜를 아는 자로서 그분의 낮아지심을 따라 힘써 자기를 낮추어야 합니다. 성령께서는 그리스도 안에서 우리에게 그런 마음의 동기를 갖게 하십니다. 신자는 자신의 많은 부족에도 불구하고 주께서 베푸신 은혜와 성령의 도우심으로 자신을 낮출 수 있는 자입니다.

참으로 구속의 은혜를 아는 자는

성령께서는 교회 안에 있는 지체들에게 이런 내적인 성품을 허락하심으로써 참교회를 이루게 하십니다. 우리가 그리스도의 몸 안에 있는 지체로서 자신을 낮추지 않으면 성령께서 하나 되게 하신 것을 지킬 수 없고 오히려 그것을 방해하게 됩니다. 또 우리가 교만한 마음으로 행하면 교회의 하나 됨을 손상시킬 뿐만 아니라, 결국 자기 자신도 상하게 됩니다. 스스로 괜찮다고 생각해도 자기도 모르는 사이에 은혜의 자리에서 멀어지게 되는 것입니다. 교회는 그리스도의 몸의 지체요, 거룩하신 하나님의 영적인 다스리심 안에 있는 공동체입니다. 교회에서 그 다스리심에 순복하는 자와 그렇지 못한 자는 다른 길을 갈 수밖에 없습니다.

교회는 성령의 하나 되게 하심으로써 존재합니다. 그런데 성령께서 하나 되게 하신 것은 저절로 지켜지지 않습니다. 성령께서는 교회 안의 각 지체들을 겸손히 행하게 하심으로써 자기 역사를 이루십니다. 그러므로 우리는 자신을 낮추는 것이 힘들 때마다 성령에 의지하여 주님을 묵상해야 합니다. 본래 창조주이시요, 죄 없으신 하나님의 아들로서 우리가 그 높음을 다 헤아릴 수 없을 만큼 높으신 분이 우리를 위해서 우리와 같은 종의 자리로 자신을 낮추셨습니다. 우리의 겸손이 아무리 크다 한들 그분의 낮추심에 비하면 아무것도 아닌 것입니다.

우리가 참으로 구속의 은혜를 아는 자라면 교회 안에서 세월을 보내면서도 여전히 뻣뻣하게 자신을 낮추지 못하는 상태에 머물러 있을 수 없습니다. 교회는 다른 데서 숭상 받지 못한 자아를 높이고, 다른 데서 드러내지 못한 자기 성질을 부리도록 마련된 장이 아닙니다. 오히려 밖에서 탁월하다 인정받던 자라도 교회 안에서는 그리스도의 낮추심 안에서 자기도 낮아져 겸손히 성령께서 하나 되게 하신 것을 힘써 지켜야 합니다. 교회는 내가 아니라 오직 교회의 머리 되신 그리스도를 높이는 존재로서 부름 받은 자들의 모임입니다. 그러므로 우리가 크게 겸손해진다 한들 그것 역시 특별하다 할 것이 아닙니다. 그리스도의 낮아지심에 비하면 우리의 겸손은 자랑은커녕 주님의 은혜에 대한 작은 고백에 불과합니다. 우리는 주께서 은혜로써 우리를 하나로 묶으신 것을 기억하고 겸손히 행하며 이 하나 되게 하신 것을 지켜 나가야 합니다. 존 맥아더는 이와 관련하여 다음과 같이 이야기했습니다.

"그리스도인인 우리들은 모두 그리스도의 몸 안에 있습니다. 그러나 실제적으로 어떻게 우리는 연합을 이룹니까? 그것은 나 자신보다 다른 사람들을 생각함으로써 이룰 수 있습니다. 자신의 자존심과 자신의 문제에 대해서 고려하지 마십시오. 너무 자기중심적으로 모든 것을 생각하지 마십시오. 자신에 대해서는 잊으십시오. 여러분 중에 어떤 사람은 '어느 정도 겸손해져야 합니까? 그러다 짓밟힐 수도 있지 않습니까?'라고 물을지도 모릅니다. 그렇다면 짓밟히십시오. 당신은 하나님이 당신을 회복시킬 수 있다는 사실을 믿지 않습니까?"

하나님은 우리를 짓밟힌 그 자리에 그냥 놔두시지 않습니다. 우리는 이미 받은 은혜뿐 아니라 또한 지금도 우리를 선대하시고, 장래에도 선대하실 하나님을 기억해야 합니다. 그래서 조금 어렵더라도 주님을 의지하여 필요하다면 짓밟히는 일도 당해야 합니다. 성도는 바울이 교회의 영광을 상하게 하느냐 차라리 불의를 당하는 것이 낫지 않느냐(고전 6:7)고 말했듯이 자기 한 사람의 자존심과 편의보다 교회의 하나 됨과 영예를 더 중요하게 여겨야 합니다. 자존심 때문에 교회의 머리 되시는 그리스도의 영광을 해치기를 마다하지 않는 자는 성도일 수 없습니다. 진실로 주를 사랑하는 자는 주를 위해 기꺼이 자신을 낮추는 자입니다.

겸손으로써 하나 됨을 힘써 지키라

그리스도께서는 십자가를 지심으로 우리를 한 몸 안에 두셨습니다. 그리고 성령께서 주님의 몸인 교회를 하나 되게 하셨습니다. 주님은 우리에게 성령께서 하나 되게 하신 것을 "힘써 지키라"고 명하십니다. 이 명령은 그것이 결코 저절로 지켜지지 않는다는 것을 말해 줍니다. 특히 우리가 겸손을 잃어버리면 교회의 하나 됨은 흔들리고 분열로 나아가게 됩니다. 교회의 분열은 이렇게 우리 자신에게 큰 해가 될 것이기에 우리는 그것을 피해야 합니다.

한번 손상된 하나 됨은 힘써 노력해도 다시 회복하기가 쉽지 않습니다. 또한 교회의 상함은 누구보다 교회를 상하게 한 당사자에게도 평생 쉽게 회복되지 않는 결과를 남깁니다. 그러므로 우리는 각 사람이 성경이 가르치는 대로 겸손히 행하여 성령께서 하나 되게 하신 것을 힘써 지켜야 합니다. 이것은 참으로 복된 일입니다.

무엇을 하나 하더라도 마음이 하나가 되어, 한 진리 안에서, 한 분 하나님을 향하여, 한 방향성을 가지고 주님을 영화롭게 하는 교회의 영적인 모습은 정말 복된 것입니다. 반면 교회 안에서 지체들의 시선과 마음이 저마다 다른 데로 향하고 자기 욕심을 따라 동상이몽으로 살아가는 것은 참으로 슬프고 교회답지 못한 것입니다. 교회의 교회 됨은 돈으로 살 수 없고, 우리의 탁월한 전략으로도 이룰 수 없으며, 오직 각 사람이 성령의 역사하심에 순복하는 가운데 변화된 성품을 가짐으로써 이루어집니다. 자아를 굴복시켜 겸손한 마음을 갖는 것은 쉬운 일이 아니지만, 그것이 참교회의 길입니다. 초대교회 때부터 줄곧 그래 왔습니다.

교회를 분열시키기 위해 혈안이 되어 있는 마귀를 거슬러 구속의 은혜와 그 은혜로 말미암은 겸손으로써 하나 됨을 힘써 지키십시오. 겸손을 위한 싸움의 고삐를 늦추지 마십시오. 주님이 다시 오실 때까지, 우리 각 사람의 인생을 부르실 때까지 다른 사람의 무엇을 보기보다 자기 자신의 겸손을 위해 힘쓰십시오. 주께서 은혜 주셔서 세월이 흐를수록 겸손이 깊어지는 참교회를 이루어 가기를 소원합니다.

온유와 하나 됨

성경은 성령께서 하나 되게 하신 것을 지키기 위해서 교회의 지체 된 자들에게 반드시 있어야 할 또 하나의 내적인 성품으로서 '온유'를 요구합니다. 우리는 흔히 온유를 부드러운 인상과 차분한 성격 정도로 생각하곤 합니다. 겉으로 거칠지 않고 폭력적이지 않은 사람을 온유하다 여기기도 하고 심지어 우유부단하거나 마음이 유약한 것을 온유하다고 하기도 합니다.

그러나 성경이 말하는 온유란 본래 야생마를 길들여 그 힘을 바르게 쓰도록 하는 데서 나온 것으로서, 자신을 통제하는 능력과 관련된 말입니다. 즉 마음의 부드러움을 가리키는 동시에 내면적 강함의 의미도 있는 것입니다. 그래서 어떤 주석가는 온유를 '격분케 만드는 자에 대해서 유순함으로 대응하며, 해를 가하려는 입장보다 오히려 해를 받으려는 입장을 취하는 것'이라고 설명했습니다.

또 어떤 사람은 '다른 사람들로부터 불쾌한 일을 당했을 때 그 불쾌한 감정을 천천히 나타내는 것이며, 앙갚음하겠다는 마음을 품지 않는 것'이라고도 했습니다. 성경은 그리스도의 몸의 지체들이 성령께서 하나 되게 하신 것을 지키기 위해서 이렇게 자신을 통제하는 능력을 가져야 한다고 가르칩니다.

온유는 매우 실제적인 상황, 예를 들어 누군가 자신을 격분하게 했거나 불쾌한 말을 했을 때 그에 대한 반응으로 요구됩니다. 그때는 바로 되받아치려는 것이 인간의 본성에 따른 일반적인 반응입니다. 물론 개인마다 정도의 차이가 있고 교회와 같은 공적인 장소에서는 잘 드러나지 않을 수도 있습니다. 하지만 보편적으로 우리의 본성은 온유와 거리가 먼 것이 사실입니다. 그럼에도 불구하고 에베소서 본문은 그리스도의 몸인 교회의 하나 됨을 위해서 자신을 다스리고 통제하는 성품과 태도를 가지라고 가르칩니다. 우리의 본성을 거슬러 반대로 행하라는 것입니다.

온유함을 갖는 힘

온유와 거리가 먼 우리의 타고난 본성에도 불구하고 이처럼 성경이 우리에게 그것을 분명하게 요구하는 것은 그럴 만한 이유와 근거가 있기 때문입니다. 그 이유와 근거는 그리스도께 있습니다. 하나님의 아들 예수 그리스도께서는 그러셔야 할 이유가 없었음에도 불구하고 자신을 적대하는 자들을 온유로 대하셨습니다. 그렇게 우리를 구원하셨습니다. 바로 그 사실이 우리로 하여금 타인에 대하여 온유하도록 합니다. 그리스도께서 우리의 죄를 사하심으로써 온유해야 할 근거가 되는 것입니다. 성령께서도 이 근거를 가지고 우리 안에서 감화 감동하시며 권면하심으로써 분을 일으키는 상황에서도 상대에게 온유함을 갖도록 힘을 주시고 이끄십니다.

그래도 우리에게 온유함은 타고난 천성이 아니기에 여전히 견지하기 쉽지 않은 태도입니다. 그래서 성경은 온유할 수 있는 근거로서 예수 그리스도를 믿어 그와 연합한 것과 그리스도의 구속하심을 말하면서 온유할 것을 명령합니다. 모든 그리스도인들이 온유할 수 있는 그와 같은 근거를 가지고 있지만 그 근거가 자동적으로 우리의 인격을 형성하는 것은 아닙니다. 따라서 성경은 우리를 상하게 하는 주변 사람들에게 실제로 온유함을 드러내야 한다고 명령하는 것입니다. 그리스도의 몸의 지체들은 이 명령을 따라 부부 관계 속에서나 자녀들에 대해서, 또는 직장과 사회 속에서 온유하게 행해야 합니다. 무엇보다 성령께서 하나 되게 하신 것을 힘써 지키기 위해 교회 안에 있는 다른 지체들을 온유로 대해야 합니다.

어떤 사람들은 온유에 대한 명령을 들으면 "그런데 저 직분자는 어떻게 저렇게 할 수 있느냐"며 따지고 싶은 마음을 갖기도 합니다. 그러나 다른 사람은 그다음 문제이고, 먼저 자기 자신부터 생각해야 합니다. 자신부터 그리스도의 몸인 교회의 하나 됨을 지키기 위해 온유함을 갖고 그것을 드러내야 합니다. 공동체 안에서 상대에 대한 불쾌한 감정을 그대로 노출하고 앙갚음을 하는 것은 누가 원인을 제공했는가를 떠나 결과적으로 분명히 지체답지 못한 행동입니다. 바로 그런 행동들로 인해 교회의 연합이 깨지는 것입니다. 그런 태도는 당사자들의 문제를 넘어서서 교회 전체에 상처를 주는 일로 확장됩니다.

물론 교회 안에서 다양한 사람들을 만나다 보면 정말 불의한 일을 경험하게 될 수도 있습니다. 하지만 그런 일들 역시 정당하고 온유한 방식으로 바로잡고 해결하고자 해야 합니다. 금세 성질을 드러내거나 겉으로는 참는 듯하나 결국에는 비수를 꽂는 것은 그리스도의 몸의 지체로서 합당치 못한 모습입니다. 우리는 자신의 성질과 기질대로가 아니라 말씀 앞에 순복하여 어떻게든 모든 상황에서 온유로 행하고자 힘써야 합니다.

성경이 말하는 온유한 자

성경은 온유와 관련된 구체적인 예를 보여 줍니다. 온유함과 관련하여 언급하지 않을 수 없는 성경 인물은 모세입니다. 모세가 원래부터 온유한 사람이었던 것은 아닙니다. 그는 이집트의 왕궁에 있을 때 한 이집트 사람이 히브리 사람을 치는 것을 보고 그를 쳐 죽였습니다.

그러나 후에 모세는 "온유함이 지면의 모든 사람보다 더하더라"(민 12:3)는 평가를 받았습니다. 이는 모세의 형인 아론과 누이 미리암이 모세의 권위에 불만을 나타내며 악한 말로 도전하였으나 그가 하나님을 의식하며 자신을 통제하는 태도를 보였을 때 하나님이 하신 평가였습니다. 당시 모세는 분명 마음이 상하고 불쾌했을 테지만 되받아치지 않았습니다. 어떤 직접적인 대응도 하지 않고 온유로 행했습니다. 그러자 하나님이 친히 아론과 미리암을 책망하셨고, 미리암은 그 방자함으로 인해 나병에 걸리게 되었습니다.

모세는 자기에게 악한 말을 한 미리암을 하나님이 직접 치신 모습을 보았습니다. 모세는 이에 대하여 '시원하다. 이번 기회를 통해서 정신 좀 차렸겠지' 하고 반응하지 않았습니다. 그는 미리암을 위해 하나님께 기도했습니다. 그러자 하나님이 모세의 기도를 들으시고 그녀를 고쳐 주셨습니다.

물론 이것은 모세의 온유함을 보여 주는 한 사건일 뿐입니다. 그러나 이 사건은 온유한 태도의 가치를 잘 보여 줍니다. 자기를 적대하고 악평했던 것으로 인해서 깨어졌던 관계가 온유한 태도로 인해 회복된 것입니다. 온유함으로 하나 됨을 지킨 것입니다.

우리는 교회 안에서 결코 서로를 비방하거나 세움 받은 자의 권위에 도전하거나 악한 말로 서로를 판단하는 일을 해서는 안 됩니다. 혹 그런 상황이 발생하더라도 참된 그리스도인들은 성령께서 하나 되게 하신 것을 지키는 문제를 먼저 생각해야 합니다. 온유함으로 반응하여 하나 됨을 지키고자 해야 합니다.

오늘날 교회에 분열하는 일들이 많이 생기는 것은 교회가 온유함을 잃어버렸다는 뜻이기도 합니다. 온유함을 잃어버리면 성령께서 하나 되게 하신 것을 바르게 지킬 수 없습니다. 우리는 자신의 개인적인 감정보다 그리스도의 몸인 교회의 하나 됨을 지키는 것이 더 중요하다는 것을 생각해야 합니다.

온유와 믿음

교회는 그저 인간적인 회집이 아니라 그리스도의 피로 값 주고 사신 하나님의 소유요, 그리스도의 몸입니다. 하나님은 교회의 지체들에게 진심으로 온유하게 행하고자 하는 마음을 주십니다. 따라서 그리스도의 몸에 속한 참된 신자는 하나님의 말씀에 진실하게 반응하며, 어떻게 하면 온유로써 하나 됨을 지킬 수 있을까를 고민하게 됩니다.

여기서 중요한 것은 그리스도의 몸으로서 신자가 가져야 할 온유함은 인간의 본성에 따른 것이 아니라는 점입니다. 온유함은 우리의 뜻과 의지만으로 되는 일이 아닙니다. 잘못 없이 비방과 모욕을 당할 때 교회를 위해 절제하며 온유로 행하는 것은 우리의 본성을 거스르는 일입니다. 성경이 말하는 온유는 그저 잘 참는 것, 마인드컨트롤을 하여 잊어버리고 마는 것이 아닙니다. 마인드컨트롤을 추구하는 요가 등의 수양 종교 활동들과 성경에서 말하는 온유는 전혀 다릅니다. 성경에서 말하는 온유는 모세가 드러낸 것과 같은 태도입니다. 모세는 자신의 결백함에 근거하여 얼마든지 반박할 수 있었고, 실제로 적극적으로 대응하고 싶은 마음이 일어났을 것입니다. 하지만 그는 하나님이 모든 것을 아시고 보신다는 것을 믿고 하나님께 맡겼습니다.

이처럼 성경이 요구하는 온유는 하나님께 맡기는 것입니다. 온유함을 위해서는 우리의 현실 중에 일어나는 일들을 하나님이 모두 아시고 보신다는 믿음이 필요합니다. 이런 믿음 없이 온유한 태도를 갖기란 불가능합니다. 성경에는 '하나님께 맡기라'는 표현이나 그런 의미를 담은 교훈이 많이 나옵니다. 이는 그저 막연하게 운명에 기대라는 말이 아닙니다. 자신의 문제를 하나님께 맡기는 것은 하나님에 대한 신뢰 위에서 가능합니다. 하나님이 어떤 분이신지를 알고 그분을 인격적으로 신뢰하지 않으면서 그분께 의탁하는 것은 불가능합니다. 하나님께 자신의 문제와 현실을 다 아시고 바르게 판단하실 지혜가 있다는 사실을 믿는 자가 그 문제를 하나님께 맡길 수 있는 것입니다. 이처럼 하나님께 맡기는 것은 믿음의 반응입니다.

하나님은 자기에게 맡긴 자들의 문제를 매우 정확하고 완벽하게 다루십니다. 성경은 하나님이 자기를 의뢰한 믿음의 사람들을 위해서 분명하게 역사하셨던 수많은 사례들을 보여 줍니다. 우리가 이런 성경의 교훈을 근거로 하나님의 성품과 지혜와 능력을 믿지 못하면 우리의 본성을 거슬러 온유로 행할 수 없습니다. 온유로 행하는 것은 철저히 우리의 믿음과 관계된 일이기 때문입니다.

성경이 말하는 온유함은 우리의 본성에 따른 것이 아니기 때문에, 우리는 자신의 성격이 온유하지 못해서 온유하게 행할 자신이 없다고 핑계할 수도 없습니다. 물론 상대적으로 성질이 더 격하고 직선적이어서 자신을 통제하는 데 어려움을 겪는 사람이 있을 수는 있습니다. 그러나 그것은 정도 차이가 있을 뿐 모든 사람이 가진 어려움입니다. 성경은 온유하기 위해 우리의 본성을 따르지 말고 하나님께 맡기라고 가르칩니다(롬 12:19, 시 37:1-6, 민 12장). 온유는 그저 개인적인 성향이나 능력이나 타고난 성품의 문제가 아닙니다. 하나님을 신뢰함으로 우리의 본성을 거슬러야 합니다.

온유와 기도

온유와 관련하여 또 한 가지 기억할 점은 모세처럼 자기를 비방하는 자들을 위해서 기도하는 것입니다. 성경이 가르치는 온유는 자신에게 불의를 행하고 비방하는 자가 정상적인 모습과 상태를 갖도록 기도하는 것까지 포함합니다. 우리가 어떤 관계 안에서 당하는 문제를 마음에 담아 두고 꾹꾹 참고만 있는 것은 온유가 아닙니다. 그렇게 해서는 틀어진 관계를 회복할 수 없습니다. 우리는 자신을 상하게 한 사람의 회복을 위해서 기도해야 합니다. 모세는 자기에게 악한 말을 한 미리암을 위해 기도했습니다. 그것은 결국 그녀와의 깨어진 관계를 회복하는 길이었습니다.

우리는 갈등이 생길 때 자신의 기분이나 자존심만 생각하고 성질을 부리기보다 상대를 위해 기도해야 합니다. 교회 공동체의 지체 관계를 위해 특별히 기도해야 합니다. 그것이 깨어진 관계의 회복뿐만 아니라 그 사람이 온전한 길로 나아가도록 돕는 방법입니다. 우리가 기도할 때 하나님이 회복의 은혜를 베푸십니다.

이것이 성경이 말하는 온유와 다른 종교에서 말하는 마인드컨트롤의 결정적인 차이입니다. 신자의 온유함은 그저 혼자 마음의 격동과 요동함을 진정시키는 것 정도가 아니라 하나님의 간섭과 은혜에 기대는 것입니다. 그리스도의 몸의 지체는 자신을 화나게 하고, 상처를 주고, 힘들게 한 사람을 하나님께 맡기고 그를 위해 기도함으로써 관계의 회복을 경험합니다. 이런 온유함으로써 우리는 성령께서 하나 되게 하신 것을 힘써 지키는 데 동참하게 됩니다.

온유와 예수 그리스도

성령께서 하나 되게 하신 것을 온유함으로 지키기 위해 우리가 본받아야 할 가장 위대한 본보기는 예수 그리스도이십니다. 우리가 온유하게 행하는 데 어려움이 있다면 우리에게 온유로 행하신 예수 그리스도를 생각해야 합니다. 주님은 친히 "나는 온유하고 겸손하다"고 말씀하셨을 뿐만 아니라(마 11:29) 실제로도 그렇게 행하셨습니다. 그 사실을 베드로는 다음과 같이 기록합니다.

"[예수는] 욕을 당하시되 맞대어 욕하지 아니하시고 고난을 당하시되 위협하지 아니하시고 오직 공의로 심판하시는 이에게 부탁하시며"(벧전 2:23).

주님은 죄 없으신 자신이 아니라 우리 같은 죄인들 때문에 모욕과 비방과 굴욕과 죽임을 당하셨습니다. 그러나 그분은 자신이 당한 모든 부당한 일들을 되받아치지 않으시고 모든 것을 공의로 심판하실 하나님께 부탁하셨습니다. 심지어 "저들을 사하여 주옵소서"(눅 23:34) 하고 하나님께 기도하기까지 하셨습니다. 하나님의 아들 예수 그리스도께서는 이렇게 우리를 온유하게 대하셨습니다. 주님이 죄인인 자신에게 온유로 행하신 것을 아는 사람은 "나는 성격상 온유하게 행할 수 없다"고 말할 수 없습니다. 그리스도께서 온유하게 행하심으로 이루신 구원으로 그분의 지체가 된 자는 부르심에 합당히 행해야 합니다. 서로 비방하거나 되받아치면서 스스로 그리스도의 지체라 하는 것은 모순입니다. 우리를 자신의 소유로 삼기 위하여 우리에게 온유로써 행하신 주님은 우리가 그런 은혜 가운데 성령께서 하나 되게 하신 것을 힘써 지키길 원하십니다. 시편 기자는 이렇게 말했습니다.

"네 길을 여호와께 맡기라 그를 의지하면 그가 이루시고 네 의를 빛같이 나타내시며 네 공의를 정오의 빛같이 하시리로다"(시 37:5-6).

하나님은 말씀대로 자기 길을 하나님께 맡기며 온유로 행하는 바로 그 사람, 그 교회의 의를 빛같이 나타내십니다.

교회에 대해 이야기하며 겸손이나 온유 같은 내면적인 성품을 언급하는 이유는 성경이 교회를 이런 것들과 연관 지어 가르치기 때문입니다. 우리가 교회로서 행하는 모든 외적인 활동은 이런 내면으로부터 비롯되어야 합니다. 그것이 참된 교회입니다. 교회는 그저 사회적인 관계를 형성하기 위한 집단이 아닙니다. 머리 되신 그리스도의 다스리심 아래서, 성령의 교통하심을 따라, 자신을 온유함과 겸손으로 대하신 주님의 모습을 본받아 서로 하나 됨을 이루어 가는 모임입니다.

다른 누구를 말할 것 없이 우리 자신이 그러한 자가 되기를 힘씁시다. 그리스도의 몸의 지체로 부름 받은 모든 신자는 성령께서 하나 되게 하신 것을 힘써 지키라는 명령을 받았습니다. 그리고 이 명령에 따르는 것이 부르심에 합당하게 행하는 것입니다. 우리가 이런 성경의 요구와 명령에 충실할 때 결국 우리의 머리이신 그리스도께서 영광을 받으실 것입니다. 주께서 부르신 뜻을 따라 서로에게 온유로 행할 수 있기를 소망합니다. 그렇게 성령께서 하나 되게 하신 것을 지키고 주님을 영화롭게 하는 교회가 되기를 소원합니다.

오래 참음과 하나 됨

본문이 성령께서 하나 되게 하신 것을 지키기 위해 겸손과 온유와 더불어 우리에게 요구하는 또 하나는 '오래 참음'입니다. 그리스도께 속한 지체는 다른 지체들을 오래 참음으로써 용납해야 합니다. 이것은 자기를 반대하거나 괴롭히는 자로 인해서 일어나는 격정이나 분노에 굴하지 않고 인내하는 것을 말합니다. 그런 의미에서 온유와도 관련이 있는 내용입니다.

인간은 본성상 오래 참는 것이 쉽지 않습니다. 어떤 사람들은 화를 표출하지 않고 억제하기 위한 나름의 노하우를 가지고 있습니다. 예를 들면 여행을 떠나거나 쇼핑을 하는 등 다른 어떤 것에 몰두하는 것입니다. 하지만 성경이 가르치는 오래 참음은 그런 식으로 마음을 다스리고 스트레스를 견디는 노하우가 아니라 내면에 자리 잡은 매우 독특한 성품을 말합니다. 성경적인 오래 참음은 우리의 본성을 거스르고 하나님을 본받는 것입니다. 신자는 자동적으로 이러한 내적 성품을 소유하게 되는 것이 아닙니다. 그는 자신을 향하여 오래 참으시는 하나님과 우리 주 예수 그리스도를 알고 믿어, 그리스도와 연합됨으로써 그분을 본받아 갑니다.

하나님은 범죄한 자들에 대해 즉각적으로 진노하시어 멸망시키지 않으시고, 오히려 오래 참으심으로 그들이 돌아오기를 기다리십니다. 죄인들을 "돌아오라. 돌아오라"고 부르십니다. 하나님은 노하기를 더디 하십니다. 한 세대를 지나 다음 세대, 한 선지자를 넘어 그다음 선지자를 통해서 계속 돌아오기를 촉구하십니다(사 44:22, 55:7, 렘 3:14, 호 14:1, 욜 2:12, 슥 1:3 등). 베드로는 이런 하나님의 성품을 "오직 주께서는 너희를 대하여 오래 참으사 아무도 멸망하지 아니하고 다 회개하기에 이르기를 원하시느니라"(벧후 3:9)고 설명합니다.

하나님은 자기에게 반역하여 죄를 짓는 자들을 향하여 사랑의 마음과 선한 뜻을 품고 오래 참으십니다. 오래 참음이란 바로 이런 성품을 가리킵니다. 그저 억지로 참아 내는 것이 아니라 자기에게 부당하게 대하는 사람의 회개와 회복을 기대하고 그와의 온전한 관계 회복을 소원하며 인내하는 것입니다.

하나님의 아들 그리스도께서도 육신을 입고 오셔서 오래 참으심 가운데서 행하셨습니다. 그분은 죄인들을 구하시기 위해 오래 참으셨습니다. 사랑하는 제자 베드로가 자신을 저주하며 부인했을 때에도 오래 참으심으로 기다리셨습니다. 심지어 주님은 자신을 배신할 마음을 품었던 가룟 유다에게조차 오래 참으심으로 계속 권하셨습니다. 유다의 악함을 아셨지만 그 마음을 계속 두드리셨습니다.

주님은 바울에게도 오래 참으셨습니다. 바울은 예수 믿는 자들을 대적하여 핍박하고 그들을 죽이는 데 동참하기까지 했지만(행 7:58, 8:1-3, 9:1-2), 주님은 그를 구원하기 위해서 오래 참으셨습니다. 바울의 행동이 주님 자신을 향한 반역 행위였음에도 불구하고 주님은 오래 참으셨습니다(딤전 1:13). 후에 바울은 이 사실을 디모데전서에서 이렇게 기록합니다.

"미쁘다 모든 사람이 받을 만한 이 말이여 그리스도 예수께서 죄인을 구원하시려고 세상에 임하셨다 하였도다 죄인 중에 내가 괴수니라 그러나 내가 긍휼을 입은 까닭은 예수 그리스도께서 내게 먼저 일체 오래 참으심을 보이사 후에 주를 믿어 영생 얻는 자들에게 본이 되게 하려 하심이라"(딤전 1:15-16).

버려지고 멸망해야 마땅한 자기에게 하나님이 먼저 일체 오래 참으심을 보이심으로써 긍휼을 베푸셨다는 것입니다. 이처럼 그리스도인들은 오래 참음의 본을 예수 그리스도에게서 봅니다. 뿐만 아니라 오래 참을 이유와 동기 또한 얻습니다. 오래 참음은 그런 전제를 가진 그리스도인들에게 요구됩니다. 우리는 우리를 힘들게 하는 자들의 회개와 회복을 위해 참아야 합니다. 답답하고 억울한 일이 뒤따르더라도 하나님께 자신의 상황과 문제를 맡기고 도와주시기를 구해야 합니다. 이것이 그리스도의 몸에 속한 지체로서 가져야 할 모습입니다.

서로 용납하라

성령께서 하나 되게 하신 것을 지키기 위한 본문의 권면은 오래 참는 것에서 멈추지 않고, 오래 참음으로 서로 용납해야 한다고 말합니다. 여기서 '용납한다'라는 단어의 사전적인 의미는 굳게 견딘다는 것입니다. 그런데 왜 이 말을 '서로 견디라'라고 번역하지 않고 '서로 용납하라'라고 했을까요? 그 답은 '용납하라'라는 단어 바로 앞에 있는 '사랑 가운데서'라는 말에 있습니다.

사도 바울이 여기서 말하고자 하는 것은 단순히 다른 사람의 어떤 모습을 견디는 것을 넘어서 그를 사랑으로 대하는 성품과 태도입니다. '서로 견디라'라는 말보다 '서로 용납하라'라는 말이 사랑으로부터 나오는 태도를 더 적절하게 표현해 준다고 할 수 있습니다. 실제로 본문과 거의 흡사한 내용을 언급하고 있는 골로새서에서 바울은 이렇게 말합니다.

"그러므로 너희는……겸손과 온유와 오래 참음을 옷 입고 누가 누구에게 불만이 있거든 서로 용납하여 피차 용서하되 주께서 너희를 용서하신 것같이 너희도 그리하고 이 모든 것 위에 사랑을 더하라"(골 3:12-14).

여기서 바울은 '서로 용납하여'라고 말한 뒤에 '피차 용서하되'라는 말을 덧붙임으로써 '견디다' 또는 '용납하다'라는 말이 용서와 밀접하게 관련되어 있음을 보여 줍니다. 주께서 우리를 용서하신 것을 따라 우리도 서로 용서하라는 것입니다. 그리고 이어서 "이 모든 것 위에 사랑을 더하라"고 말함으로써 겸손과 온유와 오래 참음 같은 성품들과 그에 따라 행하는 모든 선한 행실 가운데 사랑이 있어야 함을 말합니다. 주님이 우리를 용서하시고 용납하신 것은 사랑의 행위였습니다. 그러므로 주께 용서받은 자는 주님의 그 사랑을 본받아 서로를 용납해야 합니다. 우리는 사랑을 빼고는 기독교를 말할 수 없습니다.

하지만 안타깝게도 교회 안에는 이렇게 중요한 사랑을 제대로 이해하지 못하는 이들이 많습니다. 세상의 유행가 가사나 대중매체의 영향을 받아 사랑을 인간의 본능적인 감정으로만 생각하는 것입니다. 하지만 세상이 말하는 사랑은 성경이 말하는 사랑과 거리가 먼, 왜곡된 것입니다. 신자는 사랑을 세상이 아니라 하나님이 그리스도 안에서 나타내신 참사랑으로부터 배워 알고 소유해야 합니다.

그리스도께서는 자기를 거역하는 죄인들을 용서하고 용납하여 그들을 회복시키시기 위해 자기를 내어 주셨습니다. 그 사랑은 자기감정의 만족에 초점이 맞추어져 있지 않았고, 죄인들을 살리고 그들과 연합하시기 위한 선한 뜻에 헌신되어 있었습니다. 이것이 우리가 경험하고 배워야 할 사랑입니다. 그런 사랑을 경험하여 소유하지 않은 사람은 그리스도인일 수 없고, 따라서 그리스도의 몸의 지체로서의 삶도 살 수 없습니다.

이처럼 '서로 용납하라'는 말은 일차적으로 자신을 상하게 하고 부당하게 대하는 것으로 인해서 흔들리지 않고 잘 견디어 내는 것을 뜻하지만, 동시에 상대를 받아들이고 용서하기 위한 견딤입니다. 이것이 '사랑 안에서'라는 말을 덧붙여 표현하고자 한 의미입니다. 그리스도의 지체 된 자는 오래 참음을 통해 성령께서 하나 되게 하신 것, 곧 교회의 하나 됨을 지키기 위한 활동에 참여하는 것입니다.

그리스도인이 거부할 수 없는 명령

그럼에도 어떤 사람들은 '교회의 누구누구는 도를 넘은 사람이라 도무지 용납할 수 없다'고 생각하거나 아예 그런 번거로운 고민과 상황을 면하려고 다른 지체들과의 교제 자체를 피하기도 합니다. 그러나 양자 모두 교회가 무엇인지를 바르게 알지 못하는 태도입니다. 교회는 개인의 구원만을 위한 곳이 아닙니다. 교회는 구원받은 자의 삶이 드러나는 장(場)이기도 합니다. 함께 신앙생활을 하는 다른 지체들과의 연합과 친밀한 관계는 모든 신자들에게 반드시 있어야 할 내용입니다.

은혜로 구원을 받은 성도는 하나님이 자기와 같은 죄인의 구원을 위해 오래 참으시고 거룩하신 독생자의 목숨까지 내어 주셨다는 사실을 아는 자로서의 삶을 삽니다. 하나님이 베푸신 크신 은혜는 하나님을 향하여 그리고 타인을 향하여 높아졌던 마음을 무너뜨리고 교회 안에서 서로를 용납하는 삶을 살도록 우리를 이끄는 은혜입니다.

우리가 진실로 주님의 용서를 받아서 그리스도의 몸의 지체 된 자라면 우리도 타인을 용서해야 합니다. 관계의 번거로움과 갈등이 두려워서 다른 지체들과의 교제를 기피해서는 안 됩니다. 그것은 주님의 용서와 용납의 은혜를 대수롭지 않게 여기는 것입니다. 사실상 자신은 주님께 용서받고 용납된 그리스도의 지체가 아니라고 고백하는 것과 같습니다.

그리스도께서는 우리의 죄를 용서하시기 위해 일체의 자존심을 내세우지 않으시고 십자가를 지셨습니다. 그리스도인은 사적인 감정이나 자존심보다 주 예수 그리스도를 더욱 생각함으로써 서로 용서하고 용납하기를 힘써야 합니다. 존 맥아더는 그리스도인의 용서 문제에 대해서 이렇게 말했습니다.

"당신이 어떤 사람을 용서하지 않는다면 당신은 당신 속에 암을 가지고 있는 것입니다. 나는 용서하지 않는 마음이 비극을 낳을 수 있다고 믿습니다. 나는 몸이 영혼의 병 때문에, 또 용서하지 않는 마음을 갖고 있기 때문에 죽게 된 사람들이 많이 있다고 생각합니다. 죄의식은 영혼의 질병 가운데 가장 심각한 것입니다. 그런 죄의식과 용서하지 않는 마음은 쓸쓸한 감정을 만들어 냅니다. 당신이 매일 주께 용서를 받고 또 주님과 깨끗하고 달콤한 교제를 유지하기 원한다면 다른 사람들에게 용서하는 마음을 가져야 합니다. 당신이 어떻게 사람들을 용서하지 않을 수 있습니까? 용서하지 않는다면 그렇게 하는 당신은 도대체 누구입니까?"

용서받은 그리스도인은 용서의 명령을 거부할 수 없습니다. 신자는 주님으로부터 죄 용서를 받음으로써 그리스도의 지체 된 자입니다. 다른 지체들을 용서하고 용납하는 것은 그가 가야 할 방향이요, 주께서 은혜로 그에게 주신 새로운 본성입니다.

평안의 끈으로 묶기를 힘쓰는 자

본문에서 성령께서 하나 되게 하신 것을 지키는 문제와 관련하여 마지막으로 언급하는 것은 '평안의 매는 줄'입니다. 이는 지체 간의 관계 속에서 어떤 어려움과 문제가 생길 때 그것을 그냥 놔두지 않고 능동적으로 화평을 만들어 가는 태도를 말합니다. 그리스도의 지체 된 자들에게는 성령께서 하나 되게 하신 것을 힘써 지키기 위한 능동적인 태도와 행실이 있어야 합니다.

성경은 그리스도인을 가리켜 '화평하게 하는 자'라고 말합니다(마 5:9). 화평을 이루는 것은 그리스도의 지체 된 자들이 가져야 할 특성입니다. 만일 누군가가 다른 사람과 문제가 있는데도 그냥 덮어 두고 화평을 도모하지 않는다면 그는 지체로서의 활동을 등한히 하는 것입니다. 그리스도의 지체는 서먹하고 상한 관계를 방치 하지 않고 능동적으로 평화를 만드는 자입니다. 그는 깨어진 관계를 하나로 묶는 끈을 가진 자처럼 서로 화평케 하는 자입니다.

우리는 실제로 교회 안에서 연합을 위해 평안의 끈으로 묶기를 힘쓰는 사람들을 봅니다. 상대방이 바르지 못하게 행하여 관계가 틀어질 만한 상황에서도 그를 품고 바른 길로 가게 함으로써 평화의 끈으로 묶는 것입니다. 반면 자기의 옳음만을 주장하는 사람들도 간혹 있습니다. 그들은 보통 "옳은 것을 꺾으면서까지 평화를 구할 수는 없다"는 논리를 내세웁니다. 물론 진리를 꺾으면서 이루려는 평화는 참된 평화가 될 수 없습니다. 참된 평화와 사랑은 진리 안에서만 가능합니다.

그러나 그것은 반대의 경우에도 적용됩니다. 참된 진리는 공동체의 평화에 대해 매우 신중한 태도를 보입니다. 교회 안에서 질서와 평화를 생각하지 않고 자기 소견을 주장하는 사람들의 생각과 판단이 정말 진리일 확률은 크지 않습니다. 공동체의 평화를 깨트리고, 결국 성령께서 하나 되게 하신 것을 손상시키는 주장과 확신은 그저 자기중심성의 다른 표현이기 십상입니다. 이것은 기독교의 정통한 진리를 어설프게 알고 있는 사람들이 쉽게 빠지는 함정입니다.

일반적으로 진리는 믿음 공동체의 평안과 사랑을 동반합니다. 그리고 결국 그리스도의 참된 교회를 세우는 방향으로 나아갑니다. 진리는 결국 성령께서 하나 되게 하신 것을 지키도록 돕는 역할을 합니다. 그러므로 우리는 자신의 주관과 확신을 진리라는 이름으로 포장하여 지체 간의 화평을 깨뜨리고 성령께서 하나 되게 하신 것을 손상시키는 일을 피해야 합니다. 무언가 옳은 것을 조금 배워 이제 막 알아 가고 있는 사람들은 특히 자신의 설익은 지식을 무기 삼아 분란을 일삼지 않도록 주의해야 합니다.

화평과 사랑이 없는 진리는 죽은 것입니다. 그것은 성경이 가르치는 진리가 아닙니다. 그리스도의 몸의 지체는 자신의 모든 것, 곧 자신이 소유한 진리와 성품과 삶을 통해서 성령께서 하나 되게 하신 것을 힘써 지키기 위해 부름 받은 자들입니다. 모든 겸손과 온유와 오래 참음과 사랑 안에서 서로 용납함으로써 평안의 끈으로 지체 사이를 묶어 교회의 하나 됨을 힘써 지키는 것이 머리 되신 그리스도를 높이는 참된 신자의 모습입니다.

천국에서도 지속될 영원한 관계

모든 그리스도인들은 지금까지 살펴본 다른 지체들을 향한 활동을 공통적으로 가져야 합니다. 물론 당장은 이런 내용들이 실천하기 어렵다고 느껴질 수도 있습니다. 하지만 우리는 우리를 오래 참으시며, 겸손과 온유로 대하시고, 용서하고 용납하신 주님을 생각하며 그런 핑계를 뒤로해야 합니다.

교회 안에서 함께 주님의 몸을 세워 가는 지체들은 이 땅 위에서 맺는 다른 어떤 관계보다 더 오랫동안 지속될 관계입니다. 서로 사랑해서 이루게 된 부부 관계나 혈연관계도 몸 된 교회의 지체들 간의 관계처럼 영원하지는 않습니다. 그것은 천국에서도 지속될 관계입니다.

주님은 자기에게 속한 자들을 불러 이 땅에서부터 교회를 이루게 하셨고, 그 안에서 서로를 향한 성품과 태도와 활동을 배우며 천국에서의 삶을 연습하게 하셨습니다. 그러므로 참교회에 속한 지체들은 성경이 가르치는 다른 지체를 향한 성품과 태도를 무시할 수 없습니다. 신자 각 사람 안에는 아직 쓴 뿌리와 거친 본성이 남아 있어 서로 마음을 상하게 하는 일이 있을 수 있습니다. 우리는 오히려 그렇기 때문에 더욱 머리 되신 주님의 다스리심과 인도에 힘써 따라야 합니다.

우리는 우리의 본성이나 세상의 추세에 따라 살 것이 아니라 성령을 따라 성경이 말하는 참된 교회를 구하고 사모해야 합니다. 우리 주변에는 배도를 부추기는 교회의 현실들이 있지만 그럴수록 더욱 말씀에 주목해야 합니다. 주변의 모습을 핑계하며 우리도 소견에 옳은 대로 행해서는 안 됩니다. 주께서 우리를 자신의 몸에 속한 지체로 부르셔서 세우신 교회는 부부보다도 더 강력한 끈으로 묶인 공동체입니다.

교회는 하나님의 독생자의 피라는 끈으로 묶여 영원히 계속되는 공동체입니다. 이 영원한 관계 안에서는 오직 말씀을 따라, 온유와 겸손으로 서로 용납하고, 평안의 매는 끈으로 매기 위해 자기 자신을 굴복시켜야 합니다. 머리 되신 그리스도의 통제를 따라 하나 되게 하신 것을 지켜야 합니다. 우리가 성령께서 하나 되게 하신 것을 지키라는 말씀을 헌신짝처럼 버리면 그것은 우리에게 저주가 될 것입니다. 그런 경험은 우리의 영혼을 피폐하게 할 것입니다. 반면 그 말씀을 따라 머리 되신 그리스도의 통치 아래 사는 삶은 이 세상이 줄 수 없는 복된 경험을 누릴 것입니다.

자신의 주관적인 신념이나 기호가 아니라 하나님의 계시된 말씀을 따라서 행하는 것이 기독교입니다. 이와 같은 참된 교회에 관한 성경의 가르침은 그저 희망 사항으로 삼고 말 것이 아닙니다. 교회의 지체인 우리 각자가 이 말씀을 기억하고 힘써 순종해야 합니다. 우리가 함께 머리 되신 주님의 다스리심 안에서 그분의 피로 묶인 교회의 소중함을 알고, 성령께서 하나 되게 하신 것을 지키기 위해 마음을 모아 수고할 수 있었으면 좋겠습니다. 우리가 속한 공동체가 모든 겸손과 온유와 오래 참음과 사랑 안에서 서로 용납하는 공동체가 될 수 있기를 소망합니다.

참된교회로 돌아오라

CHAPTER 10

공동체 안에서의 활동 2
: 은사와 직분

그리스도의 몸을 세우는 은사

"은사는 여러 가지나 성령은 같고 직분은 여러 가지나 주는 같으며 또 사역은 여러 가지나 모든 것을 모든 사람 가운데서 이루시는 하나님은 같으니 각 사람에게 성령을 나타내심은 유익하게 하려 하심이라 어떤 사람에게는 성령으로 말미암아 지혜의 말씀을, 어떤 사람에게는 같은 성령을 따라 지식의 말씀을, 다른 사람에게는 같은 성령으로 믿음을, 어떤 사람에게는 한 성령으로 병 고치는 은사를, 어떤 사람에게는 능력 행함을, 어떤 사람에게는 예언함을, 어떤 사람에게는 영들 분별함을, 다른 사람에게는 각종 방언 말함을, 어떤 사람에게는 방언들 통역함을 주시나니 이 모든 일은 같은 한 성령이 행하사 그의 뜻대로 각 사람에게 나누어 주시는 것이니라 몸은 하나인데 많은 지체가 있고 몸의 지체가 많으나 한 몸임과 같이 그리스도도 그러하니라 우

리가 유대인이나 헬라인이나 종이나 자유인이나 다 한 성령으로 세
례를 받아 한 몸이 되었고 또 다 한 성령을 마시게 하셨느니라 몸은
한 지체뿐만 아니요 여럿이니 만일 발이 이르되 나는 손이 아니니 몸
에 붙지 아니하였다 할지라도 이로써 몸에 붙지 아니한 것이 아니요
또 귀가 이르되 나는 눈이 아니니 몸에 붙지 아니하였다 할지라도 이
로써 몸에 붙지 아니한 것이 아니니 만일 온몸이 눈이면 듣는 곳은 어
디며 온몸이 듣는 곳이면 냄새 맡는 곳은 어디냐 그러나 이제 하나님
이 그 원하시는 대로 지체를 각각 몸에 두셨으니 만일 다 한 지체뿐이
면 몸은 어디냐 이제 지체는 많으나 몸은 하나라"(고전 12:4-20).

그리스도의 각 지체들은 각각 독특한 은사들을 가지고 다양하게 활
동하며 한 몸 안에서 조화를 이룹니다. 이것은 마치 인체의 서로 다른
여러 기관들이 한 몸 안에서 통일성을 갖고 활동하는 것과 유사합니
다. 한 몸 안에서 눈은 보는 일을 하고, 귀는 듣는 일을 하고, 입은 말
하고 음식을 섭취하는 일을 하는 등 각 지체들은 개별적으로 다른 기
능을 수행합니다.

고린도전서 본문은 이 같은 우리 몸의 특징과 비교하며 교회를 설명
합니다. 14절에서 바울은 "몸은 한 지체뿐만 아니요 여럿이니"라고 한
뒤에 손, 발, 눈, 귀 등 각 지체들의 다양한 위치와 활동에 대해서 설명
합니다. 그리고 20절에서는 "이제 지체는 많으나 몸은 하나라"라고 말
함으로써 그 많은 지체들이 다양한 역할과 활동을 하지만 모두 하나라
는 것을 말해 줍니다. 교회는 한 몸이지만 그 몸에 속한 지체들은 각자

에게 허락된 은사에 따라 다양한 역할과 활동을 행한다는 것입니다.

우리는 은사에 대해 구체적으로 생각해 보기에 앞서 오늘날 만연해 있는 은사에 대한 오해와 편견들을 불식시킬 필요가 있습니다. 많은 그리스도인들이 '은사' 하면 일단 신비적인 체험이나 능력부터 떠올립니다. 그리고 마치 그런 것이 구원의 증표나 신자로서의 정체성을 확고하게 하는 것처럼 생각하기도 합니다. 또 어떤 사람은 신비적인 은사를 영적인 우월함의 증거로 여기고 자신이 가진 무엇으로 인해 교만한 마음을 품기도 합니다. 심지어 어떤 이들은 소위 신비적인 은사라는 것을 받기 위해 한데 모여 애를 쓰며 정체불명의 수단들을 동원하기도 합니다.

이와 같은 은사 추구 현상은 전혀 성경적이지 않습니다. 성경이 말하는 은사의 가장 우선적이고 근본적인 강조점은 개인의 신비 체험이 아닙니다. 성경은 은사가 그리스도의 몸인 교회를 위한다는 사실을 강조합니다. 하지만 오늘날 교회들의 은사주의적인 경향은 이런 사실을 무시하고 지나치게 개인적 차원의 은사 체험을 내세워 사람들을 현혹시키고 있습니다. 안타깝게도 이같이 왜곡된 은사 이해가 점점 보편화되고 있습니다.

은사의 성경적인 의미

우리는 이런 현실에 휩쓸리지 말고, 성경이 교회 공동체와의 관계 속에서 교회를 세우는 것에 초점을 맞추어 은사를 말한다는 사실을 명심해야 합니다. 혹 매우 특별하고 신비로워 보이는 은사가 있다고 하더라도 그것은 결코 개인적인 만족과 자랑, 그리고 자기 증명을 위해 주어진 것이 아닙니다. 다만 그리스도의 몸을 세우기 위해서 주어진 것입니다.

성경이 말하는 은사들은 매우 다양합니다. 고린도전서 12장 본문만 보더라도 지혜의 말씀, 지식의 말씀, 믿음, 병 고치는 은사, 능력 행함, 예언함, 영들 분별함, 각종 방언, 방언을 통역함 등이 언급되어 있고, 12장 후반부에는 사도, 선지자, 교사, 능력 행하는 자, 서로 돕는 것, 다스리는 것 등까지 은사로 언급되고 있습니다(고전 12:28-30).

로마서 12장에서는 한 몸 안에 많은 지체가 있다고 하면서 예언, 섬기는 일, 가르치는 일, 위로하는 일, 구제하는 일, 다스리는 일, 긍휼 베푸는 일 등의 은사를 말합니다(롬 12:4-8). 또 성경은 은사를 결혼과 독신 등에도 적용하여 말합니다(고전 7:7). 실제로 교회 역사에는 독신자들 중에 결혼을 했다면 불가능했을 커다란 획을 그은 이들이 많이 있고, 결혼한 자들은 그들대로 믿음의 가정을 이루어 교회를 든든하게 하는 일에 기여했습니다.

이렇게 성경은 특정 목록에 국한하지 않고 교회를 위해 허락된 다양한 장점과 특징들을 은사로 말합니다. 성경이 말하는 다양한 은사들은 한결같이 교회와 관련된 것들입니다.

은사의 의미가 왜곡된 현실

그럼에도 오늘날 많은 그리스도인들은 신비로운 체험의 차원에서 은사에 대한 관심을 가지고 있습니다. 이것은 1901년에 일어난 오순절 운동 이래로 두드러지게 나타난 현상입니다. 오순절 운동에 뒤이어 일어난 은사주의운동은 처음에는 방언을 주로 강조했지만, 점차 병 고침의 은사나 왜곡된 예언의 은사 등에도 관심을 보이기 시작했습니다. 성경이 말하는 다양하고 요긴한 은사들을 다 제쳐 두고 사람들의 이목을 사로잡을 만한 몇 가지 '신기한 일들'에만 몰두하게 된 것입니다.

바울은 "만일 온몸이 눈이면 듣는 곳은 어디며 온몸이 듣는 곳이면 냄새 맡는 곳은 어디냐"(고전 12:17), "만일 다 한 지체뿐이면 몸은 어디냐 이제 지체는 많으나 몸은 하나라"(고전 12:19-20)고 말합니다. 우리 몸의 지체들이 획일적이지 않고 각각 다른 위치에서 다른 역할과 활동을 하듯이 그리스도의 지체들은 주님의 몸 안에서 각각 다른 은사를 가지고 다양한 역할을 감당합니다.

그러나 빗나간 은사주의자들은 획일적인 은사 추구를 종용합니다. 그들은 "이 모든 일은 같은 한 성령이 행하사 그의 뜻대로 각 사람에게 나누어 주시는 것이니라"(고전 12:11)는 성경의 가르침에는 관심이 없습니다. 성령께서 각 사람에게 독특한 능력들을 주시고, 저마다의 은사에 따라 충성스럽게 교회를 세워 나가도록 하신다는 가르침은 무시하고 소위 신비적인 은사들에만 집착합니다. 이렇게 균형을 상실한 은사 추구 현상은 은사가 무엇을 위한 것인지도 모르고 그리스도의 몸에 속한 지체로서의 역할과 활동에 충실하게 임하지도 못하고 있는 교회의 현실을 대변해 줍니다.

은사에는 우열이 있는 것이 아니고, 그 자체로 어떤 특권도 아닙니다. 사도 바울은 자기가 사도임에도 불구하고 고린도 교회 성도들에게

"바울은 무엇이냐"(고전 3:5)고 반문합니다. 바울은 사도 직임을 남보다 나음을 증명하는 무엇으로 생각하지 않았습니다. 그는 그것을 교회를 위해 봉사하기 위해서 주어진 은사로 여겼습니다. 그리스도의 몸 안에서 그 몸을 세우기 위해 사용하는 봉사 말입니다. 그것이 은사의 본질적인 성격입니다.

이런 은사의 본질을 간과할 때 방언과 같이 그럴듯해 보이는 주관적 체험에만 집착하는 오류에 빠지게 됩니다. 반면 서로 돕고 섬기는 은사, 위로하는 은사, 구제하는 은사, 봉사하는 은사 등 신비적인 인상을 풍기지 않는 은사들과 그 모든 은사를 사용하게 하는 근원이요, 원리인 사랑은 상대적으로 소홀히 여기게 됩니다.

사실 오순절 은사주의운동은 그전부터 있었던 제2의 축복 추구의 풍토 가운데서 생겨난 것입니다. 이는 플라톤의 이원론적인 상승 사상이 반영된 변질된 기독교 신앙입니다. 이런 사상들은 기독교회 안에 스며들어 점점 고등한 은사를 추구하며 신앙의 만족을 찾는 신앙의 변질을 가져왔습니다. 본래 기독교 신앙은 절대로 우열을 따지지 않습니다. 하나님은 장차 심판하실 때 "너는 방언을 가졌느냐, 무슨 은사를 가졌느냐?" 하고 묻지 않으십니다. 주님이 물으시는 내용은 달란트 비유에서 말씀하셨듯이 각자에게 주어진 은사를 교회를 세우는 데 어떻게 사용했는지가 될 것입니다(마 25:14-30).

소위 신령하다는 은사들을 추구하면서도 정작 교회를 세우는 일에는 헌신됨이 없는 자들은 달란트를 땅에 묻어 둔 게으른 종처럼 마지막에 자신의 열심이 헛된 것이었음을 보게 될 것입니다.

성령의 은사의 두 가지 특성

이렇게 말하면, '서로 돕고 섬기고 구제하고 긍휼을 베푸는 것과 같은 소위 자연적인 은사들은 성령을 알지 못하는 사람들에게도 있을 수 있지 않은가? 타고난 재능과 기질도 성령의 은사라고 할 수 있는가?' 하는 의문이 들지도 모릅니다. 일단 우리는 자연적인 재능도 주권자이신 성령께서 주시지 않으면 인간 스스로 소유하거나 발휘할 수 없다는 점을 기억해야 합니다. 인간이 가진 모든 능력은 하나님이 일반 은총 안에서 허락하신 것입니다. 우리는 재능과 능력을 마음대로 취사선택 하지 못합니다.

물론 인간이 가진 모든 다양한 재능과 능력들을 곧 성령의 은사라고 할 수는 없습니다. 가인의 후손들 중에는 재능이 탁월한 사람들이 많았고, 그 은총들은 다 하나님이 주신 것이었지만 그렇다고 해서 그들이 모두 성령의 은사를 소유했다고 할 수는 없습니다. 성령의 은사는 첫째로, 반드시 그리스도의 몸의 지체로서 그리스도의 몸을 세우기 위해 사용됩니다. 둘째로, 교회의 머리 되신 그리스도의 다스리심 속에서 그분을 영화롭게 하기 위해서 사용됩니다. 성령의 은사는 반드시 이런 특징을 갖습니다. 성령께서는 은사만 주시는 것이 아니라 반드시 자신이 주신 은사를 통해 이 두 가지를 추구하게 하시기 때문입니다.

세상에는 나름대로 괜찮은 성품과 인격을 가지고 성실하게 남을 돕고 배려하는 사람들이 많이 있습니다. 하지만 그렇게 상대적으로 좋은 성품도 이 두 가지 특성 없이는 성령의 은사라고 할 수 없습니다. 교회의 지체들은 자신들에게 주신 은사들로써 서로 돕고, 구제하고, 긍휼을 베풀고, 위로하고, 서로 권면하기를 힘쓰며 두 가지 목적에 헌신합니다. 이것이 바로 성령의 은사 여부를 분별하는 기준입니다. 성령의 은사인가 아닌가는 겉으로 보기에 얼마나 신령한가, 초자연적인 특징을 갖는가에 있지 않습니다. 성령의 은사의 결정적인 특징은 성령의 뜻과 부합하여 사용되는 것입니다.

은사의 소유가 전부가 아니다

성령께서는 모든 신자들에게 각각의 은사를 주십니다. 그리고 그리스도의 몸의 지체 된 자들은 주께서 주신 은사들을 가지고 두 가지 목적을 위해 선용합니다. 그렇게 활용되지 않으면 어떤 은사를 소유했다는 사실 자체는 무익합니다. 만일 누군가가 자기에게 주신 은사를 온통 자기 유익을 구하고 다른 사람들로부터 존경받기 위해서만 활용한다면 그는 하나님의 뜻을 거스르는 것입니다. 머리 되신 그리스도 대신 자신을 높이기 위해서 은사를 사용하는 것은 얼마나 반역적인 일입니까?

우리 중에는 똑같이 공부하는데도 훨씬 더 뛰어난 학업 성취도를 보이는 명석한 사람들이 있습니다. 그런 능력을 자기만족과 자랑을 위해서만 사용한다면 그는 주님이 주신 은사를 바르게 사용하고 있는 것이 아닙니다. 이처럼 우리는 자신에게 주신 자연적인 은사나 능력을 교회와 그리스도를 위해서가 아니라 자기 성취와 만족을 위한 방향으로 오용할 수 있습니다. 그것은 소위 신령한 은사들의 경우에도 마찬가지입니다.

우리는 어떤 은사이든 그것을 주신 주권자의 뜻을 기억하고 바르게 사용해야 합니다. 달란트 비유에서 한 달란트 받은 사람처럼 하나님이 주신 은사를 땅에 묻어 두듯이 활용하지 않는 것 역시 은사를 오용하는 것만큼이나 옳지 않은 태도입니다. 교회 안에는 분명히 은사가 있음에도 불구하고 교회를 섬기는 신앙생활에 수동적이고 소극적인 사람이 있습니다. 이런 모습은 강력한 자기중심성과 태만과 게으름에 기인합니다. 교회를 위해서 그리고 다른 지체들을 섬기기 위해서 남을 돕고, 위로하고, 긍휼을 베풀고, 돌볼 수 있는 위치와 여건을 주셨음에도 불구하고 자신과 직접적인 이해관계가 없는 한 움직이지 않는 것입니다. 이는 주님이 주신 은사를 무시하는 것이며, 동시에 은사를 주신 주님의 뜻을 무시하는 것입니다. 그는 결국 그리스도의 몸을 세우시려는 하나님의 뜻을 거스름으로써 자기 자신뿐 아니라 다른 지체에게까지 어려움을 주게 됩니다.

모든 신자는 그리스도의 몸을 세우기 위해, 또 우리를 죄에서 구원하시고 친히 교회의 머리가 되신 그리스도를 영화롭게 하기 위해 은사를 힘써 사용해야 합니다. 그래야 교회가 참되고 강건하게 설 수 있습니다. 몸 전체가 바로 서기 위해서 몸의 각 지체들이 있어야 할 곳에 바르게 있어야 하는 것입니다.

예외 없는 은사 사용의 책임

교회 안에서 쓸모없는 사람은 한 사람도 없습니다. 눈이든 귀든 발이든 모든 지체가 자기에게 맡겨진 역할을 충성스럽게 감당해야 합니다. 눈의 시력을 따라 발이 걷고, 손이 자기 할 일을 하듯이 서로 유기적인 관계 속에서 교회를 세워 나가야 합니다. 그런 연합을 통해 머리 되신 그리스도를 영화롭게 해야 합니다.

나이가 많아 거동이 불편하신 분들도 지체로서 활동해야 합니다. 시간이 많고 여유가 허락되는 인생의 노년에는 그만큼 골방에서 기도할 기회를 얻습니다. 스코틀랜드 루이스 섬의 부흥 때에 80세가 넘으신 두 할머니가 있었습니다. 그들은 허리도 굽었고 장애도 있었지만, 부흥에 확신을 가지고 기도했습니다. 그 지역의 각성을 위해 한 목사님에게 "반드시 오셔야 합니다. 우리가 기도했고 우리는 확신하고 있습니다"라고 편지를 전하였습니다. 그런데 실제로 그 목사님이 와서 말씀을 전하는 가운데 역사가 일어났습니다. 하나님이 그 할머니들의 기도를 부흥의 도구로 사용하신 것입니다.

우리 중에 불필요한 사람은 없습니다. 세상적인 가치 기준으로 판단하면 안 됩니다. 교회를 세우고 그리스도를 영화롭게 하는 것은 우리의 상대적인 우월함이나 탁월함이 아닙니다. 크고 작은 사람이 모두 자신의 것을 가지고 기꺼이 주님과 주님의 몸 된 교회를 위해 사용할 때 교회는 강건하게 세워지고, 그리스도께서 그 백성 중에서 영광을 받으십니다.

반대로 자기 스스로를 절대적으로 중요한 사람이라 여기는 것 또한 바람직한 모습이 아닙니다. 우리는 오히려 반대로 바라볼 줄 알아야 합니다. 다른 지체가 없다면 아무리 뛰어난 개인의 은사도 아무 쓸모도 없게 됩니다. 그리스도의 교회 안에는 한 사람만 있는 것이 아닙니다. 모든 지체들이 서로에게 동일하게 없어서는 안 되는 존재입니다.

그러므로 서로를 귀히 여기고, 자신에게 있는 은사를 충실하게 발휘하여 서로를 돕고 세워 가야 합니다.

어떤 사람은 자신에게 주어진 은사가 무엇인지 모르겠다고 할 수도 있습니다. 그러면 일단 성경에 언급된 은사들을 하나씩 묵상해 보십시오. 누구나 하나 이상의 은사가 자신에게도 있음을 찾게 될 것입니다. 성경에 기록된 목록 외에도 우리 각자에게 고유하게 주신 것들을 더 찾아볼 수 있습니다. 자신에게 허락된 은사가 얼마나 주목받을 만한 것인지는 중요하지 않습니다. 특정한 은사들 자체보다 그리스도께서 그런 은사들과 함께 그의 몸의 지체들에게 주신 사랑이 더 중요하고 우리가 더욱 사모해야할 대상입니다.

흔히 '사랑 장'이라고 불리는 고린도전서 13장이 바로 그런 내용을 말해 줍니다. 사랑이야말로 우리가 구해야 할 것이요, 모든 은사 사용의 기저에 있어야 한다는 것입니다. 어떤 은사를 소유했든 그것으로 남은 평생, 모든 지체들을 더 사랑하다가 갈 수 있기를 주님께 구합시다. 그저 사랑에 대한 뻔한 논리와 의무감이 아니라 참으로 마음에서 우러나오는 사랑을 할 수 있기를 구합시다. 하나님은 이런 기도에 응답하십니다.

우리 모두에게는 주께서 허락하신 은사가 있습니다. 가르치는 은사뿐만 아니라 긍휼히 여기는 마음이 남달리 큰 사람도 있고, 대단히 조직적인 사고력을 가진 사람도 있습니다. 심지어 우리가 인생 중에 겪은 경험이 다른 사람을 도울 수도 있습니다. 각 지체들의 이런 은사들은 주님의 몸인 교회를 세우고, 머리 되신 그리스도를 영화롭게 하기 위해 조화롭게 사용될 수 있습니다. 모든 신자들은 뒤로 물러서지 말고 교회의 유기체적인 하나 됨에 적극적으로 참여해야 합니다.

우리가 예배의 자리를 잘 지키는 것 또한 교회를 위하는 일이 됩니다. 아침에 일어나는 것이 힘들지만 몸을 일으켜 기도하는 좋은 습관으로도 교회와 지체를 섬기는 일을 할 수 있습니다. 이것은 결코 작지 않은 봉사입니다. 그러니 스스로를 지나치게 평가절하하지 말고 없어서는 안 되는 한 지체로서 기꺼이 자신을 드리십시오. 참된 교회를 세우기 위해서, 머리 되신 그리스도를 영화롭게 하기 위해서 그렇게 하십시오.

은사 사용의 성경적인 원리

"……눈이 손더러 내가 너를 쓸데가 없다 하거나 또한 머리가 발더러 내가 너를 쓸데가 없다 하지 못하리라 그뿐 아니라 더 약하게 보이는 몸의 지체가 도리어 요긴하고 우리가 몸의 덜 귀히 여기는 그것들을 더욱 귀한 것들로 입혀 주며 우리의 아름답지 못한 지체는 더욱 아름다운 것을 얻느니라 그런즉 우리의 아름다운 지체는 그럴 필요가 없느니라 오직 하나님이 몸을 고르게 하여 부족한 지체에게 귀중함을 더하사 몸 가운데서 분쟁이 없고 오직 여러 지체가 서로 같이 돌보게 하셨느니라 만일 한 지체가 고통을 받으면 모든 지체가 함께 고통을 받고 한 지체가 영광을 얻으면 모든 지체가 함께 즐거워하느니라 너희는 그리스도의 몸이요 지체의 각 부분이라 하나님이 교회 중에 몇을 세우셨으니 첫째는 사도요 둘째는 선지자요 셋째는 교사요 그다음은 능력을 행하는 자요 그다음은 병 고치는 은사와 서로 돕는 것과 다스리는 것과 각종 방언을 말하는 것이라 다 사도이겠느냐 다 선지자이겠느냐 다 교사이겠느냐 다 능력을 행하는 자이겠느냐 다 병 고치는 은사를 가진 자이겠느냐 다 방언을 말하는 자이겠느냐 다 통역하는 자이겠느냐 너희는 더욱 큰 은사를 사모하라 내가 또한 가장 좋은 길을 너희에게 보이리라"(고전 12:4-31).

"각각 은사를 받은 대로 하나님의 여러 가지 은혜를 맡은 선한 청지기 같이 서로 봉사하라 만일 누가 말하려면 하나님의 말씀을 하는 것같이 하고 누가 봉사하려면 하나님이 공급하시는 힘으로 하는 것 같이 하라 이는 범사에 예수 그리스도로 말미암아 하나님이 영광을 받으시게 하려 함이니 그에게 영광과 권능이 세세에 무궁하도록 있느니라 아멘"(벧전 4:10-11).

하나님이 주신 모든 은사는 교회를 위해서 필요하고 똑같이 중요합니다. 그 모든 은사들을 주신 분이 하나님이시기 때문입니다. 우리가 가진 은사가 무엇이든 우리는 그것으로 스스로 높이 여기거나 부끄러워할 것이 없습니다. 고린도전서 12장 12-20절은 이런 사실을 크게 강조합니다. 그리스도의 몸 안에 있는 각 지체들은 한 개인이 다 소유할 수 없는 은사들을 나누어 받습니다. 이런 은사는 결코 개인적인 만족과 과시를 위해 허락된 것이 아닙니다. 지체들은 각기 다른 은사들을 가지고 교회를 세우고, 그리스도를 영화롭게 하기 위해 상호 의존적인 관계를 맺습니다.

그러나 교회 안에는 은사의 목적과 상호 의존성을 망각해 은사를 지극히 개인적인 것으로 생각하는 이들이 있습니다. 그들은 자신이 소유한 은사가 소중한 만큼 다른 지체에게 있는 은사도 소중하다는 사실을 알지 못합니다. 소위 신비하다고 할 만한 은사들을 더 우월하게 여깁니다.

1세기 고린도 교회 내에도 기독교적이기보다 플라톤의 이원론적인 상승 사상과 더 가까운 영지주의적인 논리의 영향을 받아 그런 태도를 갖게 된 자들이 있었습니다. 그들의 무분별함은 은사로써 서로에게 유익을 주며 교회를 세우도록 하신 하나님의 뜻과 반대로 교회의 혼란과 분열이라는 결과를 야기했습니다. 이런 폐단을 보고 바울은 고린도 교회 성도들에게 은사의 상호 의존성을 분명하게 일깨워 주었습니다.

우리는 성경이 가르치는 은사의 상호 의존성과 더불어 은사의 동등하고 공통적인 가치에 대해서도 바르게 알고 있어야 합니다. 막연히 은사에 우열이 없다고 생각하던 사람이라도 만일 누군가 치유 은사를 행한다는 이야기를 들으면 그것을 대단한 것으로 여기게 되기 쉽습니다. 그러나 모든 은사의 가치는 겉보기에 얼마나 그럴듯한가가 아니라 일차적으로 하나님이 주셨다는 사실에 있습니다.

로마서에서 바울은 "우리에게 주신 은혜대로 받은 은사가 각각 다르니"(롬 12:6)라고 말합니다. 은사는 은혜, 곧 선물로서 우리에게 주신 것이고 하나님은 그것을 각자에게 다르게 주셨습니다. 베드로전서 본문도 "각각 은사를 받은 대로 하나님의 여러 가지 은혜를 맡은 선한 청지기 같이 서로 봉사하라"(벧전 4:10)고 우리에게 권합니다. 고린도전서 12장에서도 "은사는 여러 가지나 성령은 같고"(고전 12:4), "각 사람에게 성령을 나타내심은 유익하게 하려 하심이라"(고전 12:7), "이 모든 일은 같은 한 성령이 행하사 그의 뜻대로 각 사람에게 나누어 주시는 것이니라"(고전 12:11)고 하며 성령께서 은사를 주신다는 점을 반복해서 강조합니다.

이런 사실에도 불구하고 과거 고린도 교회에서처럼 오늘날의 교회 현실 가운데 자신의 은사이든 다른 지체의 은사이든 어떤 것을 더 중히 여기고 어떤 것은 경히 여기는 일이 있습니다. 이런 태도는 은사를 주신, 그리고 그 은사로써 서로를 세우고 교회를 세우도록 하신 하나님의 뜻에 무지한 것이요, 그분을 거스르는 것입니다.

은사에 대한 열등감, 우월감, 무관심을 버려라

우리는 서로의 은사를 비교할 필요가 없습니다. 은사에 우열이 없다는 사실을 분명히 기억하고, 다만 자신에게 주신 은사를 귀하게 여기며 바르게 사용해야 합니다. 그리스도의 교회 안에서 지체로서 서로를 섬기는 가운데 자신이 맡은 일을 쓸모없는 것으로 여기거나 자기와 다른 사람의 은사와 역할을 비교하며 그 모든 은사를 주신 하나님을 못마땅하게 여기는 태도는 결국 교회를 분열시킵니다. 은사에 대한 열등감은 해로운 것입니다. 지체 된 자가 자신의 은사에 대한 열등감과 불만을 품으면 결국 자기 자신도 상하게 하고 자신과 연결된 몸의 다른 지체도 상하게 만듭니다. 로이드존스는 고린도전서 12장을 설명하며 이렇게 말합니다.

"몸 안에서 중요하지 않은 지체는 하나도 없습니다. 사람들은 때때로 교회 안에서 나는 그렇게 중요한 교인이 아니라고 스스로 생각합니다. 그러나 알아야 할 것은 중요치 않은 교인은 하나도 없다는 것입니다. 물론 그들이 말하는 것은 자기들에게는 다른 사람들이 가지고 있는 어떤 특별한 은사나 뛰어남이 없다는 의미일 것입니다. 그들은 자기들이 대중 앞에서 유창하게 말을 못하고 설교도 못하고 기도도 못한다는 뜻일 것입니다. 그렇지만 그들은 자기들이 가지고 있는 은사를 멸시하고 있는 것입니다."

모든 지체들은 교회 안에서 각기 중요한 존재입니다. 물론 상대적으로 다른 사람들의 눈에 더 잘 띄는 자리에 있는 사람도 있고, 상대적으로 눈에 덜 띄는 사람도 있을 수 있지만 어느 쪽이든 그리스도의 몸인 교회에서는 예외 없이 중요합니다. 온몸이 눈이나 손일 수는 없습니다. 우리 몸 안에 눈에 띄지 않는 장기들이 있는 것처럼 그리스도의 몸 안에도 눈에 띄지 않는 지체들이 있습니다. 하지만 보이지 않는다고 그 중요성이 덜한 것은 아닙니다. 열등감은 교회의 주인이신 주님의 지혜와 사랑을 무시하고 망각할 때 찾아오는 것입니다. 은사에 대한 열등감만큼 상대적인 우월감 또한 해롭습니다. 바울은 다음과 같이 말합니다.

"더 약하게 보이는 몸의 지체가 도리어 요긴하고"(고전 12:22).

"오직 하나님이 몸을 고르게 하여 부족한 지체에게 귀중함을 더하사 몸 가운데서 분쟁이 없고 오직 여러 지체가 서로 같이 돌보게 하셨느니라"(고전 12:24-25).

즉 모든 그리스도의 지체들에게는 각각 다른 은사들이 있지만 모든 은사가 한 몸을 위한 것이며, 그렇기 때문에 다 중요하다는 것입니다. 그러므로 우리는 자신의 중요성을 내세우려 하기보다는 오히려 '당신 없는 나는 아무 의미가 없습니다' 하는 생각으로 다른 지체들을 대하도록 해야 합니다. 사도 바울은 "우리의 아름답지 못한 지체는 더욱 아름다운 것을 얻느니라"(고전 12:23)고 말합니다. 교회의 모든 그리스도인들은 전체를 위해 없어서는 안 될 존재들입니다. 우리는 서로를 귀히 여기며 유익하게 하기 위해 힘써야 합니다.

그러기 위해서 우리는 바른 교회론을 확고하게 정립해야 합니다. 오늘날 그리스도인들 중에는 교회에 대해서는 무지하고, 기독교 신앙을 그저 개인의 행복과 구원을 얻는 방편 정도로만 생각하는 이들이 많습니다. 그러나 신자의 구원은 교회와 무관할 수 없습니다. 모든 구원받은 성도는 교회의 지체로서의 삶을 살아야 합니다. 즉 성도는 구원받은 이후 삶의 많은 영역, 아니 전 영역에서 교회라는 몸에 속한 지체로서 교회와 관련하여 삽니다. 교회에 와서 잠깐 예배만 드리고 가는 것이 교회와의 관련성의 전부일 수 없습니다. 어떤 성도도 혼자 서 있을 수 없습니다. 다른 지체들과 함께 묶여 그리스도의 몸을 세우고, 머리 되신 그리스도를 영화롭게 하는 것이 참 구원받은 성도의 삶입니다.

은사에 대한 열등감이나 우월감도 해롭지만, 은사에 관심도 없고 신경도 쓰지 않는 태도 역시 바람직하지 못합니다. 이는 교회를 섬기는 일 자체에 무심한 것이기 때문입니다. 우리는 하나님이 주신 모든 은사를 귀하게 여기고 그리스도의 몸인 교회 안에서 서로를 돕고 세우기 위해 사용해야 합니다.

은사 사용에 청지기 의식을 가져라

이를 위해 은사 사용의 태도에 대하여 성경이 말하는 바를 크게 세 가지로 나누어 살펴보려고 합니다. 그중 첫 번째는 은사를 청지기의 자세로 사용하는 것입니다. 은사는 하나님이 선물로 주신 것입니다. 베드로전서 본문은 그것을 매우 직접적으로 언급합니다. "각각 은사를 받은 대로 하나님의 여러 가지 은혜를 맡은 선한 청지기같이 서로 봉사하라." 이 명령의 우선적인 의미는 우리 자신은 우리가 소유한 은사의 주인이 아니라는 사실을 기억하라는 것입니다.

우리는 단지 은사를 위임 받은 자들이기 때문에 병 고치는 은사든, 방언의 은사든, 통역의 은사든 자신을 과시하는 용도로 사용해서는 안 됩니다. 교회에서 은사에 따라 맡은 직무는 모두 청지기처럼 교회를 섬기고 봉사하기 위한 자리입니다.

또한 하나님이 우리에게 주신 은사를 청지기처럼 사용하라는 명령은 이후에 있을 '계산'을 기억하라는 의미이기도 합니다. 하나님은 장래에 당신이 주신 은사를 우리가 어떻게 사용하였는지, 은사를 사용해 청지기같이 봉사했는지 여부를 물어 계산하실 것입니다. 주님은 이렇게 말씀하셨습니다.

"무릇 많이 받은 자에게는 많이 요구할 것이요 많이 맡은 자에게는 많이 달라 할 것이니라"(눅 12:48).

그러므로 사람들에게 인정받고 명성을 얻기 위해 많은 은사를 구하는 것은 어리석은 일입니다. 기본적으로 받은 은사에 자족하며 섬기는 것이 옳습니다. 다만 더 많이 봉사하고 더욱 주님을 섬기기 위해서라면 두렵고 떨리는 마음으로 은사를 구하며 그것을 선용하기를 힘쓸 수 있습니다. 어떤 은사를 받았든 그것을 선한 청지기같이 봉사하는 데 사용하는 것이 가장 중요합니다.

장차 주님 앞에서 받은 은사를 어떻게 사용했는가를 계산할 때에 자신의 은사에 무관심하거나 불평만 하거나, 그것으로 다른 지체들과 주의 몸 된 교회를 섬기기를 게을리한 자는 떳떳하지 못할 것입니다. 그것은 그리스도의 몸의 지체다운 모습이 아니기 때문입니다.

그리스도의 몸의 지체는 자신에게 주신 은사로써 교회를 섬기려는 중심을 갖습니다. 예를 들어 가르치는 은사를 받은 자는 그것으로 하나님의 진리를 더 잘 전하기 위해 하나님의 말씀을 연구하며 성령의 도우심을 구합니다. 돕는 은사를 받은 자는 다른 사람의 필요에 대하여 더 예민하고 섬세한 마음을 가지고 주변을 돌아봅니다. 또 구제의 은사를 가진 자는 남달리 궁핍한 자를 돕고 섬기는 데 예민하고 거기에서 기쁨과 즐거움을 느낍니다. 특정한 은사를 가진 자들은 그 분야에서 더 적극적으로 교회를 세우고자 하는 열심을 품고 섬기게 되는 것입니다. 물론 우리가 저마다의 은사를 사용하는 일에는 어느 정도의 부족함이 있을 수 있습니다. 하지만 은사를 주신 하나님을 생각하며 그 은사를 활용하여 더 잘 섬기기 위해 노력해야 합니다.

은사를 주신 목적은 맡은 바 역할을 근근이 감당하는 데 머무는 것이 아니라 그것으로 그리스도의 몸인 교회를 세우는 데 있습니다. 그래서 바울은 디모데에게 하나님이 그에게 주신 말씀을 전하고 가르치는 은사를 가볍게 여기지 말라고 하며 다음과 같이 권합니다.

"이 모든 일에 전심전력하여 너의 성숙함을 모든 사람에게 나타나게 하라"(딤전 4:15).

하나님이 주신 은사에 소극적으로 임하거나 소홀히 해서는 안 됩니다. 우리는 장차 하나님이 우리가 받은 은사를 어떻게 사용했는지 반드시 계산하실 것을 생각해야 합니다. 그러므로 선한 청지기같이 전심전력하여 자기의 은사를 가지고 그리스도의 교회를 섬기기 위해 힘써야 합니다.

하나님이 공급하시는 힘을 의지하라

은사 사용의 두 번째 성경적 원리는 자기 힘이 아니라 하나님이 공급하시는 힘으로 또는 하나님을 의지함으로 은사를 사용해야 한다는 것입니다. 바울은 "이 모든 일은 같은 한 성령이 행하사"(고전 2:11)라고 말합니다. 은사는 우리 자신의 힘으로 행하는 것이 아닙니다. 베드로 사도 역시 "각각 은사를 받은 대로……선한 청지기같이 서로 봉사하라"고 한 뒤에 "누가 봉사하려면 하나님이 공급하시는 힘으로 하는 것 같이 하라"(벧전 4:10-11)고 말합니다.

우리는 교회의 여러 가지 일을 맡아서 할 때 자기 힘과 개인적 역량에 의지하려는 유혹을 받을 수 있습니다. 예를 들어, 말씀을 가르치는 자는 하나님의 말씀을 하나님이 공급하는 힘으로 전하고 가르치기보다 자신이 아는 신학적 지식과 책의 내용에 근거하여 자기 실력으로 가르칠 수 있다고 생각할 수 있습니다.

하지만 이는 그릇된 생각입니다. 하나님이 주신 은사로 다른 지체를 섬길 때는 하나님이 공급하시는 힘으로 섬겨야 교회가 바르게 세워지고 교회의 머리 되신 그리스도께서 드러나십니다. 교회 안에서 이 분명한 진리가 무시되고 지켜지지 않으면 섬기는 자 스스로도 힘들고 상처받고 넘어질 뿐만 아니라 다른 사람들도 실족하게 됩니다. 우리는 교회를 섬길 때 비록 익숙한 일일지라도 철저히 하나님을 의지함으로써 은사를 사용해야 합니다.

종종 세상에서 인정받는 전문 지식과 능력을 우선적으로 고려하여 교회 일을 맡겨 그 사람의 실력과 노하우를 따라 일하게 하는 경우가 있습니다. 예를 들어, 신자들 중 가르치는 일에 능숙한 교사들에게 주일학교 교사를 맡기는 것입니다. 그러나 우리는 이런 일에 좀 더 신중해야 합니다. 교육직에 종사하는 자라고 아이들에게 말씀을 더 잘 가르치는 것은 아닙니다. 말씀을 가르치는 일은 단순히 지식을 전달하는 것이 아니기 때문입니다. 거기에는 영혼의 반응과 변화를 일으키는 영적인 감화력이 필요합니다. 이런 사실을 생각하지 않고 자기 힘으로 교회를 섬기다 보면 절망을 경험하게 됩니다.

그리스도의 몸 안에서 은사 사용은 궁극적으로 다른 사람들의 기분을 좋게 하는 것 정도가 아니라 우리 힘으로는 할 수 없는 문제, 즉 개인의 영혼이 살고 죽는 문제를 위한 것입니다. 이것은 사람의 힘으로 할 수 없는 일입니다. 사도 바울은 여러모로 대단히 실력 있는 사람이었지만 회심한 이후 그리스도의 몸인 교회를 섬길 때 자신의 실력을 의지하지 않았습니다. 얼마든지 그렇게 하고자 하는 유혹이 있었을 것입니다. 그러나 빌립보서에서 한 고백처럼 그는 이전의 자랑거리들을 배설물로 여겼습니다(빌 3:8). 그리고 이렇게 말합니다.

"내 속에서 능력으로 역사하시는 이의 역사를 따라 힘을 다하여 수고하노라"(골 1:29).

이것이 은사 사용의 원리입니다. 우리는 우리 속에서 능력으로 역사하시는 이를 의지하여서 힘을 다해 수고할 뿐입니다. 간혹 교회 주방에서 섬기는 일이든 청소하는 일이든 무엇이든 "나는 한번 한다고 하면 하는 사람이니까 확실하게 할 것입니다" 하며 자신 있게 임하는 분들이 있습니다. 그러나 자신의 의지만으로는 기쁜 마음과 즐거움으로 감사하게 섬기는 것이 오래가지 못합니다. 금세 '밖에서 잘나가는 내가 이런 일이나 해야겠어?' 하는 생각이 듭니다. 하나님이 공급하시는 힘이 아니면 주를 기쁘시게 하는 어떤 봉사도 할 수 없습니다. 스스로의 힘만으로는 금방 넘어집니다. 우리도 바울처럼 내 속에서 능력으로 역사하시는 이의 역사를 따라서 힘을 다하여 수고하는 자가 되어야 합니다.

오직 사랑으로

은사를 참되게 사용하기 위한 마지막 성경적 원리는 사랑으로 은사를 사용해야 한다는 것입니다. 바울은 고린도전서 12장에서 많은 은사들을 언급한 이후에 제일 끝부분에 "내가 또한 가장 좋은 길을 너희에게 보이리라"(고전 12:31)는 말을 덧붙입니다. 그리고 뒤이어 13장에서 '사랑'에 대하여 이야기합니다. 우리는 지금 편리하게 장을 나누어서 보지만 성경이 기록될 당시에는 장이나 절의 구분 없이 연결되어 있었습니다. 사랑에 대한 내용은 앞의 은사에 대한 설명과 관련하여 기록된 것입니다.

바울은 고린도전서 13장 전반부에서 모든 은사에 사랑이 없으면 그것은 아무것도 아니라는 사실을 반복적으로 강조합니다. "사람의 방언과 천사의 말을 할지라도 사랑이 없으면 소리 나는 구리와 울리는 꽹과리와 같다. 예언하는 능이 있어 모든 비밀과 모든 지식을 알고 또 산을 옮길 만한 모든 믿음이 있을지라도 사랑이 없으면 내가 아무것도 아니다. 내게 있는 모든 것으로 구제하고 또 내 몸을 불사르게 내어 줄지라도 사랑이 없으면 내게 아무 유익이 없다"(고전 13:1-3)고 말합니다.

모두 앞에서 거론되었던 은사들입니다. 이런 모든 은사를 가지고 있고, 또 그것을 외형상 잘 사용하고 있어도 그 안에 사랑이 없으면 아무 것도 아니며, 아무 유익이 없다는 것입니다. 이것은 은사 사용에 있어서 빼놓을 수 없는 중요한 원리입니다.

우리는 은사를 자랑거리로 여기는 시대에 살고 있습니다. 몇 가지 특정 은사를 자랑하고, 그것이 없으면 열등하거나 비정상적인 것처럼 여기는 일까지 있습니다. 그러나 정말 중요한 것은 어떤 은사를 소유했느냐가 아니라 그 은사를 성경의 가르침대로 사용하느냐입니다. 우리는 자신의 은사를 청지기로서 충성스럽게 사용하는가, 하나님이 공급하시는 힘으로 하나님을 의지하여 사용하는가, 사랑으로 사용하는가를 자문해야 합니다.

하나님은 우리 모두에게 저마다 고유한 가치가 있는 은사들을 주셨고, 그 모든 것들을 가지고 교회를 세우고, 교회의 머리 되신 그리스도를 높이도록 하셨습니다. 이를 위해서 우리는 지금까지 살펴본 세 가지 원리에 따라 은사를 사용해야 합니다. 예수님을 믿고 구원받아 이 땅에서 사는 모든 신자의 삶은 이런 목적과 원리에 헌신되어야 합니다. 교회와 무관하게 독불장군처럼 주님 자신만 사랑하고 그분을 영화롭게 하는 일은 있을 수 없습니다.

물론 세 가지 원리에 따라 부르심의 목적에 온전히 헌신하는 것이 쉬운 일은 아닙니다. 세 가지 중 한 가지 원리만 잘 따르려 해도 주님이 주시는 은혜가 아니면 불가능합니다. 그러나 그중 하나만 실패해도, 예를 들어 사랑 없이 섬기기만 해도 결국 우리의 섬김은 아무것도 아닌 것이 됩니다. 우리에게 주어진 은사가 세 가지 원리대로 사용되어 우리 각 사람이 진실로 교회를 세우고, 교회의 머리 되신 그리스도께 영광을 돌리는 지체로 서기를 소망합니다. 주께서 우리 모두를 그런 건강한 교회, 건강한 신자로 서게 해 주시기를 바랍니다.

하나님이 주신 직책과 직분

"은사는 여러 가지나 성령은 같고 직분은 여러 가지나 주는 같으며 또 사역은 여러 가지나 모든 것을 모든 사람 가운데서 이루시는 하나님은 같으니……하나님이 교회 중에 몇을 세우셨으니 첫째는 사도요 둘째는 선지자요 셋째는 교사요 그다음은 능력을 행하는 자요 그다음은 병 고치는 은사와 서로 돕는 것과 다스리는 것과 각종 방언을 말하는 것이라"(고전 12:4-6, 28).

"우리 각 사람에게 그리스도의 선물의 분량대로 은혜를 주셨나니……그가 어떤 사람은 사도로, 어떤 사람은 선지자로, 어떤 사람은 복음 전하는 자로, 어떤 사람은 목사와 교사로 삼으셨으니 이는 성도를 온전하게 하여 봉사의 일을 하게 하며 그리스도의 몸을 세우려 하심이라"(엡 4:7, 11-12).

신앙은 주신 은사를 바르게 사용하여 봉사할 때 성장합니다. 말씀만 가만히 듣고 있으면 제대로 성장할 수 없습니다. 분명 말씀은 생명의 양식이지만 그 양식을 먹고 움직여야 잘 성장할 수 있습니다. 신자는 힘써 하나님의 손과 발의 역할을 하는 가운데 하나님의 뜻을 더욱 알아 가며, 그분의 힘을 공급받아 일하는 가운데 하나님의 인자하시고 선하신 성품과 무궁한 능력을 깊이 경험하게 됩니다. 그리고 이런 경험을 통해서 우리의 신앙은 성숙하게 되고, 신자로서의 참된 기쁨 또한 알게 됩니다. 자신의 은사를 사용해서 기꺼이 봉사할 때 주님을 기쁘시게 할 뿐만 아니라 우리 자신도 영적인 성장을 경험하게 됩니다.

은사에 이어서 살펴볼 교회 안에서의 직책도 마찬가지입니다. 어쩌면 교회 안에서 특정한 직책을 맡지 않은 사람들은 이에 관한 내용을 자신과 무관한 것으로 여길지도 모릅니다. 그러나 신자 중 누구도 교회의 직책과 무관한 사람은 없습니다. 모든 신자는 자기 직책에 충실한 지체들의 봉사에 따라 혜택을 받고, 그들과의 관계 속에 서로 교제하며 세워져 가기 때문입니다. 그러나 안타깝게도 교회 안에는 직책에 대한 오해와 그릇된 태도로 인한 혼란이 많이 발생합니다. 이것은 교회가 바른 모습을 갖기 위해 꼭 필요한 내용이므로 신중하게 살펴볼 필요가 있습니다.

고린도전서 12장과 에베소서 4장 본문은 하나님이 교회 안에 어떤 체계를 두시고 질서 있게 교회를 세우신다는 사실을 말해 줍니다.

"하나님이 교회 중에 몇을 세우셨으니 첫째는 사도요 둘째는 선지자

요 셋째는 교사요"(고전 12:28)

"그가 어떤 사람은 사도로, 어떤 사람은 선지자로, 어떤 사람은 복음 전하는 자로, 어떤 사람은 목사와 교사로 삼으셨으니"(엡 4:11)

이런 기록은 모두 하나님이 주신 직책들에 대한 가르침입니다. 물론 이것이 교회의 직책 전부를 말하는 것은 아닙니다. 이 밖에도 성경의 다른 곳에서 감독(딤전 3:2-7, 딛 1:7-9), 장로(딛 1:5-6), 집사(행 6:3-6, 딤전 3:8-13) 등의 직책들이 언급되고 있으며, 오늘날 교회 안에서 섬기는 구역장, 성경 공부 리더 등 필요에 따라 섬김을 맡아 수고하는 직책들도 있습니다.

특히 본문에서 직책들을 설명할 때 주된 강조점은 이 직책들을 교회 안에 두신 분이 하나님이시라는 사실입니다. "하나님이 교회 중에 몇을 세우셨으니"(고전 12:28), "그가 어떤 사람은 사도로, 어떤 사람은 선지자로……삼으셨으니"(엡 4:11)라는 말씀은 모두 같은 의미입니다. 에베소서 4장 11절에서 '삼으셨으니'라고 번역된 말은 개역한글에는 '주셨으니'라고 번역되었는데, 후자가 원문의 의미에 더 가깝습니다. 즉 하나님이 교회에 사도와 선지자와 목사와 교사를 주셔서 섬기게 하신 것입니다.

교회의 직책에 대한 거부감

하지만 예나 지금이나 교회 안에는 이런 직책을 무시하는 이들이 존재합니다. 그들은 교회 조직의 거대화와 경직화에 대한 극단적인 반발로 교회에서 직책 자체가 사라져야 한다고 주장하며, 하나님이 교회에 조직과 체계를 두시고 그 안에서 직책과 권위를 가지고 일하게 하신다는 사실을 부정합니다.

예를 들어, 형제교회(Plymouth Brethren)와 오늘날 유기적 교회 운동, 이머징 처치(emerging church) 운동 등에 속한 이들이 그런 주장을 펼치는 대표적인 그룹들입니다. 그들은 교회 안에 정해진 설교자를 두지 않고 회중 안에서 감동을 받은 사람이 말씀을 전합니다. 그 외에도 특정한 직책들을 두지 않습니다. 그들은 자신들이 매우 초대교회적인 신앙생활을 하고 있다고 자부합니다. 하지만 초대교회에는 분명히 사도와 선지자와 목사와 교사가 있었습니다. 교회는 시대를 막론하고 필요한 직책들을 두고 사역을 감당하도록 했습니다.

전에 우연히 형제교회에 속한 분을 알게 되었습니다. 그분은 장로교 출신으로 전에는 장로 직분을 맡았었는데, 형제교회에서 목사의 일까지 하며 다른 여러 섬김을 감당하고 있었습니다. 교회의 직제를 거부하지만 실제 사역에 있어서는 직책에 따른 일들이 필요한 모순된 현실에 빠져 있는 것입니다.

오늘날 교회의 직분에 대해서 공공연히 부정적인 입장을 취하는 것은 특정 그룹에 속한 자들만이 아닙니다. 아마도 그들 중 상당수는 교회의 조직이나 직분자들의 바르지 못한 모습에 대한 배경 경험이 있을 것입니다. 그러나 어떤 이유에서든 하나님이 교회 안에 직책을 두어 교회를 세우시고 움직이신다는 성경의 가르침 자체가 뒤집힐 수는 없습니다. 현실에서 발생하는 어떤 오류나 문제로 인해 하나님이 교회에 직책을 두시고 질서를 유지하며 통치하신다는 사실 자체가 부정될 수는 없습니다.

언제나 문제는 하나님이 세우신 교회의 직책들과 직제 자체가 아니라 그것을 맡은 자들이 교회의 머리이신 그리스도의 통치를 따르지 않는 데서 발생합니다. 전자는 재고의 대상이 아닙니다. 우리 몸의 장기가 말썽을 일으킨다고 해서 그 기관들의 필요성 자체를 의심하는 것은 어리석은 일입니다. 그런데도 교회 안에는 하나님이 세우신 직책들에 대해 경솔한 태도를 보이는 이들이 많습니다.

모든 직책은 예수 그리스도의 권위와 명령을 따른다

물론 우리는 본문에 나오는 사도와 선지자 같은 직책은 더 이상 볼 수 없습니다. '복음 전하는 자'도 마찬가지입니다. 초대교회에서 복음 전하는 자란 주로 사도행전 8장에 나오는 빌립이나 스데반, 또는 디모데와 디도같이 특별한 역할을 가진 사람을 지칭한 것이었습니다. 그들은 초대교회가 형성될 당시 사도들을 수행하면서 곳곳에서 말씀을 전하고, 세워진 교회에 직분자들을 임명하고, 권징을 시행하는 등의 일을 담당하거나 도왔던 이들입니다. 일반적으로 이 직책은 초대교회 당시에만 있었던 것으로 인정됩니다.

그런데 1990년대 중반 이후 피터 와그너가 신사도개혁운동을 주창하면서 이런 일반적인 생각에 이론(異論)을 제기하며 사도와 선지자의 직책이 지금도 계속된다고 주장하는 무리를 이루었습니다. 그들은 스스로를 사도로 일컫기도 하고, 심지어 자신들끼리 다른 사도들을 임명하기도 합니다. 우리나라에도 피터 와그너가 와서 임명한 사도와 선지자가 여럿 있습니다. 그들은 온갖 예언들을 쏟아냅니다. 이미 성경에 우리에게 필요한 내용들이 다 담겨 있음에도 불구하고 그 외에 확인되지 않는 말들을 늘어놓고 있는 것입니다.

오늘날의 그 '사도'들은 분명 성경이 말하는 사도와는 완전히 다른 무리들입니다. 성경에는 기존의 11명의 사도들과 가룟 유다의 자리를 대신하기 위해 예수님의 부활까지 목격한 자들 중에서 뽑은 맛디아, 그리고 주께서 친히 택하여 세우신 바울 사도 외에는 그 누구도 추가로 사도로 세워졌다거나 세워질 수 있다는 암시가 없습니다.

우리가 주목하고 추구해야 할 것은 특정한 직분이 가진 능력과 그것이 우리에게 주는 강렬한 인상이 아니라 직분을 허락하신 하나님과 그분의 뜻입니다. 하나님은 교회 안에 체계와 직책들을 두시고 이를 통하여 하나님 자신의 힘과 권위로써 교회를 질서 있게 세워 가십니다.

본문은 이런 '특별한 직책들'에 이어 '교회 안에 항상 있는' 목사와 교사에 대해서 언급합니다. 여기서 목사와 교사는 거의 같은 대상을 일컫는 말입니다. 이에 관해서는 앞으로 더 살펴보게 될 것입니다. 목사와 교사 외에도 바울이 에베소 교회의 장로들을 청하여서 당부했던 장면이나(행 20:17-38), 빌립보서 서두에 기록된 "그리스도 예수 안에서 빌립보에 사는 모든 성도와 또는 감독들과 집사들에게 편지하노니"(빌 1:1)라는 인사말 등을 통해 우리는 당시 교회 안에 여러 직분들이 있었음을 알 수 있습니다.

이런 직분들은 앞서 살펴본 비상시적인 직분들과 달리 오늘날까지 존재하며 교회에 필요한 역할들을 계속 감당하고 있습니다. 초대교회 때부터 교회 안에는 하나님이 두신 이런 직책들이 있었고, 하나님은 그것들을 통하여 그리스도의 몸인 교회의 일을 행해 오셨습니다.

우리는 교회에서 어떤 일을 맡아 섬기든 직무에 대한 바른 이해를 가져야 합니다. 무엇보다 교회와 세상 단체들 사이의 차이를 바르게 알아야 합니다. 많은 이들이 이런 이해 없이 교회의 직책을 주관적이고 세상적인 관점에서 수행합니다.

물론 교회의 구성과 직책, 혹은 용어들이 외면상으로는 세상의 다른 조직들과 비슷해 보일 수 있습니다. 그러나 그 직책이 수행되는 근거나 방식은 전혀 다릅니다. 세상의 조직과 직책은 대체로 상호 이해관계나 수직적인 계급 논리에 따라 형성되고 유지됩니다. 교회는 이와 다릅니다. 교회에도 목사나 장로 같은 리더십을 감당하는 직책이 있고, 존중되어야 할 권위와 질서가 있지만 이런 직책들은 결코 직장의 상사나 군대의 상관처럼 아랫사람을 임의로 통제하는 강제권이나 무언가를 수여하고 박탈할 권리를 갖지 않습니다.

교회 안에 세워진 권위에 대한 순종은 다만 교회의 모든 권위의 근원인 그리스도의 권위에 대한 순종에 따른 것입니다. 또한 이런 동기로 교회에는 상호 이해관계와 상하 계급 논리에 의한 기계적인 순종이 아니라 피차 순종하는 유기적인 역동성이 있습니다(엡 5:21). 그리스도를 경외하는 것 안에서 질서가 형성되고 유지되는 것입니다.

이처럼 교회의 조직과 직책은 예수 그리스도의 권위와 그분의 명령을 따라 유기적으로 움직입니다. 목사든 장로든 권사든 집사든 직책을 맡은 모든 사람은 자기 자리에서 그리스도의 권위와 영예를 위해 헌신하며, 주님은 이들을 통해서 자신의 권세를 나타내시고 질서를 세우십니다.

교회에 위임된 주님의 권위

우선 교회에서 직책을 맡은 자들부터 이런 사실을 명심해야 합니다. 주님은 교회 안에 세워진 직분자에게 권위를 허락하십니다. 그런데 그 권위는 그들 자신을 위한 것이 아닙니다. 교회는 위임된 권위를 가볍게 여겨서는 안 됩니다. 주님은 자신의 권위를 교회에 위임하시고, 위임하신 그 권위를 통하여 자신의 통치를 행하십니다. 교회에 주어진 권위의 막중함은 권징에 대한 주님의 가르침에서 분명히 나타납니다.

"네 형제가 죄를 범하거든 가서 너와 그 사람과만 상대하여 권고하라 만일 들으면 네가 네 형제를 얻은 것이요 만일 듣지 않거든 한두 사람을 데리고 가서 두세 증인의 입으로 말마다 확증하게 하라 만일 그들의 말도 듣지 않거든 교회에 말하고 교회의 말도 듣지 않거든 이방인과 세리와 같이 여기라"(마18:15-17).

그러고 나서 "진실로 너희에게 이르노니 무엇이든지 너희가 땅에서 매면 하늘에서도 매일 것이요 무엇이든지 땅에서 풀면 하늘에서도 풀리라"(마 18:18)라고 덧붙이십니다. 주님이 교회에 죄를 범한 지체를 치리할 권세를 위임하시고, 주님의 말씀에 충실하게 따른 교회의 결정을 승인해 주시며, 그런 절차를 통해 그분이 교회를 다스리신다는 것입니다.

교회에서 직책을 맡은 자는 교회를 대표하여 그리스도의 통치를 실현해야 할 자로서 철저히 하나님의 말씀을 따라 그 일을 감당해야 합니다. 자기 욕심을 따라 성경을 거스르면서 그리스도의 권위를 운운해서는 안 됩니다. 교회의 직책을 맡은 자들이 그리스도의 권위를 나타내는 데서 가장 중요시해야 할 것은 바로 하나님의 말씀 안에서 그 권위를 바르게 행사하는 것입니다. 그 누구도 사적인 판단이나 욕구로 하나님의 말씀을 거스를 수 없습니다.

오늘날 개신교회 안에도 권위의 남용이 많이 발생하고 있지만 그 대표적인 사례는 로마가톨릭교회입니다. 그들은 단순히 그런 실수를 자주 범해 온 정도를 넘어 교회의 체제 자체가 그렇게 굳어져 있습니다. 예를 들면, 그들은 교황이라는 성경에서 찾아볼 수 없는 하나님과 우리 사이에 있는 중보적인 직책을 만들어 임의대로 권위를 행사합니다. 그의 가르침은 무오하며 성경과 거의 동등한 권위를 갖는다고 주장하며 온 교회가 신적 대리자인 교황을 따라야 한다고 가르칩니다.

이것은 성경의 가르침과 주님의 권위에 대항하는 반역적인 행동입니다. 교황을 위시한 사제 그룹은 자신들의 행동을 정당화하기 위해 하나님의 말씀을 해석할 독점적인 권한이 자신들에게만 있는 것으로 주장하면서 사실상 성도들을 향한 말씀의 직접적인 권위를 제한하고 자신들의 권위를 성경보다 더 크게 휘두릅니다. 그들의 모든 종교적인 의식과 가르침들이 성경보다 그들의 전통을 따른 산물인 것도 이런 이유 때문입니다.

우리는 교회가 하나님의 말씀을 다스리는 것이 아니라 하나님의 말씀이 교회를 다스린다는 사실을 명확히 해야 합니다. 만일 지상 교회의 리더 그룹이 말씀에 위배되는 것을 명령한다면 우리는 그것에 불순종할 양심의 자유를 가지고 있습니다. 교회의 권위 행사는 결코 말씀의 범주를 넘어갈 수 없기 때문입니다. 교회의 권세는 오직 하나님의 말씀 안에서 시행될 수 있습니다. 교회의 직책을 맡은 자들은 누구나 모든 사역과 행동에서 항상 하나님의 말씀에 제한을 받아야 합니다. 자신들의 판단과 행동이 하나님의 말씀에 맞는지, 하나님의 말씀에 따른 것인지를 스스로 항상 물어야 합니다.

예를 들어, 장로교회의 목사와 장로는 교회의 어떤 중요한 문제를 제안하고 결정할 때 그것이 진리 안에서 양심에 거리낌 없이 하는 것인가를 물어야 합니다. 누구를 견제하거나 자기 기반을 확보하려는 정치적인 판단과 사사로운 생각에 따라 공적인 일을 행하는 것은 아주 큰 잘못입니다. 요즘 한국교회에는 "목사가 혼자 일방적으로 하지 못하도록 장로들과 다른 직분자들이 잘 견제해야 한다"는 식의 직분 이해가 보편화되었습니다. 그런데 이런 발상은 전혀 성경적인 것이 아닙니다. 성경은 교회의 직분을 마치 의회가 행정부를 견제하는 식의 '장치'로 가르치지 않습니다. 목사든 장로든 오직 충성되게 그리스도의 권위를 따라 말씀 안에서 자신이 맡은 직책을 잘 수행하여 교회를 바르게 세우기 위해 있는 자들입니다.

교회의 권세에는 영적인 특성이 있습니다. 교회의 권세의 원천은 하늘의 권세입니다. 그러므로 교회에 허락하신 권세가 말씀 안에서 행해지지 않으면 그리스도께서 교회를 통하여 "땅에서 매면 하늘에서도 매일 것이요 무엇이든지 땅에서 풀면 하늘에서도 풀리리라"는 말씀을 성취하시기는커녕 그분의 권위로써 교회에 교만과 태만의 책임을 물으실 것입니다.

교회가 가진 권세는 이 세상의 다른 집단들이 가진 물리적인 힘과 권력보다도 더 탁월합니다. 겉으로는 국가나 군대나 큰 회사 같은 기관이 가진 권세가 더 강력하고 위압적이고 유효해 보이는 반면 교회의 권위는 작고 느슨해 보일 수 있습니다. 그래서 심지어 그리스도인임을 자처하는 이들마저도 교회의 권세를 우습게 여기고 가볍게 생각하기도 합니다. 그러나 주님은 전혀 다르게 말씀하십니다. 주님은 교회의 권세보다 더 강력하고 확실한 권세는 없다고 말씀하십니다. 교회에 천국 열쇠를 주심으로써 산 자와 죽은 자를 심판하시는 주님의 권위가 교회를 통해 이 땅에 나타나도록 하셨습니다(마 16:19).

그러므로 우리는 말씀 안에서 행사되는 교회의 바른 권위를 존중하고 순종해야 합니다. 죄지은 자는 교회의 권위 있는 권면과 다스림을 따라야 하며 돌이켜 회개해야 합니다. 직장 상사 앞에서는 꼼짝도 못하면서 죄를 버리고 주님께 돌이키라고 권면하는 교회의 권위는 우습게 여기는 어리석음을 피해야 합니다. 그런 경솔함은 그리스도 안에서의 생명의 교제로부터 스스로를 배제시키는 결과를 가져올 것이기 때문입니다.

직분은 서로 섬기기 위한 자리

주님이 자신의 통치를 위해 교회에 두신 직책은 앞서 살펴본 성령의 은사와 마찬가지로 교회를 섬기기 위해 사용되어야 합니다. 교회의 모든 은사와 직책은 자기 과시나 상대에 대한 지배권 행사를 위해서가 아니라 오직 교회를 섬기게 하려고 주신 것입니다. 그러나 많은 사람들이 교회에서 맡은 직분에 책임감보다 자부심을 더 크게 느끼곤 합니다. 교회의 직책과 권위는 세상의 관직처럼 개인에게 귀속된 특권이나 명예가 아닙니다. 교회의 은사나 직분을 신분 상승 개념으로 이해해서는 안 됩니다. 그것은 다 종처럼 섬기라고 우리에게 맡기신 것입니다.

주님은 제자들이 주님의 나라에서 높은 자리를 서로 얻고자 했을 때 높아지려 하기보다 서로 종처럼 섬겨야 한다고 하시며, 인자가 온 것 역시 섬김을 받기보다 섬기기 위해서이고 자기 목숨을 많은 사람들의 대속물로 주기 위해서라고 말씀하셨습니다(마 20:20-28). 주님은 잡히시기 전날 밤에도 수건을 허리에 두르고 제자들의 발을 씻기시며 제자들이 가져야 할 섬김의 본을 친히 보이셨습니다(요 13:4-17). 사도 베드로는 이런 주님의 모습을 회고하며 후에 이렇게 말합니다.

"너희 중에 있는 하나님의 양 무리를 치되 억지로 하지 말고 하나님의 뜻을 따라 자원함으로 하며……양 무리의 본이 되라"(벧전 5:2-3).

정말 우리가 참된 교회로 서기를 원한다면 직책에 대한 태도가 달라져야 합니다. 직분은 우리가 욕심내어 차지해야 할 자리가 아니라 서로를 섬기기 위해 있는 자리입니다. 개인적인 자랑거리가 아니라 주님과 교회를 위한 큰 책임을 진 자리입니다. 그러므로 비록 교회에서 작은 일이라도 맡았을 때는 완벽하지는 못해도 주님 앞에서 충성스럽게 교회와 지체들을 섬겨야 합니다. 이것은 직책을 맡고 있지 않은 사람도 마찬가지입니다.

직분자를 세울 때는 신중해야 한다

우리는 이런 사실에 기초하여 교회에서 리더십을 발휘하는 직분자들을 세울 때 사회적인 배경이나 조건이 아니라 그가 그리스도와 다른 지체들을 꾸준하고 진실하게 섬기는지를 보아야 합니다. 물론 그 이전에 직분자는 은혜의 방편들에 충실하고, 하나님을 전적으로 의지하며, 말씀을 따라서 살려고 하는 자라야 합니다. 그러나 공동체 안에서 얼마나 지체들을 진실하게 섬기는가 역시 반드시 시간을 두고 지켜보아야 할 문제입니다.

완벽한 사람은 찾자는 것이 아닙니다. 완벽한 사람은 없습니다. 그러나 직분자로서 주님 자신에 대한 신앙뿐만 아니라 그리스도의 몸인 교회를 향한 마음과 태도가 충분히 감안되지 않으면, 아무리 세상에서 탁월한 능력을 갖고 높은 지위에 있는 자라도 그는 교회의 신실한 일꾼으로 쓰일 수 없습니다. 사람들을 교회에 묶어 두기 위해 교회의 직분을 장사하듯 배분하는 악습은 타파되어야 합니다. 비록 완전하지는 못하더라도 가능한 한 하나님의 말씀에 충실하게 직분자를 세우고, 직책을 맡은 자들은 주께서 주신 은혜에 의지하여 말씀에 순종함으로써 참된 교회의 모습을 갖도록 힘써야 합니다.

현재 맡겨진 작은 일에 충성하라

새로운 직분자가 바르게 세워지는 일도 중요하지만, 그보다 더 중요한 것은 각 신자들이 지금 교회 안에서 맡은 일에 충실히 임하는 것입니다. 작은 일에 충실한 사람이 더 큰 일에도 충성할 수 있습니다.

비록 직책을 맡지 않았어도 그리스도의 몸의 지체 된 자는 먼저 자신이 교회를 섬길 수 있는 길이 무엇일까를 궁리하여 할 수 있는 바를 실천할 수 있습니다. 그중 한 가지는 다른 지체들과 함께 모이는 일에 자발적으로 참여하는 태도를 갖는 것입니다. 공동체에 마음을 여는 것은 지체로서 교회를 향한 섬김의 첫걸음입니다. 직책을 맡고 있지 않아도 성실하게 교회의 공동체적인 일에 마음을 열고 참여하면 이것은 교회를 세우는데 큰 도움이 됩니다. 스스로 교회를 향해 마음을 열어야 합니다.

우리 주변에는 오랫동안 교회를 다니면서도 예배만 드릴 뿐 다른 모임과 활동에는 일체 참여하지 않는 이들이 있습니다. 그들은 주님의 몸인 교회를 등한히 여기는 것입니다. 그런데 아이러니하게도 그런 사람일수록 자신의 문제는 보지 못하고 교회의 문제들을 지적하는 데 빠릅니다. 물론 교회의 잘못도 있을 수 있습니다. 그러나 이 핑계 저 핑계로 교회를 향하여 마음을 열지 않고 최소한의 종교적 의무만 하려는 사람은 자신부터 점검해 보아야 합니다. 아무리 개인적인 믿음의 고백이 구구절절해도 주님의 몸인 교회를 멀리하는 자는 바른 기독교 신앙에서 이탈한 것입니다.

물론 교회의 여러 관계와 교제 안으로 깊이 들어오는 일은 단번에 저절로 되지 않습니다. 일반적으로 먼저는 모든 은혜의 방편에 참여하는 것부터 시작됩니다. 예배와 소모임에서부터 점점 자원하여 교회에서 하는 다른 일들, 예를 들어 전도, 구제, 소풍, 대청소 등 기타 모임들에 참여하면서 다른 지체들과 같이 교회를 사랑하고 섬기는 일에 함께하는 것입니다. 그리스도인은 무엇이든 아주 작은 것이라도 맡겨진 책임에 진실하게 임하며 교회를 세우고 다른 지체를 섬기고자 하는 마음을 가져야 합니다. 그때 교회가 유기적으로 연합하여 머리 되신 주님을 영화롭게 하는 건강한 공동체로 세워질 수 있습니다.

참되고 건강한 교회를 이루기 위해 우리가 가장 먼저 해야 할 일은 현재를 충성되게 사는 것입니다. 그다음은 나중에 생각해도 될 일입니다. 한 해가 지나고 그다음 해에도 하나님께서 우리에게 생명과 건강과 모든 여건과 함께 할 일을 허락하시면 감사히 감당하면 되는 것입니다. 우리는 지금 있는 자리에서 교회를 세우고, 교회의 머리 되신 그리스도를 영화롭게 해야 합니다.

교회는 앞에 선 몇 사람에 의해서가 아니라 모든 지체들이 공동체를 향한 생기 있는 마음과 사랑을 가지고 섬기는 가운데 움직이며 세워지는 그리스도의 몸입니다. 교회 안에 있지만 아직 교회를 향한 마음이 분명하지 않은 분들은 점차 교회를 사랑하는 지체로서 자원하여 참여하며 잘 섬길 수 있기를 바랍니다. 한편 교회를 맡아 섬기는 자들은 "주께서 나의 주님이시오니 주께서 기뻐하시는 일에 나 자신을 전적으로 드립니다. 주의 종이오니 종처럼 주님의 몸을 섬기기를 소원합니다" 하는 마음을 더욱 가지십시오. 이런 소원함이 교회의 직분자들의 마음에 든든한 기초를 이룰 수 있기를 소망합니다.

말씀을 맡은 자와 온 교회의 유기적인 동역

"그가 어떤 사람은 사도로, 어떤 사람은 선지자로, 어떤 사람은 복음 전하는 자로, 어떤 사람은 목사와 교사로 삼으셨으니"(엡 4:11).

"만일 누가 말하려면 하나님의 말씀을 하는 것같이 하고 누가 봉사하려면 하나님이 공급하시는 힘으로 하는 것같이 하라 이는 범사에 예수 그리스도로 말미암아 하나님이 영광을 받으시게 하려 함이니 그에게 영광과 권능이 세세에 무궁하도록 있느니라 아멘"(벧전 4:11).

여기서는 교회 안의 다양한 직책들 중 목사의 직책을 우선적으로 주목해 보고자 합니다. 그 이유는 목사가 긍정적이든 부정적이든 교회 전반에 큰 영향을 미치는 직책이기 때문입니다. 목사의 직책은 교회 안의 모든 성도와 직접적인 관계가 있는 자리이지만 대다수 성도들에게 그에 대한 구체적인 이해와 지식은 충분하지 않은 것이 사실입니다. 그래서 오늘날 목사의 직책을 맡은 사람들의 문제가 이슈화되면 교인들도 교회 밖의 사람들처럼 남의 일 대하듯 책임감도, 대책도 없이 비판만 하는 경우가 많습니다. 하지만 근래에 목사와 관련하여 발생하는 문제들은 목사 개인만이 아니라 온 교회가 책임감을 가지고 반성하고 함께 경계해야 할 일입니다. 베드로 사도는 은사를 맡은 사람들은 모두 청지기같이 봉사해야 한다고 말한 뒤에 그리스도의 지체들이 가진 은사를 크게 두 부류로 나눕니다.

"만일 누가 말하려면 하나님의 말씀을 하는 것같이 하고 누가 봉사하려면 하나님이 공급하시는 힘으로 하는 것같이 하라"(벧전 4:11).

즉 '말하는 것'과 '봉사하는 것'을 구분하여 언급한 것입니다. '말하는 것'이란 말씀을 전하는 것을 가리키는데, 사실 이것도 '봉사하는 것'에 포함시킬 수 있습니다. 그럼에도 베드로는 둘을 구분하여 언급했습니다. 그 이유는 하나님의 말씀을 전하는 것은 하나님이 부르셔서 특별히 허락하신 은사이자, 교회에서 공적으로 인정을 받아 교회를 섬기도록 구별되어 세워진 직책이기 때문입니다. 우리는 이런 구별을 기억할 필요가 있습니다. 에베소서 본문에서 바울은 하나님이 "어떤 사람은 사도로, 어떤 사람은 선지자로, 어떤 사람은 복음 전하는 자로, 어떤 사람은 목사와 교사로 삼으셨으니"(엡 4:11)라고 했는데 여기 언급된 모든 직책은 말씀을 전하는 은사와 관련되어 있습니다. 즉 말씀 선포를 위해 하나님이 세우신 구별된 직책들입니다.

물론 이 직책을 맡은 사람들이 교회 안의 다른 사람들보다 높은 신분을 갖는다는 뜻은 아닙니다. 성경은 어디서도 그런 구분을 인정하지 않습니다. 베드로는 당시의 그리스도인들을 향해서 "너희도……예수 그리스도로 말미암아 하나님이 기쁘게 받으실 신령한 제사를 드릴 거룩한 제사장이 될지니라"(벧전 2:5)고 하고, 이어서 "너희는 택하신 족속이요 왕 같은 제사장들이요"(벧전 2:9)라고 말합니다. 성경은 이처럼 모든 그리스도인들 각각이 예수 그리스도로 말미암아 하나님께 나아갈 수 있는 제사장이라고 가르칩니다. 즉 그리스도인이라면 누구나 그리스도의 은혜를 입어 하나님께 나아갈 수 있다는 의미입니다.

성경이 말씀을 선포하는 직책을 맡은 자를 구별하여 언급하는 이유는 그들이 질적으로 특별한 성도라는 말이 아니라 교회 공동체를 위한 말씀 전파의 사명을 바르고 효과적으로 감당할 수 있도록 그 직책을 구별하여 세우시고 권위를 허락하셨기 때문입니다.

에베소서 4장에서 바울은 '사도', '선지자', '복음 전하는 자'와 함께 '목사와 교사'를 언급합니다. 여기서 그는 '목사와 교사'를 다른 직책들과 달리 함께 묶어 표현함으로써 사실상 둘이 같은 직책이거나 서로 연결된 직책임을 시사합니다. 물론 둘 사이에 아무런 차이도 없는 것은 아닙니다. 여기서 '교사'란 오늘날 주일학교 교사 같은 직분이라기보다는 교리를 가르치는 구별된 사람을 가리킵니다. 그런데 대체로 목사의 역할에 그런 책임이 포함되어 있었고, 특히 오늘날에 와서는 이에 대한 책임을 목사가 더욱 감당하고 있기 때문에 둘을 별개로 생각할 필요가 없게 되었습니다.

본문의 '목사'라는 말은 어원적으로 양 치는 '목자'의 의미를 갖습니다. 목사는 목자와 같이 성도들의 영적인 면을 보살피는 영혼의 관리 자요, 인도자요, 보호자의 책임을 갖는데, 특별히 하나님의 말씀을 선포하는 일, 교리를 가르치는 일을 통해서 그 책무를 수행합니다. 바울은 이런 사실을 염두에 두고 디모데에게 장로들을 존경하되, 말씀과 가르침에 수고하는 자들에게는 더욱 그리하라고 말하기도 했습니다 (딤전 5:17). 장로들 중 '말씀과 가르침에 수고하는 자'란 사실상 목사를 가리키는 말인데, 목사는 그러한 수고를 통해서 다른 지체들을 바른 길로 인도하고 영혼의 꼴을 먹이는 일과 이리와 같은 거짓 교사들로부터 지키는 섬김을 수행합니다.

목사의 직책은 에베소서 본문 말씀대로 하나님의 분명한 부르심에 따른 것입니다. 목사를 불러 세우시고, 그에게 말씀을 전파하고 가르치는 직임을 잘 수행하도록 은사를 허락하셔서 교회를 세우시는 분은 하나님이십니다. 이것이 교회 안에서 말씀을 전하는 목사직의 가장 중요한 기초입니다.

강단의 균열과 그 폐해

이런 중요한 의미에도 불구하고 우리의 현실에서 목사직은 매우 무질서하게 왜곡되어 있습니다. 오늘날 교회가 제대로 서지 못하고 점점 세상 앞에서 무기력해지는 이유의 중심에는 목사직이 제대로 수행되지 못하는 안타까운 현실이 있습니다. 목사의 주된 사역인 말씀을 선포하고 가르치는 일이 온전히 이루어지지 못할 만큼 강단이 약해진 것입니다. 무너진 강단과 교회의 침체 사이의 연관성은 교회 역사상 수많은 경건한 이들에 의해 공통적으로 지적되고 경고되어 온 말입니다.

영국이 영적으로 침체되었을 때 로이드존스는 침체의 원인을 강단의 쇠퇴로 진단했습니다. 한국교회도 마찬가지입니다. 오늘날과 같은 교회 현실의 일차적인 책임은 당연히 목사들에게 있습니다.

그러나 어느 정도 교회의 구조 자체가 목사로 하여금 강단 사역에 소홀하게 하는 측면도 있습니다. 한국교회는 목사들에게 옛날 청교도들처럼 말씀을 연구하는 데 탁월해지기를 바라는 것이 아니라 거의 슈퍼맨 수준의 책임을 요구합니다. 목사는 매주 충분히 본문 말씀을 연구할 수 없을 만큼 잦은 설교, 기도회와 성경 공부 인도, 면담 그리고 온갖 경조사 참석까지 교회의 수많은 일들을 다 관장하고 있습니다. 그 결과 설교의 질에 고스란히 반영되어 성경의 풍성한 진리를 깊이 있고 진실하게 선포하지 못하게 됩니다.

이렇게 약해진 강단은 성도들의 심령을 살아 계신 하나님 앞에 겸비해지도록 이끌지 못합니다. 말씀의 부재 속에 그들의 삶은 속수무책으로 무너집니다. 예배당에서는 거룩해 보여도 실제로 하나님을 경외하고 의식하는 실천적인 삶은 없는 신자, 병든 신자들이 늘어 가는 것입니다. 그리고 이것이 다시 교회의 무기력함으로 이어지는 악순환이 계속됩니다. 목사는 무엇보다 말씀과 기도로 교회를 섬기는 일에 전념해야 합니다. 이것은 때때로 정말 외로운 일이지만 그것이 목사의 주된 사명입니다. 목회에 있어서 꼭 필요하다 할 수 있는 심방조차도 한 영혼의 신앙을 북돋아 주거나 영적인 위기를 만난 자를 도와 유익을 주고 그를 바르게 세워 주기 위한 것에 국한되어야 합니다.

또한 목사가 하나님의 말씀을 선포하고 가르치는 것은 단순히 지적인 욕구 충족이나 정보 전달을 위한 것이 아닙니다. 설교는 완고하게 자기중심적인 상태로 죽어 있는 인간의 영혼을 살리고 각성시켜 하나님께로 돌아오게 하는 신적인 사역의 도구입니다. 이 역할은 세상의 다른 방법으로 대신할 수 없습니다.

유기적인 몸 안에 있는 한 지체로서의 목사

교회는 목사 한 사람에 의해서 움직이는 공동체가 아닙니다. 하나님은 모든 성도들로 하여금 서로 돕고 채우도록 한 몸의 지체 관계로 엮어 주셨습니다. 어떤 자에게는 돕는 은사를 허락하셨고, 누군가에게는 음악적 재능을 허락하셨습니다. 목사도 교회에 속한 한 지체입니다. 물론 지체마다 주어진 임무와 차지하는 비중이 다를 수는 있지만, 누구든 다른 지체들과의 관계 속에 있는 몸의 한 지체라는 사실은 변하지 않습니다. 그러므로 그중 한 사람에게만 지나치게 일이 집중되는 것은 교회 전체적으로 이로운 일일 수 없습니다.

교회의 생명력은 그리스도의 머리 되심에 대한 인격적인 이해와 인정에 기초하여 자신에게 허락된 은사로써 지체의 역할을 능동적으로, 그리고 일평생에 걸쳐 지속적으로 감당하는 가운데 나타납니다. 말씀 선포를 위해 구별된 직책을 맡은 목사와 목사를 통해서 말씀을 들으며 주님의 가르침을 받는 성도들이 공히 한 교회의 지체로서 각자의 은사와 직책을 따라 서로를 섬기고 돕고 활동함으로써 교회가 세워져 나가는 것입니다. 이를 위해서는 모든 성도들이 목사의 직책에 동참하는 것이 필요합니다.

말씀 선포에 집중하도록 목사를 도움

이를 위해서는 모든 성도가 목사의 직책에 동참하는 것이 필요합니다. 첫째로, 목사와 성도들이 한마음으로 하나님이 목사라는 직책을 통해 교회에 하고자 하시는 일, 즉 말씀 선포에 목사가 집중하고 최선을 다하는 것을 마땅하게 여겨야 합니다. 무엇보다 목사 스스로가 먼저 하나님이 자신에게 맡기신 직책의 중심 되는 임무, 곧 말씀 선포 사역을 위해 자신의 마음과 시간을 쏟아야 합니다. 하나님은 베드로의 설교로 저마다 개별적인 상황에 있는 3천 명의 인격들을 다루셨듯이, 말씀 선포를 통해서 많은 사람을 동시에 다루신다는 사실을 명심해야 합니다.

하나님께서는 설교를 통해 마음이 상한 자를 만지시기도 하시고, 슬픈 자에게 위로를 주기도 하시고, 절망 가운데 있는 자에게 용기를 갖게도 하시고, 갈등하며 진로를 결정하지 못하는 자에게 빛을 비추어 결정을 돕기도 하시고, 잠자는 심령을 일깨우기도 하시며, 죄를 범한 자에게 회개하는 마음이 일어나게도 하시고, 다툼이 있는 자들을 화해하게도 하시고, 누군가를 미워하던 자가 회개하여 화해하도록 하시고, 은혜를 사모하는 자에게 성령의 감동을 허락하시기도 합니다. 말씀을 선포하고 가르치는 중에 이렇게 다양한 처지의 사람들을 한꺼번에 만지시는 일이 있는 것입니다. 말씀 선포가 목사의 직책에서 가장 중요하고 비중 있는 일이라는 말은 허언이 아닙니다.

성도들은 목사를 배려해 주되, 특히 시간을 배려해야 합니다. 경조사 등의 일에서 성령께서 목사 이외의 다른 지체들을 통해 베푸시는 도움과 위로에 만족하며 그것을 귀하게 여겨야 합니다. 이것은 결국 전 교회와 각 성도들이 진정한 유익을 얻는 길입니다.

목사와 모든 성도가 함께 강단을 살리기 위해 힘써야 합니다. 강단은 살아 계신 하나님의 말씀을 전하기 위해서 노심초사한 목사의 진심 어린 외침이 있어야 하는 자리입니다. 빈약하고 무기력한 설교는 교회를 심각한 오류와 왜곡에 빠지게 하며, 성도들의 영적인 필요를 채워 주지 못합니다. 이는 신자들이 잡다한 신비적인 은사 체험을 추구하는 쪽으로 나아가게 하거나 교회를 사교 활동을 하는 친목 모임 정도로 변질시키는 큰 원인이 됩니다. 결국 교회와 성도들을 참된 교훈에서 멀어지게 하고 기독교의 본질에서 떠나게 하는 것입니다.

말씀 듣기를 사모하고 순전하게 반응함

둘째로, 모든 성도는 목사가 힘써 준비하여 선포하고 가르치는 말씀을 듣고 순전하게 반응하기를 힘씀으로써 목사의 직책에 동참할 수 있습니다. 20세기 최고의 설교자였던 로이드존스는 사역을 마무리할 즈음에 웨스트민스터 채플의 회중들에게 감사의 말을 전하며, 그 회중들이 자신의 사역을 가능하게 했다고 고백했습니다. 그들이 열심히 예배와 모임에 참여하며 그가 준비하여 전한 말씀을 들음으로써 그로 하여금 그 긴 강해 설교들을 할 수 있게 했다는 것입니다. 로이드존스의 로마서 강해의 경우 시작부터 14장 17절에서 갑자기 생긴 병 때문에 멈추게 되었을 때까지 10년 반 동안 이어졌습니다. 그동안 회중들은 그 말씀을 듣기 위해 항상 자리를 지켰습니다.

로이드존스는 이렇게 말했습니다.

"당신이 어떤 교회의 교인으로서 자기 자리만 지킨다고 할지라도 그 사실 자체 만으로도 큰 의미가 있습니다. 그것은 설교자를 돕는 것입니다. 왜냐하면 설교자 앞에 빈자리가 있다는 것은 그를 실망하게 만들기 때문입니다."

성도들이 말씀을 듣는 자리를 지키는 것 역시 교회 안에서 행해야 할 중요한 지체의 일이라는 것입니다. 회중석의 빈자리는 목사의 열의를 꺾고 뜨거운 마음을 식게 만들 수 있습니다. 물론 단 한 사람을 놓고라도 설교자는 열심히 전해야 합니다. 그러나 본래 한 사람 밖에 없는 회중이라면 몰라도 교회에 속한 많은 지체들이 자리를 비우는 것은 문제가 다릅니다. 결국 어떤 의미에서 목사는 교회의 회중이 만드는 것입니다. 모든 성도는 열심히 말씀을 사모하여 듣는 것으로 목사의 직무에 동참해야 합니다. 듣는 데서 그치는 것이 아니라 말씀을 듣고 반응하는 데까지 나아가야 합니다.

당연히 마귀는 예배의 자리로 향하는 주의 성도들의 걸음을 방해하고 거룩한 역사를 막기 위해 사력을 다할 것입니다. 힘 있게 선포되는 하나님의 말씀은 교회를 건강하고 견고하게 할 것이기 때문입니다. 그러나 우리는 그의 궤계에 맞서 하나님의 말씀 듣기를 더욱 사모하고 예배에 참여해야 합니다. 교회를 세우고 함께 유익을 얻기를 포기하지 말아야 합니다.

목사와의 관계를 지킴

마지막으로, 성도와 목사 사이의 관계를 지키는 것은 성도들이 목사의 직책을 돕고 견고히 하는 하나의 길입니다. 성도들과 목사는 부지불식간에도 서로 중요한 영향을 주고받는 관계입니다. 그래서 이 관계에 문제가 생기면 단순히 개인에 대한 감정이 상하는 정도로 그치지 않습니다. 말씀을 통해 베풀어지는 하나님의 은혜를 정상적으로 얻거나 누리지 못하는 중대한 문제에 빠질 수 있습니다. 그러므로 목사와 성도 사이에 말씀을 통하여 은혜를 누리는 데 방해가 되는 시험거리들을 갖지 않도록 주의해야 합니다. 그리고 혹 그런 것이 생기면 속히 해결하기를 힘써야 합니다. 이따금 목사 자신도 모르게 성도의 마음을 상하게 하는 일이 있을 수 있습니다. 그럴 때는 서로 사랑하는 가운데서 용납하고 화평하기를 힘써야 합니다.

성도와 목사의 관계는 늘 교회적인 의미를 갖습니다. 우리는 둘 사이의 관계를 지키기 위해 피차 힘써야 합니다. 목사와 성도 사이를 지키는 것은 주님의 몸의 지체로서 함께 목사의 직책에 참여하는 일이 될 수 있습니다. 성도들은 이런 참여를 통해 영적인 유익을 얻고, 교회는 하나님이 목사의 직책을 통해 주시고자 하시는 은혜를 잘 누리며 참된 교회, 건강한 교회, 하나님이 기뻐하시는 교회로 세워질 수 있습니다. 우리 모두 목사의 직책을 통해 주께서 교회에 베푸시는 은혜를 풍성히 누릴 수 있기를 바랍니다.

참된교회로 돌아오라

CHAPTER 11

공동체 안에서의 활동 3
: 함께 이루는 성장

교회에 두신 두 가지 목적

"그가 어떤 사람은 사도로, 어떤 사람은 선지자로, 어떤 사람은 복음 전하는 자로, 어떤 사람은 목사와 교사로 삼으셨으니 이는 성도를 온전하게 하여 봉사의 일을 하게 하며 그리스도의 몸을 세우려 하심이라 우리가 다 하나님의 아들을 믿는 것과 아는 일에 하나가 되어 온전한 사람을 이루어 그리스도의 장성한 분량이 충만한 데까지 이르리니"(엡 4:11-13).

그리스도인은 교회의 구성원이자 그리스도의 몸의 지체로서 머리이신 주님의 은혜를 얻습니다. 그러므로 교회에 대한 일체의 이해와 관심과 사랑과 참여 없이 은혜를 얻으려는 자는 정상적인 신자라고 할 수 없습니다. 우리는 그런 태도를 경계하고, 성경이 말하는 교회에 대한 가르침을 통해 참된 영적인 유익과 도움을 얻고자 해야 합니다.

성경은 교회에 대해 가르치며 주님이 교회 안에 은사와 직책을 두셨다는 사실과 그렇게 하신 구체적인 목적을 가르쳐 줍니다. 참교회를 이루며 세우기 위해 우리는 성경을 통해 교회에 은사와 직책들을 두신 하나님의 목적과 계획을 알고 그것을 귀히 여겨야 합니다. 뿐만 아니라 그것이 우리의 교회 속에서 이루어지도록 하기 위해 직책을 맡은 자는 물론이고 교회에 속한 모든 성도가 힘써 구해야 합니다.

직책을 맡은 자는 물론이고 교회에 속한 모든 성도가 힘써 구해야 합니다. 그렇지 않으면 우리는 마치 요한계시록의 사대 교회처럼 살았다는 이름은 가졌으나 실상은 죽은 자와 같은 교회요, 그리스도인이 될 수 있습니다(계 3:1). 교회와 성도의 생명은 반드시 계시된 하나님의 뜻에 대한 인격적인 순종의 반응으로 드러나기 때문입니다.

에베소서 본문은 주님이 교회 안에 사도, 선지자, 복음 전하는 자, 목사와 교사 등의 직책과 은사를 주신 목적이 "성도를 온전하게 하여 봉사의 일을 하게 하며 그리스도의 몸을 세우려 하심이라"(엡 4:12)고 밝힙니다. 여기서 우리는 교회에 직책을 두신 두 가지 목적을 발견하게 됩니다. 하나는 현재 당면한 목적에 해당하고, 또 하나는 궁극적인 목적입니다.

성도를 수선하고 무장시키기 위한 것

먼저, 하나님이 교회에 은사와 직책을 두어 이루고자 하시는 현재적인 목적은 '성도를 온전케 하여 봉사의 일을 하게 하는 것'입니다. 어떤 영어 성경은 이를 '성도를 무장시키는 것'(to equip the saints, ESV)으로 표현하기도 합니다. 여기서 '온전케 하다'라고 할 때 쓰인 헬라어 단어 (καταρτισμός)는 신약성경에서 여기에만 나옵니다. 이 단어는 문자적으로 '수선하다'라는 의미를 가지고 있는데 어떤 사람은 이를 의역하여 '사람을 마땅히 되어야 할 사람으로 만드는 것'이라고 표현하기도 합니다. 즉 사도와 선지자와 목사와 교사 등의 직책을 교회 안에 두신 목적은 성도들을 봉사의 일에 알맞게 수선하거나 무장시키는 것으로 표현될 수 있습니다.

그런데 특기할만한 것은 여기서 열거된 직책들이 공통적으로 말씀 사역을 감당하는 자리라는 사실입니다. 이는 성도들을 수선하고 알맞게 만드는 것이 직책 자체가 아니라 직책을 통해 전해진 말씀임을 시사합니다. 성령께서 말씀 사역 가운데 역사하시어 성도들이 봉사의 일에 알맞게 수선되고 무장되게 하시는 것입니다.

바울은 디모데후서 3장 16-17절에서 하나님의 말씀은 교훈하고, 책망하고, 바르게 하고, 의로 교육하여 하나님의 사람으로 온전케 할 뿐만 아니라 모든 선한 일을 행하기에 온전케 한다며 이 사실을 보다 명확하게 설명해 줍니다. 또 히브리서 기자도 "하나님의 말씀은 살아 있고 활력이 있어 좌우에 날선 어떤 검보다도 예리하여 혼과 영과 및 관절과 골수를 찔러 쪼개기까지 하며 또 마음의 생각과 뜻을 판단하나니"(히 4:12)라고 말합니다. 이렇게 하나님의 말씀이 성도들을 수선하고 무장시켜서 봉사의 일을 하기에 적합하도록 만들기 때문에 주님은 말씀을 전하고 가르치는 직책을 교회의 중심에 두신 것입니다.

교회를 향한 하나님의 뜻을 이루는 데 있어서 하나님의 말씀을 맡은 사역자들의 역할은 매우 중요합니다. 어떤 이들은 별도의 말씀 사역자의 필요성을 부정하는데, 그것은 성경적인 생각이 아닙니다. 성경은 교회가 특별히 세워진 사람들을 통해서 균형 잡힌 진리로 무장되어야 함을 분명히 가르칩니다. 교회 안에서 성도들의 봉사와 섬김은 자기 주관에 따른 것이 아니라 분명하게 계시된 하나님의 말씀에 의존해 있다는 것입니다. 신앙생활은 항상 객관적인 말씀에 따른 것이어야 합니다. 이전의 성향과 행동을 그대로 교회 안에 가지고 들어온다고 그것이 신앙생활이 되는 것이 아닙니다. 우선 우리의 인격이 말씀으로 변화되고, 우리의 섬김이 말씀의 인도를 받아 행해져야 합니다.

말씀으로 무장하기 위해 필요한 것

주님이 원하시는 봉사의 일을 하며 그리스도의 몸을 온전히 세우기 위해서는 교회 안에 그리스도께서 세우신 사역자의 충실한 말씀 사역과 함께, 균형 잡힌 진리로 무장하려고 하는 성도들의 적극적인 의지도 있어야 합니다. 둘이 같이 있지 않으면 참된 교회, 건강한 교회는 우리에게 막연한 희망일 뿐입니다. 실제로 우리 주변에는 그리스도인이라는 이름과 교회 생활이라는 껍데기는 가지고 있지만, 교회에 모여 서로 어울리고 의기투합하여 어떤 활동들을 하고는 있지만 말씀을 따르기보다는 그저 친목을 도모하는 수준의 모임과 활동에 만족하는 사람들이 많습니다. 하지만 말씀을 좇아 주님의 뜻을 이루고자 하는 열망을 잃어버린 교회는 더 이상 교회일 수 없습니다.

우리는 다른 사람, 다른 교회는 내버려 두고서라도 우리 교회, 우리 자신을 먼저 돌아보아야 합니다. 우리 자신에게도 말씀과 진리가 아니라 그저 임의대로 신앙생활을 하기를 원하는 모습이 있을 수 있습니다. 주일에 예배 한 번 드리는 것으로 만족하는 안일함이 있을 수 있습니다. 그러나 그것은 성경이 말하는 신자의 충분조건이 아닙니다. 신자는 균형 잡힌 진리, 즉 성경이 가르치는 순전한 교리와 적용성 있는 말씀에 따른 예배와 삶을 소유하여 사는 자입니다. 이 사실에 대해 로이드존스는 다음과 같이 강조했습니다.

"교리는 그 교리를 적용시킬 수 있는 가르침을 수반해야 합니다. 우리는 오늘날 같은 때에 수시로 경고를 받아야 할 필요가 있습니다. 교회는 너무 지나치게 자기만족에 젖어 있습니다. 정말로 절망적인 상태에 달하고 있습니다. 하나님의 집에서 심판을 시작할 때가 되었습니다. 우리는 교회의 상태와 세상의 상태에 대한 우리의 책임을 깨닫고 있습니까? 우리가 그 책임을 져야 합니다.
경고 다음에는 견책과 징계가 따릅니다. 우리는 이것을 싫어하며 우리를 기쁘게 해 줄 어떤 것만을 바라고 있습니다. 그러나 성경은 견책과 징계의 말씀으로 가득 차 있습니다. 또한 우리는 우리의 생활과 생활 방식에 대해 견책과 징계를 받아야 할 필요가 있습니다. 예를 들면, 돈을 사용하는 일, 시간을 사용하는 일, 그 밖의 여러 가지 일에서 우리는 견책을 받아야 할 필요가 있습니다. 그런 다음에 우리는 의로 교육을 받아야 할 필요가 있습니다. 우리는 경건하고 거룩하고 순전하게 사는 방법을 배울 필요가 있습니다.

균형 있는 사역자라면 그는 교리만 가르치거나 권고하는 일만 하지 않고 그 두 가지를 순서에 따라 알맞게 배열시켜 가르칠 것입니다. 언제나 지성과 감정과 의지에 호소하는 요소들이 조화를 이루어야 할 것입니다."

신자는 그리스도께서 '봉사의 일을 하며 그리스도의 몸을 세우기' 위해 교회에 두신 직책을 맡은 자를 통하여 전해지는 순수한 교리와 각종 권고를 받아야 합니다. 그 권고는 로이드존스의 말대로, 아니 성경에서 말하듯 경고의 말씀을 비롯해 견책과 책망과 의로 교육하는 말씀들을 포함합니다.

균형 잡힌 진리의 중요성

우리의 신앙 여정에는 하나님이 주시는 위로가 있습니다. 하나님의 말씀은 구원의 은혜와 인생의 주권자로서 끝까지 우리를 인도하시는 하나님의 선하심에 대해서 선명하게 말해 줍니다. 신자는 그것을 필요로 하며 그 안에서 분명하고 충분한 위로와 안식을 얻습니다. 그러나 하나님의 말씀은 듣기에 좋고 자기를 만족시켜 주는 차원에서 받을 것이 아닙니다. 개인적인 필요와 욕구를 채우려는 자아중심적인 동기로 종교 생활을 유지해 가는 것은 기독교 신앙이 아닙니다.

마태복음 7장에 나오는 '주여 주여 하는 자'들은 자기중심적이고 자기 주도적인 자들의 기만성을 잘 보여 줍니다. 그들은 마지막 순간이 올 때까지 자기가 예수의 이름으로 많은 일을 했다는 것에 만족하여 자신의 실체를 보지 못했습니다. 그러나 그들의 마음은 하나님의 뜻과 말씀을 따르지 않았습니다. 교회에서 이것도 하고 저것도 했지만, 자기만족을 위해 기독교의 어떤 면을 수용하고 열심을 낸 것일 뿐 그 동기와 목적은 주님과 상관이 없었습니다. 그들에게 하나님은 순종의 대상이신 주권자가 아니었습니다. 그들은 자기중심성을 깨뜨리는 기독교의 진리를 참으로 수용한 자들이 아니었던 것입니다.

균형 잡힌 진리로 무장하지 않은 자는 그리스도께서 원하시는 봉사의 일을 제대로 할 수 없습니다. 외적으로 소위 봉사에 해당하는 일들을 열심히 하더라도 그것으로 교회를 세우지는 못합니다. 분별없는 인간적인 열심은 도리어 서로 간에 많은 충돌과 갈등을 일으키고, 교회를 인간중심적인 집단으로 변질시킵니다.

따라서 말씀을 맡은 자가 강단에서 균형 잡힌 진리를 선포하는 것과 성도들이 그 진리를 듣고 자신의 소유로 삼고자 힘쓰는 것은 매우 중대한 일입니다. 하나님은 그것을 통해 교회를 교회답게 하십니다. 하나님은 우리에게 단지 봉사의 일을 하게 하지 않으시고 '우리를 온전케 하여' 봉사의 일을 하게 하십니다. 봉사의 일을 위해 먼저 우리를 균형 잡힌 진리로 무장시키시는 것입니다. 모든 신자는 예외 없이 이런 하나님의 뜻을 따라야 합니다.

'봉사의 일'이란 무엇인가?

그러면 구체적으로 '봉사의 일'이란 무엇일까요? 에베소서 본문에서 말하는 봉사의 일의 일차적인 의미는 공동체 안에서 다른 지체들을 섬기는 것, 특별히 하나님의 말씀을 따라 섬기는 것을 말합니다. 12절에 나오는 '봉사의 일'이란 11절에서 나열된 직책 맡은 자들과 문맥상 연결됩니다. 성도들은 말씀을 맡은 자들이 전하는 말씀을 따라 무장되고, 그 말씀에 순종할 뿐만 아니라, 그리스도를 알지 못하는 다른 사람들에게 그 말씀을 전하여 그들도 말씀을 따르는 삶을 살 수 있도록 섬기며 봉사해야 합니다.

좀 더 넓은 의미에서 '봉사의 일'은 주를 섬기는 모든 행동과 삶을 포함합니다. 다른 지체나 교회 밖의 사람들에게 말씀을 전하는 것만이 아니라, 말씀에 따라 그들에게 행하는 모든 것이 포함됩니다. 자기중심적인 동기와 자신의 인생 경험과 능력과 기질에 따라서가 아니라 말씀으로 수선되고 온전하게 된 자로서 주님과 교회와 이웃을 섬기는 것입니다.

하나님의 참된 말씀은 우리 각 사람의 마음을 낮추어 한마음을 품게 합니다. 이로써 우리는 한 몸 된 교회를 세워 갈 수 있습니다. 따라서 우리의 마음은 우리의 본성이 아닌 말씀의 지배를 받아야 합니다. 우리의 본성은 그리스도의 몸을 세우는 데 오히려 방해가 됩니다.

이것이 하나님이 교회 안에 말씀을 전하는 직책을 두시어 성도들을 무장하게 하신 이유입니다. 우리는 봉사의 일을 균형 잡힌 진리로 무장하여서 해야 합니다. 예수님을 처음 믿을 때 하나님의 말씀으로 회심해야 할 뿐 아니라 회심하고 나서도 말씀을 부지런히 배워 균형 잡힌 진리에 따라 계속 수선되어 가야 합니다. 즉 신자의 삶과 행동에는 결정적인 변화가 있어야 하고, 그런 변화가 지속적으로 계속되어야 합니다. 하나님은 이렇게 수선된 신자들이 봉사의 일을 감당하도록 하십니다.

여기서 우리가 경계해야 할 또 한 가지 태도는 균형 잡힌 진리로 열심히 무장하는 듯하지만, 정작 봉사의 일에는 열심이 없는 것입니다. 진리로 무장하지 않고 어떤 일에 열심을 내는 것도 문제이지만, 반대로 열심히 배우면서도 정작 봉사의 일은 피하려는 것 또한 문제입니다. 양쪽 태도 모두 자기중심적인 마음에서 비롯된 것입니다. 봉사의 일뿐만 아니라 진리에 열심을 내는 것 역시 얼마든지 자기중심적인 동기와 목적으로 할 수 있기 때문입니다.

그리스도의 몸을 세우는 것

'성도를 온전하게 하여 봉사의 일을 하게 하는 것'이 교회에 직책과 은사를 맡기신 현재적인 목적이라면, '그리스도의 몸을 세우는 것'은 그것을 통해 이르러야 할 궁극적인 목적입니다(엡 4:12). 이어지는 에베소서 본문은 그 목적을 세 가지 구체적인 내용으로 나누어 설명합니다. 첫째는 성도들이 다 '하나님의 아들을 믿는 것과 아는 것에 하나가 되는 것'이고, 둘째는 '온전한 사람을 이루는 것', 마지막은 '그리스도의 장성한 분량이 충만한 데까지 이르는 것'입니다(엡 4:13).

바울이 잠시 후에 다시 상기시키듯이 우리는 우리의 궁극적인 목적인 교회의 머리이신 그리스도에게까지 자라야 합니다(엡 4:15). 이것은 단지 그리스도인 개개인의 목표가 아니라 온 교회의 공동체적인 목표입니다. 교회가 구해야 할 궁극적인 목표는 이 세상을 완전 복음화하고 성시화(聖市化)하는 것이 아닙니다. "땅 끝까지 복음을 전하라"는 주님의 지상 명령조차도 교회가 궁극적으로 이르러야 할 목표로 제시된 것은 아닙니다. 우리의 궁극적인 목표는 그 복음이 전파되어 결국 예수를 믿게 된 자들로 이루어진 교회가 다 하나님의 아들을 믿는 것과 아는 것에 하나가 되고, 온전한 사람을 이루며, 그리스도의 장성한 분량의 충만한 데까지 이르는 것입니다.

우리의 모든 은사와 직책은 궁극적인 목표를 이루기 위해 주신 것입니다. 물론 이 목표에 이르기 위해서는 과정이 필요합니다. 우리는 그 목표에 이르기까지 어린아이처럼 사람의 속임수와 간사한 유혹에 빠져 요동하지 않아야 하고, 오직 사랑 안에서 참된 것을 해야 하며, 머리 되신 그리스도를 따라 지체들 간에 서로 도움을 주고받으면서 연결되고 결합하여 함께 자라야 합니다(엡 4:14-16).

어떤 사람들은 "꼭 궁극적인 것만 중요한가? 다른 일들의 중요성도 알아주어야 하지 않는가?" 하고 반문할지 모릅니다. 그러나 우리가 여기서 고려해야 할 것이 한 가지 있습니다. 그것은 인간의 본성입니다. 우리의 본성은 자기 과시적이고 자기만족적인 일들을 도모하는 데 아주 민첩합니다. 그래서 틈만 나면 자아를 위한 무엇에 관심을 집중시킵니다.

반면 신앙생활에서 가장 집중해야 할 것에 대해서는 거의 신경 쓰지 않습니다. 우리가 깨어 있어서 자기 사랑의 동기로 부차적인 것들에 집착하는 본성을 물리치면서 자기를 부인하고 신자로서 가져야 할 참된 중심을 늘 새롭게 하지 않으면 우리는 늘 곁길로 가게 될 것입니다.

특히 하나님의 말씀에 대한 무지는 우리의 부패한 본성에 더욱 힘을 실어 줍니다. 우리를 은혜와 축복으로부터 멀어지게 하며 신자로서 마땅히 누려야 할 특권으로부터 멀어지게 합니다. 우리는 이 땅을 사는 동안 말씀 안에서 허락된 복되고 영광스러운 목표를 발견하고, 그것을 귀하게 여기며 실제로 그 목표를 향해 나아가는 수고를 해야 합니다. 그저 예배당에 몸만 왔다 갔다 하며 사업, 자녀 양육, 건강 등의 문제가 전부인 것처럼 사는 것은 정상적인 신자의 모습이 아닙니다. 신자에게도 그런 일상적인 필요가 있는 것은 분명하지만, 그런 것은 모두 궁극적인 목표를 향해 가는 과정 속에 있는 것들입니다.

우리는 반드시 성경이 말하는 복되고 영광스러운 가르침을 기억하고, 그것을 마음의 중심에 두어야 합니다. 적당히 이 세상에 섞여 사는 것은 우리를 부르신 뜻이 아닙니다. 우리를 구속하여 그리스도의 몸의 지체로 구별하신 것은 놀랍고 영광스러운 목표로 이끄시기 위함입니다. 신자들의 마음, 곧 교회의 관심을 이 세상의 것들에 빼앗기고 그에 좌우되는 현실은 슬프고 치욕적입니다.

어떤 사람들은 체념한 듯이 "요즘 같은 시대에는 어쩔 수 없지" 하고 말합니다. 그러나 그리스도인들이 바쁘고 신경 쓸 것이 많다는 이유로 주신 은혜를 가볍게 여기거나 넉넉하고 편안한 생활 때문에 은혜에 대한 사모함을 잃게 되는 것은 결코 자연스러운 현상이 아닙니다. 그것은 병든 신앙의 단면입니다. 그 마음에 처음부터 하나님은 자기중심적이고 세속적 욕구를 위한 도구에 불과했음을 보여 주는 위선의 증거입니다. 그것은 신자의 마음이 아닙니다.

신자는 만유의 주권자와의 인격적 관계와 그에 따른 특권을 다른 무엇보다 영광스럽고 복되게 여기는 자입니다. 다른 목적을 위해 신앙생활을 하는 사람은 언젠가 현실적인 문제에 부딪히면 배교하게 됩니다. 반면 참된 신자는 하나님과의 특별한 관계와 그에 따른 실제적인 변화와 소망과 함께 이르러야 할 분명한 목표를 갖습니다. 그리스도의 몸의 지체로서 영광스러운 목표를 향해 나아가는 과정 속에 있음을 알고 그런 자신의 정체성에 충실한 자가 신자입니다.

하나님의 아들을 믿는 것과 아는 일에 하나 됨

교회의 지체로서 우리가 가진 영광스러운 목표는 먼저 '다 하나님의 아들을 믿는 것과 아는 일에 하나가 되는 것'입니다. 이는 모든 신자들이 마땅히 가져야 할, 그리고 더 이르기를 소망해야 할 모습입니다. 달리 말해, 교회는 계시된 말씀대로 하나님의 아들을 믿는 믿음의 통일성을 가져야 합니다.

교회는 저마다 다른 주관과 나름의 신앙관을 가진 사람들이 서로의 다름을 인정하며 모이는 곳이 아닙니다. 자기 소견에 옳은 대로 믿는 것은 기독교의 신앙이 아닙니다. 과거에 우상을 섬겼든, 다른 종교에 속해 있었든 에베소서 1-3장에 기술된 은혜에 속한 신자들은 말씀에 계시된 하나님에 대한 같은 믿음을 갖지 않을 수 없습니다. 특별히 그리스도의 몸의 지체 된 자로서 하나님의 아들 예수 그리스도를 인격적으로 알고 믿는 것에서 다른 지체들과 통일성을 가져야 합니다.

물론 그리스도에 대한 신자의 앎은 단순히 지적인 차원의 앎이 아니라 체험적인 앎입니다. 참된 신자는 성경이 증언하는 예수 그리스도와 그분의 말씀을 믿고, '내가 그분의 아신 바 되어 그분이 나의 기도와 간구에 응답하시고, 나의 삶에 간섭하시며, 나를 이끄신다'는 것을 압니다. 교회는 이러한 성경 계시에 근거한 인격적인 앎에 있어서 통일성을 가져야 합니다. 혼자만이 아니라 모든 지체들과 함께 그러해야 합니다. 우리는 교회로서 이런 목표를 추구해야 합니다. 이를 위해 바울은 다음과 같이 기도했습니다.

"능히 모든 성도와 함께 지식에 넘치는 그리스도의 사랑을 알고 그 너비와 길이와 높이와 깊이가 어떠함을 깨달아 하나님의 모든 충만하신 것으로 너희에게 충만하게 하시기를 구하노라"(엡 3:18-19).

모든 성도가 그리스도를 믿는 것과 아는 것에서 하나 됨에 이르기 위해서는 적지 않은 시간이 필요할 것입니다. 하지만 우리가 이르러야 할 목표는 현재와 무관하게 먼 미래에 이루어질 어떤 일이 아닙니다. 그것은 참신자와 교회 안에서 이미 시작되어 현재적으로 이루어지고 있는 일입니다. 우리는 교회 안에서 서로 도우며 하나님의 말씀을 통해 그리스도를 더욱 깊이 알아 가야 합니다.

교회의 존재 목적은 결코 끼리끼리 모여 사랑하고 존중해 주는 데 있지 않습니다. 참된 교회의 더 중요한 시금석은 그리스도를 아는 것과 믿는 것에 하나 되기 위한 풍성한 진리를 소유했는지 여부입니다. 진리 안에서 성경이 증거하는 그리스도를 믿고 아는 것이 교회의 구심

점이 되어야 합니다. 우리는 이런 교회의 존재 목적을 잘 알고 거기에 충실해야 합니다. 이런 맥락에서 로이드존스는 이렇게 말했습니다.

"우리가 만일 교회에 대한 신약의 가르침을 바로 깨닫기만 한다면 우리는 지상에서 가장 특권이 있는 사람이며, 그리스도인이 되는 일과 그리스도의 신비한 몸의 한 지체가 된다는 것이야말로 그 어느 것과도 비교할 수 없는 것임을 깨닫게 될 것입니다."

우리가 그리스도인이 되었고, 교회에 속하였다는 것은 단순히 주일이 되면 교회에 잘 나간다는 뜻이 아닙니다. 그것은 곧 교회의 머리이신 그리스도를 믿고, 인격적으로 알고, 그런 앎에서 자라는 것을 자신의 목표로 삼은 교회의 지체가 되는 것입니다. 신자는 그리스도를 믿고 아는 것을 그분의 몸에 속한 지체로서의 특권이요, 영광으로 알고 신앙의 여정 속에 항상 그것을 추구해야 합니다. 이론적으로가 아니라 경험적으로 이런 특권과 영광을 누리는 자, 그리스도를 점점 더 깊이 알아 가는 것을 기쁨으로 삼는 자가 바로 신자입니다.

온전한 사람을 이루는 것

본문은 우리가 이르러야 할 목표의 두 번째 내용으로 '온전한 사람을 이루는 것'을 말합니다. 여기서 '온전한 사람'이란 교회를 뜻한다고 해석되기도 하고, 그리스도인 개인을 뜻하는 것으로 여겨지기도 합니다. 교회가 신자 개인들로 구성된다는 점에서 두 가지 해석은 서로 모순되지 않습니다. '온전한 사람'이란 일차적으로 교회의 온전함을 의미하지만, 교회에 속한 각 사람이 그리스도 안에서 원숙하게 성장한다는 의미 또한 배제하지 않습니다.

그러면 온전한 교회, 온전한 신자의 모습이란 무엇일까요? 그것은 우리가 이르러야 할 목표에 대한 본문의 세 번째 표현이 잘 말해 줍니다. 즉 '그리스도의 장성한 분량이 충만한 데에 이르는 것'입니다. '장성한 분량'이란 다 성장했다고 할 만한 키나 연령의 완숙함을 말합니다. 그리고 '그리스도의 충만함'은 교회와 성도들에게 요구되는 성장의 내용과 수준을 말해 줍니다. 다시 말해 교회와 교회에 속한 각 지체들이 교회의 머리이신 그리스도 안에 있는 충만함을 나누어 갖는 성장을 이룬다는 말입니다. 교회 또는 교회에 속한 그리스도인 모두는 그리스도의 충만을 소유하며, 동시에 그것을 궁극적으로 이르러야 할 목표로 삼습니다. 이것이 에베소서 본문이 말하는 '온전한 사람'의 구체적인 의미입니다.

머리이신 그리스도와 몸인 교회, 지체인 각 성도는 서로 뗄 수 없는 관계에 있습니다. 그분은 나무이시고 우리는 가지입니다. 그분은 우리에게 생명을 공급하시며, 또한 자신의 충만함으로 우리를 충만하게 하십니다. 따라서 신자의 모든 신앙의 동기와 목표, 그리고 신앙과 삶의 내용은 예수 그리스도로 말미암은 것이어야 합니다. 주님은 그렇게 말씀하셨을 뿐만 아니라 성찬을 통해서도 계속 그러한 사실을 기억하도록 하셨습니다.

우리는 예수 그리스도와의 인격적인 관계를 의식하지 않는 타성에 젖은 교회 생활을 지양해야 합니다. 찬송을 해도 리듬과 곡조를 즐기는 정도로 그치고, 기도를 해도 별 의식 없이 중언부언하는 말을 쏟아내고, 기독교적인 용어와 문화, 분위기 등에 익숙해져서 아무 감동 없이 신앙적인 이야기를 하는 가벼운 신앙생활을 경계해야 합니다.

신자는 그리스도께로부터 생명을 얻은 자일뿐만 아니라 그분과의 관계 안에서 충만을 경험하는 자들입니다. 우리의 신앙에서 예수 그리스도께서는 처음과 끝이십니다. 우리는 그분으로 인하여 하나님을 아바 아버지라 부를 수 있으며, 그분 안에서 삶의 동기와 목적을 얻으며, 그분 때문에 모든 것에서 감사할 근거를 갖습니다. 우리는 '정말 예수 그리스도께서 나의 삶을 주도하시는가?' 하는 근본적인 질문에 분명히 답할 수 있어야 합니다. 이것을 건너뛰고 행하는 형식적인 종교 생활은 구원에 이르게 할 수 없습니다. 정녕 예수 그리스도를 자신의 주와 구주요, 생명의 근원으로 소유하지 않은 자, 그분과 생명의 관계를 맺지 않고 그분의 충만함과 영광을 이 땅에서부터 구하지 않는 자는 구원에서 먼 자입니다.

참으로 예수 그리스도를 믿는 신자는 교회의 머리 되신 주님 안에 있는 충만함을 모든 지체들과 나누어 갖기를 갈망해야 합니다. 사도 바울은 그리스도를 알려 하여 그분의 죽으심을 본받겠다고 말했습니다(빌 3:10). 이는 평생 그리스도를 깊이 알고자 성심으로 주님을 좇은 사람이 감옥에 갇혀서 죽기를 앞둔 때에 한 고백입니다.

이런 열망이 우리 안에서도 끝없이 계속되어야 하는 것입니다. 우리는 그 장성한 분량에 이르기까지, 완전한 사람을 이루기까지 계속 자라 가야 합니다. 우리가 사는 날 동안 바울처럼 늘 그 목표를 향해서 나아가야 합니다. 아니, 그리스도께 속한 참된 교회와 지체들은 결국 그런 모습을 갖게 될 것입니다.

온전함을 이루는 길

그러면 교회와 각 성도들은 어떻게 그리스도의 충만함에 이른 장성한 상태에 이를 수 있을까요? 우선 앞서 이야기했던 것처럼 교회에 세우신 사역자들을 통해 선포되는 하나님의 말씀을 통해 그리스도를 알아 가야 합니다. 또한 그와 함께 다른 지체들과의 교제에 있어야 합니다. 즉 머리 되신 주님으로부터 그리스도의 충만이 점점 우리 안에 채워져 나가기 위해서는 하나님 말씀의 공급과 함께 몸에 연결된 각 지체들이 서로 교제하는 두 가지가 함께 있어야 한다는 것입니다.

신자는 머리 되신 그리스도와 인격적이고 친밀한 관계 속에서 주님의 말씀과 뜻에 순종함으로써 그 말씀 속에서 그리스도를 더욱 깊이 알아 가고 그리스도의 충만을 더욱 누리게 됩니다. 그리고 그런 말씀에 대한 순종은 다른 지체들과 함께 예배하고, 말씀을 배우고, 양육 받고, 교제하며, 섬기는 등의 활동 가운데 함께 이루어 가는 순종이어야 합니다. 그리할 때에 그리스도의 충만이 개인과 교회 안에 점증적으로 있게 되는 것입니다. 그리스도의 지체들에게 이런 성숙은 필연적이고 필수적입니다. 하지만 그것은 결코 시간이 흐른다고 자동적으로 생겨나는 것은 아닙니다. 이는 하나님이 교회에 두신 은사와 직책을 사용해서 말씀으로 양육 받고, 그 말씀을 통해 그리스도를 믿고 아는 데서 다른 지체들과 교제하는 자들에게만 허락됩니다.

그러므로 우리는 어떤 신앙의 배경을 가지고 있든 교회에서 이방인처럼 있어서는 안 됩니다. 근래에 그런 풍토가 만연해 있다 할지라도, 우리 자신은 내 방식대로 신앙생활을 하겠다며 자신해서는 안 됩니다. 영적인 문제를 우습게 여기고 자만하는 자는 반드시 죄에 넘어지게 됩니다. 그리고 교만한 마음으로 반복적으로 죄에 넘어가다 보면 누구든 마음이 무뎌져 배교적인 상태에까지 나갈 수 있습니다. 이런 성경의 가르침을 허투루 여기지 마십시오. 이는 모두 우리를 위한 말씀입니다. 우리는 이와 같은 말씀 안에서 주님의 뜻대로 자라 가야 합니다.

예수 그리스도께서 정말 우리 신앙과 삶의 중심이 되고 계신지를 확인하고 또 더욱 힘써 그렇게 되도록 해야 합니다. 그분과의 생명의 관계 속에서 그분의 충만함이, 그분의 십자가 구속이, 지금도 자기 백성을 위해 증언하시는 그분의 중보가 자신을 부요하게 하고 하나님 앞에 더욱 나아갈 수 있게 하는지 확인하고 더욱 그렇게 되기를 구해야 합니다.

신자는 교회 안에 세워진 직책을 통해 균형 잡힌 진리로 무장하여 봉사의 일을 하며, 궁극적으로 그리스도의 장성한 분량이 충만한 데 이르기까지 그리스도의 몸을 세우도록 부름 받은 자입니다. 이런 목표와 무관한 자는 참된 의미에서 그리스도인이라 할 수 없습니다.

교회로 부르심을 받은 우리가 구해야 할 것은 자기 자신을 내세우고 자랑하기 위한 어떤 일이 아닙니다. 우리에게는 자기 자신의 성숙을 위해 힘쓰는 것조차 우리 주님의 몸인 교회를 세우기 위한 목적 안에 있는 일입니다. 주님이 우리에게 이런 거룩한 목표에 헌신할 수 있는 기회를 주신 것은 큰 특권입니다. 어쩌면 우리 중에는 이 기회와 시간이 얼마 남지 않은 사람도 있을 것입니다. 각 사람에게 기회가 얼마나 남아 있을지 정확히 알 수는 없지만, 우리는 이 땅에 육신을 입고 있는 한정된 시간 동안 이 일에 충실해야 합니다.

우리가 장래에 참여할 영원한 영광스러움은 지금 허락된 이 특권에 뿌리를 두고 있습니다. 지금 이 특권과 무관한 자는 장래의 영광에도 참여할 수 없습니다. 장래의 영광을 바라는 자는 마땅히 지금 그 영광과 관계된 삶을 삽니다. 지금 허락된 이 시간 동안 내 성질, 내 주관, 내 자존심, 내 방식을 고집하기보다 그것을 꺾고 진리를 따라 봉사의 일을 하며 그리스도의 몸을 세우는 자가 될 것입니다. 우리가 속한 교회 공동체 모두가 마음을 모아 그런 참된 교회가 되기를 소망합니다.

영적인 어린아이 상태의 위험성

"이는 우리가 이제부터 어린아이가 되지 아니하여 사람의 속임수와 간사한 유혹에 빠져 온갖 교훈의 풍조에 밀려 요동하지 않게 하려 함이라"(엡 4:14).

그리스도인은 교회의 공동체성 안에서 성숙과 성장을 이루어 가야 합니다. 이런 목표를 향한 영적인 성장은 신자에게 잠깐 동안이 아니라 계속되어야 합니다. 여기서는 에베소서 4장 14절을 중심으로 그러한 성장이 필요한 이유를 좀 더 구체적으로 생각해 보려 합니다.

바울은 앞에서 신자의 영적 성장의 적극적인 목표에 관한 내용을 주로 말했다면, 본문에서는 그런 성장의 필요성을 보다 소극적인 차원에서 설명합니다. 곧 성숙하지 않고 어린아이 상태에 있으면 사람의 속임수와 간사한 유혹에 빠지고 온갖 교훈의 풍조에 밀려서 요동한다는 것입니다. 이는 인간의 약함을 고려한 것입니다. 우리가 생각할 때는 성장의 적극적인 측면에만 집중하여 그것을 추구하면 될 것 같지만 실제로는 그렇지 않습니다. 소극적인 면을 고려하지 않으면 우리의 연약함 때문에 제대로 된 성장을 이룰 수 없기 때문입니다.

한순간에 달성되지 않는 영적 성장

본문을 잘 살펴보면 바울은 단지 우리가 '어린아이가 되지 아니하여'라고 말하지 않고 '이제부터'라는 말을 덧붙입니다. 이는 그리스도인이 처음에는 어린아이로부터 출발한다는 사실과 함께, 그 상태에 계속 머물러 있어서는 안 된다는 사실 또한 가르쳐 줍니다. 거듭난 자는 처음에 영적으로 어린아이와 같지만 그는 거기서 멈추지 말고 반드시 성장해야 한다는 것입니다.

우리는 이 말을 우리 자신에게 적용해 보아야 합니다. 우리 주변에는 제법 오랜 세월 동안 신앙생활을 했음에도 불구하고 어린아이와 같은 신자, 영적인 유아 상태를 면하지 못한 이들이 있습니다. 그들 중에는 교회에서 보낸 세월 탓에 직분까지 얻은 사람들도 있습니다. 하지만 영적인 성숙은 교회에서 보낸 세월이나 그가 얻은 직분으로 보장되지 않습니다. 교회를 오래 다니고 장로나 권사가 되어도 삶에서 성경이 말하는 성장한 자로서의 영적인 열매, 성령의 열매가 나타나지 않으면 그는 여전히 영적인 유아입니다. 그는 힘써 성장해야 합니다.

여기서 또 한 가지 반드시 기억해야 할 것은 세상적인 지위나 연륜이 있어도 영적인 유아 상태에 있을 수 있다는 사실입니다. 우리는 교회에 나오는 어떤 사람의 사회적인 지위와 연륜을 보고 그가 성숙한 신자일 것이라고 착각하기 쉽습니다. 그러나 그에게 영적으로 성숙한 자들이 감당해야 할 직분을 맡기면 당사자와 공동체 모두에게 해가 됩니다. 직분에 맞는 외형을 나타내 보일 수는 있겠지만, 그로 인해 정작 중요한 내적이고 영적인 성장은 도모하기가 더 어려워지기 때문입니다. 이로 인해 싹튼 위선과 교만은 교회를 흔드는 혼란의 불씨가 됩니다. 바울은 디모데전서나 디도서에서 이런 일을 경계하라고 주의를 줍니다(딤전 3:1-13, 특히 3:6, 딛 1:6-9).

진정한 영적 성장은 사회적인 명성이나 지적인 탁월함, 심지어 교회 안에서 보낸 세월과 비례하지 않습니다. 그런 것과 상관없이 모든 사람은 진실로 회개하여 믿은 이후부터 어린아이와 같은 수준에서 시작하여 성장을 이루어 가야 합니다. 성장이 필요 없거나 저절로 성장하는 사람은 없습니다. 신자는 누구나 성장해야 하고, 성장에 필요한 주님의 다루심에 대한 반응이 있어야 합니다. 계속해서 하나님의 말씀을 통해 영적인 지식을 배우며, 또 그것을 따라 사는 가운데 자라 가야 합니다.

영적인 성장은 한순간에 달성되지 않습니다. 어떤 신비로운 체험으로 높은 단계로 도약하는 것도 아닙니다. 물론 어떤 체험은 성장에 자극이나 도움이 되기도 하지만 그 자체로서 영적인 성장의 내용이나 증거가 되지는 않습니다. 성장은 시간을 요합니다. 영적인 갓난아이로 태어난 신자들은 하나님의 진리를 따라서 순종하며, 성품이 변화하는 과정을 거쳐야 합니다. 이런 사실을 무시하거나 부정하면 성장에 크게 방해를 받습니다.

이리저리 흔들리는 어린 신자

성장하지 않은 신자는 다 어린아이와 같습니다. 여기서 한 가지 의문이 제기될 수 있습니다. 신자가 어린아이에 머무르지 말아야 할 이유가 무엇인가 하는 것입니다. 우리는 왜 성장을 이루어 가야 하는 것일까요?

그것은 본문 말씀대로 어린아이들이 빠지기 쉬운 유혹과 위험 때문입니다. 바울은 어린아이는 사람의 속임수와 간사한 유혹에 빠질 수 있고, 온갖 교훈의 풍조에 밀려 요동할 위험이 있다고 말해 줍니다. 물론 성경에는 어린아이의 모습을 긍정적으로 말하는 곳도 있습니다(마 18:3-5, 19:13-14). 그러나 그것은 순전하게 하나님을 받아들이고 믿는 아이의 순수함에 주목한 것입니다. 아이들에게는 그런 긍정적인 면이 있지만, 동시에 많은 부족과 연약함이 있습니다.

아이들은 쉽게 변덕을 부리고 주의력이 약해서 한 가지 일에 오래 몰두하지 못합니다. 해야 할 일에 쉽게 관심을 잃고 다른 흥밋거리를 좇아가거나 미혹을 당하기도 합니다. 그래서 어른들은 마음만 먹으면 얼마든지 어린아이를 속일 수 있습니다. 에베소서 본문은 그런 어린아이의 성향을 두 단어로 묘사합니다. '밀리다'와 '요동하다'입니다. 이러한 영적 어린아이의 특성은 우리에게 성장이 필요한 이유가 무엇인지를 잘 보여 줍니다.

먼저 '밀리다'라는 말은 어원적으로 파도에 흔들린다는 뜻을 가지고 있습니다. 바다의 물결은 항상 일기 때문에 바다 위의 배는 계속 이리저리 흔들립니다. 영적으로 어린아이의 상태는 이렇게 끊임없이 흔들리는 모습으로 비유됩니다. 교회 안에는 이렇게 불안정하고 변덕스러운 사람들이 적지 않습니다. 그들은 어쩔 때는 아주 좋은 신자인 것처럼 행하다가도 언제 그랬냐는 듯 돌변하기도 합니다. 마치 파도에 흔들리듯 분별없이 부침(浮沈)을 반복합니다. 그들은 말씀보다 외적인 상황과 그에 따른 감정에 휘둘리는 삶을 삽니다.

영적 어린아이들은 보통의 아이들이 그렇듯이 자기밖에 모릅니다. 그들은 자신에 대한 훈계를 받아들이기 어려워합니다. 그에게 중요한 것은 늘 자신의 기분이기 때문입니다. 진리를 따라 사랑으로 책망하고 교훈하고 바르게 인도하는 말씀일지라도 쉬 반감을 갖습니다. 그래서 마치 부모가 달래고 설득해야 마지못해 자기 손에 쥔 것을 남에게 주는 아이처럼 끊임없이 달래고 얼러야 교회 생활을 할 수 있습니다. 물론 처음에는 그럴 수 있지만 시간이 지나면서 그런 어린아이와 같은 상태에서 벗어나야 합니다. 오랜 세월 신앙생활을 하고도 아이처럼 치근대는 것은 부끄럽게 여겨야 할 일입니다.

그것은 사실 부끄럽기만 한 일이 아니라 위태롭기도 합니다. 바울은 영적 어린아이들은 늘 사람의 속임수와 간사한 유혹에 빠질 위험에 노출되어 있다고 말합니다. 여기서 '속임수'라는 말의 어원은 주사위를 던지는 것과 관련되어 있습니다. 주사위로 눈속임을 하는 것입니다. 영적 어린아이들은 수많은 거짓말과 속임수를 분별하지 못합니다. '예수', '믿음', '은혜', '구원', '천국' 등의 단어만 섞어서 이야기하면 그것이 이단인지, 거짓된 가르침인지 분별하지 못합니다. 쉽게 혹하여 흔들립니다.

그뿐 아니라 어린아이들은 간사한 유혹에도 쉽게 빠지는데, '간사한 유혹'이란 어떤 목적을 이루기 위해서 계략과 교활함을 사용하는 것을 말합니다. 여기서 더 특이한 말은 '빠진다'라는 말입니다. 이 말의 원래의 뜻은 '끝까지 쫓아간다'는 것입니다. 즉 어린아이들은 속이려는 자의 간교한 의지를 따라갈 위험이 있다는 것입니다. 실제로 영적인 어린아이들 가운데 이단에 넘어가는 경우가 많습니다. 이단에 넘어간 사람들은 거의 다 교회에 다녔던 사람들입니다. 이단들은 어느 정도 이해의 공통분모를 가진, 교회에 다니는 사람들을 겨냥합니다. 우리는 이와 같은 위험을 쉽게 생각하면 안 됩니다. 자신만은 괜찮을 것이라는 안일한 생각을 버리고 영적인 성장을 구해야 합니다.

새로움에 쉽게 눈 돌리는 어린 신자

어린아이들의 특성을 드러내는 또 다른 말은 '요동하다'입니다. 이 말의 원뜻은 데리고 돌아다닌다는 것입니다. 이는 어떤 사람이 어린아이의 주의와 관심을 끌어 마음대로 하는 모습을 연상시킵니다. 역시 어린아이들의 쉽게 속는 특성과 관련이 있습니다.

영적인 어린아이들은 이전부터 있던 진리의 내용과 가치를 제대로 알지도 못하고, 보다 새로운 가르침을 접하면 거기에 쉽게 눈을 돌립니다. 이 세상이 유행을 따르는 이유도 마찬가지인데 그것이 새롭게 느껴지기 때문입니다. 새로운 것을 갈망하는 것은 인간의 본능이기도 합니다. 그런 성향이 영적인 면에까지 영향을 미쳐 새롭게 느껴지는 설명과 해석을 신선하게 여기며 그것을 따르기를 좋아하는 것입니다.

오늘날 교회 안에는 복음을 시대에 뒤처진 것으로 생각하고 뭔가 새로운 계시나 특별한 체험, 성경에 대한 새로운 해석과 설명을 원하는 이들이 많습니다. 심지어 목사들도 그런 분위기에 영합하여 반응을 불러일으킬 만한 뭔가 새로운 내용이나 성경 해석을 찾고 궁리하는 일까지 있습니다. 이렇게 교회가 사람들의 기호를 맞추는 데 주안점을 두는 것은 사탄이 끼어들어 진리를 변질시킬 여지를 주는 일입니다. 우리는 이런 가벼움을 경계해야 합니다.

겸손히 진리를 듣고 배움

기독교 진리는 이미 계시되고 전해진 것 이상의 새로운 내용이 없습니다. 만일 새로워야 할 것이 있다면 그것은 말씀을 받아 자신에게 적용해야 하는 우리의 마음입니다. 성경은 우리의 마음을 새롭게 하라고 말하지 새로운 계시나 계시에 대한 신선하고 독특한 해석을 추구하라고 부추기지 않습니다. 우리에게 필요한 것은 굳어지기 쉬운 우리의 마음을 기경하여 하나님의 말씀에 진실하게 반응하는 것입니다.

과거 믿음의 선배들은 소요리문답 등을 반복하여 가르쳐 숙지시키고자 힘썼습니다. 목회자만이 아니라 부모가 자녀들에게 반복해서 가르쳤습니다. 우리는 그들을 본받아야 합니다. 새로운 무엇이 아니라 하나님의 변함없는 진리를 배우고 가르쳐 거기에 자신을 복종시켜야 합니다. 죄로 어두워진 눈을 뜨게 하여 우리의 죄악된 상태와 거룩하신 하나님을 보게 하는 진리를 아는 데 계속 힘써야 합니다.

영적인 어린아이들이 모든 거짓 교훈의 풍조에 요동하는 가장 큰 이유는 무엇이 옳고 그른지를 분별할 수 있는 기준이나 지식이 없기 때문입니다. 오래 교회를 다녔어도 하나님의 진리를 견고하게 알고 소유하지 못한 것입니다. 우리가 이러한 영적인 무지 상태에서 깨어날 수 있는 길은 겸손히 하나님의 말씀을 배우는 것입니다. 예배 때 전해지는 말씀을 듣고, 성경 공부, 교회 내의 소그룹 모임 등에 적극 참여하여 실제적이고 체계적으로 함께 배우고 적용하며, 개인적으로 부지런히 말씀을 읽고 묵상해야 합니다. 말씀을 배우는 것이 영적 어린아이에게 필요한 첫걸음입니다.[7]

말씀에서 먼 사람은 그만큼 성장이 더뎌 유혹에 쉽게 빠지게 됩니다. 우리는 반드시 영혼의 양식인 하나님의 진리를 배워 섭취해야 합니다. 특별히 하나님의 진리를 배울 때는 언제나 어린아이와 같은 순전함을 가져야 합니다. 겸손함과 순전함이 없으면 조금 아는 것을 가지고 다 안다는 생각에 빠져 제대로 배울 수 없습니다. 하나님의 말씀 앞에서 우리는 항상 겸손해야 합니다. 신자는 우선적으로 듣는 자이지 말하는 자가 아닙니다. 구약시대의 선지자들에게도 가장 중요한 것은 '듣는 것'이었습니다. 하나님이 처음부터 시키신 것은 먼저 하나님의 말씀을 듣는 것이었지 말하는 것이 아니었습니다.

세상과 교회에서 어떤 명망을 가진 자든 먼저 하나님의 말씀을 겸손히 듣는 것부터 시작해야 합니다. 하나님의 말씀을 듣는 것을 뒷전으로 하고 자기 자랑과 과시가 앞서지 않도록 늘 조심해야 합니다. 성경 공부나 소그룹 모임에서도 하나님의 말씀을 건설적으로 적용하기 위한 나눔을 해야 합니다.

듣고 배운 것에 순종함

물론 하나님의 말씀은 배우는 것이 다가 아닙니다. 성장은 지식을 얻는 것만으로 되지 않습니다. 그에 대한 순종함 또한 있어야 합니다. 배운 내용에 순종하지 않는 자는 바리새인 같은 위선에 빠지게 됩니다. 신자는 말씀을 배울 뿐만 아니라 배운 말씀에 순종함으로써 자라 갑니다. 누구나 어린아이로부터 출발하지만 '이제부터' 그리스도의 장성한 분량이 충만한 데까지, 또 온전한 사람이 되기까지 계속해서 자라 가야 합니다.

우리 중에는 비교적 성숙한 사람도 있고 아직 어린아이 같은 상태에 머물러 있는 사람도 있습니다. 성장이 더딘 사람도 있고 보다 빠른 사람도 있습니다. 하지만 지금 당장의 상태는 그렇게 중요하지 않습니다. 어떤 자리에 있든 성장을 위해 하나님의 진리를 배우며, 진리 안에서 그리스도를 더욱 깊이 알아 가고, 그 말씀에 순종하는 삶을 살도록 계속 힘써야 합니다. 지속적으로, 끝까지 범사에 자라 가야 합니다.

그러면서도 혹 하나님의 말씀을 배우는 것을 우월감이나 자부심의 근거로 삼지 않도록 주의해야 합니다. 스스로 어느 정도의 수준에 이르렀다고 생각하여 다른 사람과 비교해서 자신이 좀 더 낫다는 식의 도토리 키 재기에 빠지면 안 됩니다. 우리의 성장의 목표는 다른 교회나 다른 성도가 아니라 그리스도의 장성한 분량입니다. 사도 바울이 말년에 죽음을 앞두고 그리스도를 더 알고자 했던 것처럼(빌 3:10-14) 우리도 평생 그리스도를 더 알고자 하는 소원을 가져야 합니다. 진리 안에서 그리스도의 형상에 조금이라도 더 가까워지기를 구해야 합니다.

성장을 위해 필요한 것들

"오직 사랑 안에서 참된 것을 하여 범사에 그에게까지 자랄지라 그는 머리니 곧 그리스도라 그에게서 온몸이 각 마디를 통하여 도움을 받음으로 연결되고 결합되어 각 지체의 분량대로 역사하여 그 몸을 자라게 하며 사랑 안에서 스스로 세우느니라"(엡 4:15-16).

그리스도의 몸에 속한 모든 지체들은 함께 머리이신 그리스도에게까지 자라 가야 합니다. 교회는 성장을 통해 머리 되신 그리스도를 드러내며 그분을 영화롭게 합니다. 이것은 교회가 생명처럼 여길 일입니다. 바울은 에베소서에서 성장의 문제를 굉장히 비중 있게 가르칩니다. 우선 에베소서 2장에서는 교회의 성장을 건물들이 살아서 서로 연결되어 성전으로 지어져 가는 생생한 비유로 묘사합니다. 교회의 모든 지체들이 그리스도 안에서 함께 지어져 간다는 것입니다(엡 2:20-22).

에베소서 4장은 교회의 성숙과 성장을 더욱 두드러지게 강조하고 더 구체적으로 설명합니다. 특히 15-16절은 교회의 성숙과 성장에 대한 그동안의 내용을 반복하며 정리해 줍니다. 여기서 바울은 먼저 "오직 사랑 안에서 참된 것을 하여 범사에 그에게까지 자랄지라"고 말한 뒤에 "그[머리 되신 그리스도]에게서 온몸이 각 마디를 통하여 도움을 받음으로 연결되고 결합되어 각 지체의 분량대로 역사하여 그 몸을 자라게 하며 사랑 안에서 스스로 세우느니라"고 말합니다.

바울은 같은 내용을 지나치다 싶을 만큼 강조하고 있습니다. 그래서 어떤 성경 비평가는 바울이 글의 방향을 잃고 헤매는 것이 아니냐며 혹평을 하기도 합니다. 그러나 이는 바울이 에베소서 전체에서 강조하려는 내용이 무엇인지를 알지 못하고 하는 말입니다. 우리는 바울이 에베소 교회 성도들에 대해 어떤 목회적인 마음과 애절함을 가지고 있었는지를 이 서신의 전체적인 문맥 안에서 보아야 합니다. 일반적으로 바울의 서신에 나타나는 반복은 단순한 반복이 아니라 내용을 보충하고 강화하기 위한 수사법입니다. 여기서도 마찬가지입니다.

성경은 교회로서의 성숙이야말로 우리에게 두신 하나님의 가장 중요한 계획이요 목표임을 가르칩니다. 모든 지체들은 이것을 경험해야 합니다. 안타깝게도 이 시대의 교회 안에 스며든 풍조는 성경의 가르침과 많이 동떨어져 있습니다. 말씀과도, 교회와도 무관하게 신앙생활을 하면서 자기 구원을 확신하는 이들이 아주 많습니다. 성경이 "진리 안에서 성장하라", "성숙한 교회를 이루어 가라"고 그토록 강조함에도 그런 가르침과 무관하게 살면서 아무렇지도 않게 교회를 오고 가는 자칭 신자들이 많습니다. 그러나 참된 신자는 그럴 수 없습니다. 신자는 성숙에 대한 은혜의 선언만이 아니라 성경의 모든 가르침이 자신을 향한 것인 줄 알고, 성숙을 위한 지식과 그에 따른 순종, 공동체 안에서 지체로서 서로를 세워 나가기 위한 수고에 소홀함이 없어야 합니다.

어떤 사람들은 나름대로 성장을 추구하면서도 지극히 개인적인 수준에 머무는 경우도 있습니다. 그들은 말씀을 열심히 배우면서도 여전히 자아가 중심이 되어서 자기 기준으로 판단하고 행하며 주변 사람들에게 상처를 주는 거친 모습을 보입니다. 그러나 하나님의 진리를 통해서 바르게 성장하는 자는 시간이 갈수록 한 몸 안의 지체로서 움직이며, 다른 지체 때문에 자신을 죽일 줄도 알게 됩니다. 아무리 많이 배워도 그러한 태도가 없으면 미숙한 자입니다.

오직 그리스도의 도움 받아 이루는 성장

우리가 교회로서 이르러야 할 성장의 목표는 결코 상대적이지 않습니다. 즉 크고 오래된 어떤 교회나 연륜이 깊은 어떤 지체나 신앙의 위인이 우리의 목표가 아닙니다. 오직 그리스도만이 우리의 목표가 되십니다. 때로 교회에서 연륜이 쌓이고 장로나 권사가 되면 스스로를 성숙한 자로 여기는 이들이 있고, 심지어 자신은 마치 더 이상 이를 목표가 없는 것처럼 생각하는 사람들도 있습니다. 그러나 그것은 무지의 증거일 뿐입니다. 교회와 성도의 성숙과 성장의 목표는 마지막 우리의 생명이 다하기까지 더욱 그리스도를 알아 가고 그리스도에게까지 자라는 것입니다.

우리는 그리스도의 몸인 교회로서 그런 성숙과 성장을 이루기 위해 끊임없이 힘쓰되, 어떻게 그런 성장을 이룰 수 있는지 또한 바르게 알아야 합니다. 바울은 에베소서 본문에서 머리이신 '그리스도에게서 온 몸이 각 마디를 통해 도움을 받아야 함'을 말합니다. 이것이 교회의 성장의 근원입니다. 그리스도께 속한 온몸은 다 머리의 통제를 받고 도움을 받으며 성장합니다. 교회의 성숙은 우리의 능력으로 이루어지지 않습니다. 아무리 우리가 서로 연합하여 하나가 되자고 하며 많은 수고와 봉사를 해도 모든 것 가운데 머리 되신 그리스도로부터 도움을 받지 않으면 교회의 성숙은 불가능합니다.

물론 그리스도께 순종하며 그분의 도움을 받지 않아도 사람이 늘고 규모가 확장되는 외적인 성장은 보일 수 있습니다. 그러나 그것은 참된 성숙과 성장을 이룰 수 없습니다. 사람이 많이 모여 세상의 불신자들처럼 자기 건강과 사업과 마음의 안정 등을 구하는 것은 교회가 이루어야 할 성장과 아무 상관이 없습니다. 교회와 그에 속한 신자 개개인은 머리 되신 주님을 영화롭게 하고자 하는 열심으로 주님의 거룩하심을 삶으로 나타내는 참된 의미에서의 성장을 경험해야 합니다. 그리고 이런 성장은 오직 그리스도의 도움을 받음으로써만 가능합니다.

오늘날 교회의 비극은 사실상 이 사실을 알지 못하고 생각하지 않는 데서 옵니다. 많은 사람들이 교회의 일원으로서 은근히 자기를 나타내고 인정받으려는 동기의 지배를 받습니다. 세상에서는 자신의 능력을 발휘하고 과시하는 것을 좋게 여깁니다.

하지만 교회는 다르며, 달라야 합니다. 교회에 속한 지체에게는 그리스도의 도움을 받음으로써 일하여 주님의 영광을 드러내고 인정하게 하는 것이 전부입니다. 또 교회는 그것을 전부로 삼아야 합니다. 이런 특성을 상실할 때 교회의 비극이 시작됩니다. 머리 되신 그리스도께로부터 받는 도움을 우리가 행하는 모든 일의 원천으로 삼아 그분을 높이지 않고, 대신 자기 능력을 앞세워 자신을 드러내고 인정받으려 함으로써 교회와 세상의 구분이 무너지는 것입니다. 곧 거룩함을 잃고 탐심에 빠지는 것입니다.

지체 간의 섬김과 교제를 통한 성숙

또 바울은 에베소서 본문에서 그리스도께 도움을 받는 가운데 지체들이 서로 연결되고 결합한다고 말합니다. 참된 성장은 각 지체들이 공히 머리 되신 그리스도의 도움을 받을 뿐 아니라 각 지체들이 서로 조화와 균형을 이루며 움직임으로써 이루어집니다. 그러므로 영적 성장과 성숙을 위해 지체들은 자기 위치에서 서로 밀접하게 연결되어 함께 교제하고 섬기며 도와야 합니다.

지체 간의 교제가 없으면 혼자 아무리 신비스러운 경험을 많이 하고 은사를 가지고도 성숙을 이룰 수 없습니다. 스스로는 이런 것들을 통해 내면이 깊어지고 하나님과 가까워졌다고 생각할지 모르지만 하나님은 개인적 만족을 위해 우리를 부르신 것이 아닙니다. 우리를 구원하여 그리스도의 몸의 지체로 두신 것은 다른 지체들과 연합하여 함께 머리 되신 그리스도를 높이게 하시기 위해서입니다.

혼자 있을 때의 모습만으로는 그 사람의 실체를 알 수 없습니다. 자기 자신도 스스로가 어떤 사람인지 발견하지 못합니다. 반면 공동체 안에서 같이 배우고 나누며, 지체로서의 구체적인 활동에 참여하면 그 실체가 잘 드러납니다. 장점들만이 아니라 단점들도 나타납니다. 인간은 다 마찬가지입니다. 우리는 공동체 안에서 자신의 모난 부분이 노출되는 것을 두려워하며 감추려하기 보다 오히려 함께 어울리며 다듬어지고 성숙해지기를 구해야 합니다.

그리스도의 몸에 속한 지체들은 그리스도로부터 얻은 선한 마음과 재능과 은사를 발휘하여 서로 섬겨야 합니다. 그렇게 하지 않으면 자신만이 아니라 교회 공동체와 그 안에 속한 다른 지체들도 함께 성장하지 못합니다. 지체들은 성장하기 위해 서로를 필요로 합니다. 공동체 안에 아무리 어리고 약한 자라도 그의 존재는 교회에 유익이 됩니다. 왜냐하면 그가 있음으로써 많은 지체들이 그를 생각하며 마음에 부담을 가지고 같이 기도하며, 피차 성장을 경험하기 때문입니다.

교회 안의 드러나고 감추어진 대부분의 일들은 지체들이 서로 섬기는 가운데 온전하게 됩니다. 특히 하나님은 은밀하게 일하는 자에게 은혜를 주십니다. 자기가 한 일을 나팔 불며 과시하면 상이 없습니다. 우리는 주님과 지체들을 위해 은밀하게 일하는 중에 하나님의 아심으로 말미암아 기뻐해야 합니다.

교회의 지체 된 자는 모든 부분에서 서로 섬기며 연결되어 성장과 성숙을 이루어 갑니다. 본문 15절 "범사에 그에게까지 자랄지라"는 말씀에서 '범사'는 '계속', '항상'이란 의미도 있지만 '모든 면에서 균형 있게'라는 의미도 있습니다. 즉 우리는 계속 자라야 할 뿐만 아니라 모든 면에서 균형 있게 그리스도에게까지 자라 가야 한다는 것입니다.

진리와 사랑으로

본문에서 바울은 교회와 신자의 성장과 성숙을 위한 직접적인 권면으로서 "오직 사랑 안에서 참된 것을 하라"고 말합니다(엡 4:16). 여기에 쓰인 '참된 것을 하다'(ἀληθεύοντες)의 어간은 '진리'라는 뜻을 갖습니다. 즉 사랑 안에서 진리를 말하고 가르치며, 진리로 행하라는 것입니다.

앞서 살펴보았듯이 하나님은 말씀을 맡은 직책들을 통해 전해지는 하나님의 말씀과 진리로 교회를 성장하게 하십니다(엡 4:11). 그런데 성장을 위해서는 진리뿐 아니라 사랑이 있어야 합니다(엡 4:15). 사실 사랑에 대한 권면 역시 앞서 언급된 바 있는 내용입니다(엡 4:2). 바울은 에베소서 4장 15-16절에서 '사랑 안에서'라는 말을 두 번이나 반복함으로써 더욱 강조한 것입니다. 사랑은 교회의 머리이신 그리스도로부터 도움을 받아 교제하며 서로 섬기는 지체들 사이에 있어야 할 핵심 요소입니다. 교회가 그리스도에게까지 자라 가기 위해서는 진리와 사랑이 함께 있어야 합니다. 바울은 이것을 "오직 사랑 안에서 참된 것을 하라"는 말로 표현합니다. 이는 더할 나위 없이 정확하고 정교한 진술입니다.

그러나 안타깝게도 교회의 현실에는 이런 가르침이 무시되고 어느 한쪽으로 치우쳐 균형을 잃는 경우가 많습니다. 특히 오늘날에는 진리를 희생시키며 사랑을 강조하는 경우가 많습니다. 기독교는 사랑의 종교입니다. 하지만 참된 사랑은 결코 세상이 말하는 기준과 방식으로 구현될 수 없습니다. 교회가 세상의 말에 장단을 맞추어 진리를 타협하게 되면 사랑이라는 명목 아래 분별없는 연합 운동 등 터무니없는 일들에 열중하게 됩니다.

반대로 오직 진리를 외치면서 자신이 아는 좁은 지식으로 주저 없이 남을 정죄하고 판단하는 일들도 많습니다. 물론 진리에 대한 깨달음과 충격이 클 때는 사랑에 대한 마음과 부담을 잃고 진리의 냉철함에 빠지기 쉬운 것이 사실입니다. 그러나 성경은 진리와 사랑 모두를 강조합니다. 성경이 말하는 성령 하나님은 진리의 영이시면서 동시에 사랑의 영이십니다. 예수님 또한 길이요 진리요 생명이실 뿐만 아니라 사랑의 주님이십니다. 우리를 사랑하셔서 자기 몸을 버리기까지 하신 분이십니다. 성경은 이렇게 하나님 자신부터 사랑과 진리를 함께 가진 분이심을 말하며, 우리에게도 두 가지가 함께 있어야 한다고 가르칩니다. 성숙을 위한 균형을 위해서 우리는 늘 "나의 행동이 진리 안에 있는가?", "나의 행동이 이타적인가?" 하는 두 가지 질문을 가져야 합니다. 공동체의 다른 지체들과의 관계에서 우리의 태도와 행동을 두 질문에 따라 늘 점검해 보아야 합니다.

세상에도 사랑을 말하며 이타적인 행동과 삶을 강조하는 종교나 사회단체들이 많이 있습니다. 그러나 그들은 그리스도를 부인합니다. 그분 안에 나타난 하나님의 은혜와 영광을 알지 못합니다. 진리가 없는 것입니다. 교회만이 이 두 가지를 모두 갖습니다. 교회는 사랑과 진리를 세상에 비추어야 하는 특별한 사명 공동체입니다. 그러기 위해서 우리는 모든 신앙 행위에서 균형을 가지고 성숙과 성장을 이루어 가야 합니다. 진리와 사랑 중 어느 하나라도 결여된 사람에게는 균형 있는 성장이 절실히 필요합니다. 그리스도인의 성숙은 단순히 이타적인 사랑을 외치며 사회봉사를 많이 하는 정도로 되지 않습니다. 또 끊임없이 진리를 배우고 날카롭게 분별하는 지성 훈련만으로도 되지 않습니다. 우리는 진리와 사랑 모두를 가져야 합니다. 평생토록 두 가지를 삶 속에서 나타내기를 구해야 합니다.

교회 안에서 이루어 가야 할 성숙

우리는 교회 공동체 안에서, 가정에서, 직장과 사회에서 자신이 진리와 사랑을 따라 행하고 있는지를 돌아볼 때 분명 많은 부족함을 발견하게 될 것입니다. 그러나 낙심하지 마십시오. 지금 당장의 모습이 최종적인 결론은 아니기 때문입니다. 우리의 성장과 성숙은 후에 주님 앞에 설 때까지 지속적으로 이루어져 가는 것입니다.

중요한 것은 우리가 소유해야 할 진리와 사랑의 근원이 그리스도이심을 기억하고, 그분을 의지하며, 그분의 온전하심을 따르는 것입니다. 우리는 교회의 머리이신 그리스도로부터 받은 것을 삶 속에서 행하며 드러내야 할 자들입니다. 그러므로 만일 우리에게 부족이 드러나면 회개하며 은혜를 구하면서 성장과 성숙을 계속 이루어 가야 합니다. 우리는 그리스도에게서 온몸이 각 마디를 통해서 공급 받는 도움

없이는 진리와 사랑을 가질 수도, 나타낼 수도 없습니다. 교회와 무관하게 성장할 수 없습니다.

우리는 그리스도의 몸인 교회 안에서 다른 지체들과 함께 연결된 관계와 활동 가운데서 진리와 사랑을 공급받는 동시에 그 안에서 진리와 사랑을 행하게 됩니다. 이것은 일종의 훈련이기도 합니다. 물론 우리는 그리스도의 몸 밖에 있는 사람들을 향해서도 진리와 사랑을 나타내야 합니다. 그러나 교회 안에서 하지 못하는 사람은 밖에서도 잘할 수 없습니다. 먼저 교회 안에서부터 진리와 사랑으로 행할 줄 알아야 합니다.

주님은 이를 위해 우리를 한 몸으로 부르셨습니다. 따로 고립되어 만년 유아로 있는 것은 주님의 뜻이 아닙니다. 우리는 주님이 원하시는 성숙을 위한 과정에서 여러 아픔과 고충을 겪기도 하지만 언제까지 부모가 알아서 해 주기를 바라는 어린아이로 머물러 있을 수는 없습니다. 자신을 부인해야 하는 다소 고된 과정을 통해 우리는 결국 영광스러운 성숙에 이르게 될 것입니다. 특별히 그리스도를 갈망하는 가운데 이루는 성숙은 우리를 주님께 더욱 가까이 나아가게 합니다. 신자에게는 이런 성장이 마땅히 있어야 합니다.

우리는 교회의 머리 되신 그리스도로부터 공급을 받고, 또 서로 연결된 지체 관계 속에서 도움을 받음으로 진리와 사랑을 실천하며 같이 성장해야 합니다. 우리가 완전할 수는 없지만, 오히려 그 모습이 공동체 안에서 노출되고 다듬어지는 과정을 통해서 성장해 가야 합니다. 이 땅의 모든 신자들이 부르심에 충성되게 반응하며 교회 안의 다른 지체들과 성장할 수 있기를 소망합니다.

참된교회로 돌아오라

CHAPTER 12

세상을 향한 활동[8]
: 복음 증거

세상 속 교회의 정체성

"그러므로 너희가 마게도냐와 아가야에 있는 모든 믿는 자의 본이 되었느니라 주의 말씀이 너희에게로부터 마게도냐와 아가야에만 들릴 뿐 아니라 하나님을 향하는 너희 믿음의 소문이 각처에 퍼졌으므로 우리는 아무 말도 할 것이 없노라"(살전 1:7-8).

교회는 하나님을 예배하는 활동을 기초로 삼고 그것을 중심으로 다른 지체들과 유기적 관계를 형성하며 서로를 섬기기 위한 다양한 활동을 하는 가운데 성장합니다. 그러나 이것이 전부는 아닙니다. 교회는 자신들만의 고립된 세계를 이루어 존재하지 않고 그 경계를 넘어 세상을 향해서도 활동합니다. 만일 교회가 앞의 두 가지 활동을 모두 가지고 있더라도 세상과 격리되어 교회 지체들끼리만 어울리며 자신들의 유익만을 구한다면, 그것은 본래 교회의 모습에서 이탈하여 변질된 것입니다.

교회가 세상을 향하여 행하는 가장 중요한 활동은 복음으로 사람들을 살리고 인도하는 것입니다. 교회는 복음으로 뭇 영혼을 죄와 사망으로부터 구원해야 합니다. 이런 활동의 구체적인 예를 데살로니가 교회가 보여 준 모범을 통해 확인할 수 있습니다. 물론 교회의 세상을 향한 활동들은 여러 가지입니다. 분명 데살로니가 교회도 세상을 향한 더 다양한 활동들을 했을 것입니다. 하지만 바울이 칭찬한 내용은 무엇보다 그들이 사람들을 살리는 복음을 전한 일에 대한 것이었습니다.

오늘날에도 교회가 세상을 향해서 해야 할 일은 일일이 열거하기 어려울 만큼 다양합니다. 우리는 가난하고 헐벗은 자들을 구제하고, 전쟁과 재난과 기근 중에 있는 자들을 돌보며, 사회의 부패와 부도덕과 음란한 문화에 경종을 울림으로써 선한 영향을 끼치기 위해 부지런해야 합니다. 실제로 많은 교회들이 각종 구호 단체들의 모체가 되거나 그들과 협력하고, 여러 형태로 소외된 계층을 돕는 봉사 활동을 행하며, 병원, 학교, 고아원 등을 설립, 운영하기도 하고, 교도소 등을 대상으로 문화적인 활동을 행하고 있습니다.

그러나 교회가 세상을 향해 해야 할 가장 궁극적이고 핵심적인 활동이요, 가장 우선적인 책임은 세상의 다른 어떤 집단이나 기관들이 대신할 수 없는 일, 즉 영혼을 구원하는 일입니다. 세상을 향한 다른 여타의 활동들은 사실상 이 목적 아래에서 행해지는 것입니다. 봉사와 헌신에 공치사하며 그것을 조건 삼아 믿음을 강요하거나 구걸하는 어리석음은 지양해야 하지만, 모든 섬김에는 그 헌신이 영혼 구원에 요긴한 도구가 되기를 바라는 중심이 있어야 합니다.

교회가 세상에 존재하며 여러 선행에 힘쓰는 것은 단순히 세상을 더 살기 좋은 곳으로 만들고자 하는 것이 아닙니다. 오히려 세상에서 교회의 존재 이유는 이 세상의 죄와 사망의 지배 아래 있는 사람들의 비참한 현실을 지적하여 깨우고, 그들에게 참행복과 생명을 위한 유일한 길을 보이고 전하는 것입니다. 이것이 교회가 세상을 가장 실제적으로 도울 수 있는 일이요, 세상을 위해 반드시 해야 하는 가장 귀한 봉사입니다.

복음 증거 없이 건강한 교회도 없다

데살로니가 교회는 초대교회의 여러 교회들 중에서도 매우 모범적인 교회로 칭찬받았습니다. 주변에 좋은 소문이 퍼지게 할 만큼 모든 성도들이 유기적인 관계를 가지고 바른 교회의 모습을 보여 주었습니다. 그들은 데살로니가전서 1장 3절에 기록된 대로 믿음의 역사와 사랑의 수고와 우리 주 예수 그리스도에 대한 소망의 인내 등 내부적 특성뿐만 아니라 세상을 향한 활동에서도 매우 모범적이었습니다.

무엇보다 그들은 죽어 가는 영혼들을 향한 복음 증거 사역에 있어서 다른 이들의 본이 되었습니다. 즉 데살로니가 교회는 하나님을 향한 활동과 서로를 향한 활동, 그리고 세상을 향한 활동에서 균형을 이루고 있었습니다. 오래되지 않은 교회였기에 크고 작은 혼란을 겪기도 했지만, 더 많은 부분에서 칭찬받을 만한 모습을 보여 주었습니다. 각 지체들이 영적으로 건강한 기초를 가지고 있었던 것입니다. 하나님을 향한 활동이나 서로를 향한 활동에는 활발하지만 정작 세 번째 활동이 없는 개인이나 교회는 건강한 상태에 있다고 할 수 없습니다.

예전에 제가 영국에서 유학을 마치고 돌아와 아직 목회지가 정해지지 않았을 때, 탁월한 통찰력을 가지고 말씀을 전하는 목사님이 계시다는 소문을 듣고 그분이 목회하는 교회를 방문한 적이 있었습니다. 영국에서 박사 학위를 받은 교수이자 목사였던 그분은 신실하게 하나님의 말씀을 사모하는 70-80여 명쯤 되는 성도들과 함께 이상적인 교회의 모습을 추구하며 교회를 세워가고 있었습니다. 성도들도 그 탁월한 목사님의 인도 아래서 말씀을 잘 듣고 배우며 모두 신실하고 성숙해 보였습니다. 저는 그런 모습이 참 좋아 보였고, 긍정적인 교회의 모습이라고 생각했습니다. 그러던 중 저는 호주의 목회지로 떠나게 되었고, 얼마 후에 호주에서 돌아와 보니 그 교회가 사라져 있었습니다.

저는 그 목사님이 목회를 그만 두고 교수 사역만 한다는 소문을 듣고 정말 놀랐습니다. 그분은 신학교에서뿐만 아니라 청년 대학부를 대상으로 한 집회나 목회자들을 대상으로 한 세미나들을 통해서도 영향력 있고 통찰력 있는 말씀을 전하는 목회자로 잘 알려져 있었습니다. 저는 그분이 목회하던 교회에서도 그런 영향력을 잘 드러낸 것으로 알고 있었습니다. 그런데 그 교회가 공중 분해되었다는 것입니다. 그 배경을 상세히는 알지 못하지만, 한 가지 분명한 사실은 그 교회 성도들이 그 목사님의 탁월함에 도취되어 있었다는 것입니다. 그들은 자기 교회의 목사님을 굉장히 자랑스럽게 여겼습니다. 그리고 말씀이 좋으면 사람들이 알아서 찾아올 것이라고 생각하는 듯 했습니다. 그런 태도는 분명히 교회에 대한 오해에서 비롯된 모습이고 자칫 교회를 건강하지 못하게 만들 수도 있습니다. 아무리 교회 내의 예배와 양육이 잘 이루어지고 있어도 세상을 향한 증거에 있어서 나태하다면, 아무리 뛰어난 성경 지식으로 무장하고 있더라도 복음 증거가 거기에 없으면 그 교회와 성도들은 건강하지 못한 것입니다. 건강한 교회는 데살로니가 교회처럼 하나님을 향한 믿음과 지체들 안에서의 사랑의 수고와 인내가 넘쳐 날 뿐만 아니라 주의 말씀을 왕성하게 증거하는 교회입니다.

간혹 개혁주의나 칼빈주의 전통을 운운하며 하나님의 말씀의 중요성과 그분의 주권을 강조하는 교회들 중에 정작 복음 전도에는 게으른 교회들이 있습니다. 그런 교회들은 건강하게 성장하기 어렵습니다. 바른 신학적 전통을 따르는 것은 귀한 일입니다. 그러나 아무리 개혁주의, 칼빈주의를 표방해도 그런 교회는 머리만 크고 손발은 굳어 버린 건강치 못한 교회입니다.

복음 증거가 전부는 아님

반대로 우리는 복음 증거 사역만 너무 강조한 나머지 다른 활동들은 소홀히 여기고 마치 그것이 전부인 것처럼 여기는 자들의 어리석음도 경계해야 합니다. 교회의 복음 증거 사역은 먼저 하나님을 향한 활동과 교회 안의 지체들을 향한 활동과 맞물려 있어야 합니다. 간혹 교회 안의 성장주의자들 사이에서 발견되는 이런 치우침은 교회가 진실한 회개와 믿음을 바르게 가르치고 경건을 힘쓰는 데 실패하게 합니다. 일시적으로 사람들을 모아 교회의 규모를 키우는 성과는 이룰 수 있을지 모르지만, 정작 죄인을 진실한 회개와 믿음으로 이끄는 참된 복음 전도는 잃어버리게 하는 것입니다.

듣기 좋은 이야기 몇 마디를 전해 주고 "나도 예수 믿겠다"는 말로 결신하면 그리스도인이 되었다고 인정해 주는 것은 복음 전도가 아닙니다. 하나님의 자녀가 되는 것은 기도 몇 마디 따라 했다고 쉽게 단정할 수 없는 것입니다. 그렇게 손쉽게 소위 '예수 영접한 자'들이 많이 모이는 것은 진짜 부흥도 아니고 진정한 성장도 아닙니다. 오히려 교회가 예수님과 사도들이 갔던 길과 정반대로 가고 있는 것입니다.

우리는 두 가지 모두를 유념해야 합니다. 먼저 하나님의 말씀을 바르게 믿고 따르는 교회로서 하나님을 향한 활동과 지체를 향한 활동에서 온전하기를 힘써야 합니다. 그와 더불어 복음으로 영혼을 구원하는 세상을 향한 활동에도 충실해야 합니다. 교회는 사람들이 알아서 모여 주기를 바라서는 안 됩니다. 그것은 심히 교만한 것이고 게으른 것이며, 모순된 신앙생활을 하는 것입니다.

선교하는 교회

우리는 데살로니가 교회가 보여 준 모범을 본받아야 합니다. 하나님을 향한 활동과 지체들을 향한 활동과 함께 우리로부터 주의 말씀이 주변 세상에 퍼져 나가도록 이웃에게 전하고 증거해야 합니다. 이전에 읽은 어떤 책의 제목이 아직도 기억에 인상 깊이 남아 있습니다. "평생에 딱 한 명이라도" 평생 딱 한 명이라도 전도하자는 내용이었습니다. 단 한 명의 영혼도 주님께 인도하지 못하고 이 세상을 살다 가는 일이 있어서는 안 된다는 것이었습니다. 이와 같은 마음으로 전도에 헌신된 마음이 없는 신자와 교회의 모습은 건강한 것일 수 없습니다.

건강한 교회는 세 번째 활동을 왕성히 갖습니다. 이것을 한마디로 하면 '선교'라고 할 수 있습니다. 어떤 사람은 '전도'와 '선교'를 구분합니다. 전도는 자기 삶의 영역에서 복음을 전파하는 것이고, 선교는 다른 나라 문화권으로 가서 복음을 전하는 것이라고 하는데, 이것은 그렇게 좋은 구분이 아닙니다. 전도와 선교는 사실 함께 사용해도 무방한 말입니다. 영역에 따라 용어를 달리 사용하는 것은 별 의미가 없습니다. 오히려 교회는 영역에 제한을 두지 않고 자기 주변에서부터, 그 경계를 넘어 땅 끝까지 영혼을 구원하는 활동을 해야 합니다. 그것이 세상을 향해 해야 할 우리의 의무요, 활동입니다. 선교란 특별한 무엇이 아닙니다. 지역적인 전도의 연장선상에 있는 개념입니다. 데살로니가 교회도 그 소문이 주변에서부터 멀리까지 퍼져 나간 것입니다.

주님은 교회를 이 땅에 두어 가까운 지역에서부터 땅 끝까지 세상을 향한 구원 활동을 하게 하셨습니다. 이것은 세상의 그 어떤 기관이나 단체도 할 수 없는 교회의 중대한 임무입니다. 이런 임무를 타 문화권의 사람들에게 이행하는 것은 더 특별하고, 지역사회에 행하는 것은 덜 중요하다는 차등이 있을 수 없습니다. 우리는 가까운 곳에서부터 그 열망과 열심을 드러내야 합니다.

복음 증거에 있어야 할 두 가지 측면 1 : 변화된 중심과 삶의 증거

그러면 우리는 교회로서 세상을 향해 어떻게 복음을 증거해야 할까요? 데살로니가 교회는 복음 증거에 있어서 반드시 있어야 하는 두 가지 측면을 모두 갖추고 있었습니다. 먼저 그들에게는 변화된 삶이 있었습니다. 자신들의 변화된 삶을 통해 복음의 능력을 드러낸 것입니다. 그들은 데살로니가전서 1장 6-7절에 기록된 대로, 많은 환난 가운데서 성령의 기쁨으로 말씀을 받았으며 바울의 무리와 주를 본받는 자가 되어 마게도냐와 아가야의 모든 믿는 자들의 본이 되었습니다.

데살로니가 교회의 교인들이 보인 본이란 구체적으로 9-10절 내용처럼, 그들이 어떻게 우상을 버리고 하나님께로 돌아와서 살아 계시고 참되신 하나님을 섬기는지와 또 죽은 자들 가운데서 다시 살리신 하나님의 아들이 하늘로부터 강림하심을 어떻게 기다리는지를 삶으로 보여 준 것입니다. 그들은 이전 삶의 방식, 곧 우상을 섬기며 살던 이 세상의 삶으로부터 완전히 돌아선 것입니다. 이것이 회심입니다. 다시 말해 그들의 복음 전도의 바탕에는 회심이 있었습니다.

참된 회심이 없는 사람에 의해서는 복음이 제대로 증거되기가 어렵습니다. 데살로니가 교회 성도들에게는 예수 그리스도를 믿음으로써 삶이 완전히 달라졌다는 소문이 날 만큼 분명한 삶의 증거가 있었습니다. 데살로니가 교회 가까이에는 그리스 신들의 거처로 알려진 올림푸스 산이 있습니다. 당시 그 지역의 우상 숭배는 매우 오래되었고 극성스러웠습니다. 그들은 예수님을 믿게 된 후, 이전에 섬기던 신들이 다 우상이었음을 알게 되었고 곧 그 우상들을 버리고 하나님께로 분명히 돌아섰습니다. 하나님만을 살아 계시고 유일하신 참하나님으로 섬겼습니다.

그들의 변화된 삶은 그들 스스로 떠벌인 것이 아니었습니다. 그들을 본 다른 사람들의 입을 통해 곳곳으로 전해졌습니다. 그들이 보여 준 삶은 하나님의 살아 계심을 진실로 의식하지 않고는 불가능합니다. 예수님을 믿는 신자에게는 이런 삶의 전환이 있습니다. 공부를 하든, 직장생활을 하든, 무엇을 하든 데살로니가의 성도들처럼 살아계신 하나님을 의식하는 이전과는 다른 삶의 태도와 내용을 갖는다는 것입니다.

데살로니가 성도들은 우상을 버리고 하나님께로 돌아섰을 뿐만 아니라 죽었다가 부활하신 주님이 다시 오실 것을 믿고 기다리는 삶을 살았습니다. 심판하실 주님을 기억하며 깨어 있었습니다. 마치 나그네처럼 돌아갈 본향을 생각하면서 자신에게 허락된 일시적인 삶을 살았습니다. 그들의 모범적인 모습은 한두 가지가 아니었습니다. 데살로니가전서는 그들이 가진 사랑과 믿음의 수고와 소망의 인내가 무엇이었는지를 계속 언급합니다. 특히 바울은 "형제 사랑에 대해서 너희에게는 쓸 것이 없다"(살전 4:9)고까지 말합니다. 그들은 말씀을 따라 서로 사랑했습니다. 그들의 이런 변화된 삶의 증거는 아직 하나님이 어떤 분이신지 모르고, 또 그 하나님을 어떻게 믿어야 하는지 알지 못하는 주변 사람들로 하여금 하나님을 믿는 믿음에 대해 다시 생각해 보게 했습니다.

오늘날 한국교회는 이런 모습을 잃어버렸습니다. 세상은 우리를 통해 우리가 믿는 하나님이 어떤 분이신지, 그분을 믿는 것이 무엇인지를 보지 못하고 있습니다. 오히려 욕하고 손가락질을 합니다. 우리는 말로도 복음을 전해야 하지만, 더불어 사람들로 하여금 믿음에 대해 다시 생각해 보게 할 만큼 삶의 증거도 있어야 합니다.

이것은 우리가 신자로서, 교회로서 세상을 향해 감당해야 할 활동의 가장 중요한 내용입니다. 사실 우리가 아무리 잘해도 믿지 않는 사람들은 쉽게 빈정댑니다. 유독 기독교에 대해서 민감하게 반응하는 경우가 많은데, 이는 배우자나 가족 사이에서도 마찬가지입니다. 사탄이 배후에서 개입하기 때문입니다. 그러나 겉으로는 핍박하더라도 우리가 참된 신자로서의 삶을 보이면, 결국 우리를 보는 이들의 생각이 변하게 됩니다. 이전 생활을 버리고, 세상을 다르게 생각하고 다르게 살며, 환난과 시련을 겪어도 소망을 품는 우리의 삶의 변화가 그들의 생각을 변하게 합니다. '저 사람이 믿는 하나님이 누구이신가? 그가 가진 믿음은 무엇인가?' 하고 생각하게 합니다.

이런 삶의 변화는 저절로 일어나지 않습니다. 그것은 회심에 뒤따르는 것입니다. 우리가 하나님이 어떤 분이신지 참으로 알고, 그분이 우리 마음에 중심이 되셔야 그러한 삶을 살 수 있습니다. 신자다운 삶이란 신자의 마음의 중심이 감출 수 없이 표출되는 것입니다. 현재 우리의 삶을 인도하시고 미래의 소망에 대해 말씀하시는 주님에 대한 진실한 믿음이 삶으로 나타나는 것입니다. 자신이 소유한 분명한 은혜, 자신을 먼저 사랑하신 하나님의 사랑 때문에 우리도 형제와 이웃을 사랑하고자 힘쓰는 것입니다.

데살로니가 성도들은 바로 그런 중심의 변화로부터 신자다운 삶의 증거를 보였고, 그것이 마게도냐와 아가야를 넘어 각처에 퍼지게 된 것입니다. 교회가 세상에 대하여 가진 가장 중요한 의무는 다른 어떤 것보다 우리가 성경에서 말하는 교회의 모습을 갖는 것입니다. 성경이 가르치는 대로 언제든지 하나님의 참된 말씀이 전해지고, 하나님 앞에 진실하게 서고자 노력하는 교회의 모습을 세상에 나타내야 합니다. 우리가 그런 교회의 모습을 나타낸다면 아무리 다른 곳이 타락하고 무너져도 교회는 그들의 피난처로서의 역할을 다할 수 있습니다.

복음 증거에 있어야 할 두 가지 측면 2 : 입술로 전하는 복음 증거

영혼 구원을 위한 복음 증거 사역은 우리의 변화된 중심과 삶의 증거로만 이루어지지는 않습니다. 우리는 입술을 통해서도 세상을 향한 이 활동을 적극적으로 감당해야 합니다. 삶의 증거가 없이 입술의 증거만 있는 것은 위선적인 일이지만, 반대로 삶의 증거만 중요시하고 입술로 하는 적극적인 증언에는 소극적인 것도 바르지 못한 태도입니다. 바울은 "주의 말씀이 너희에게로부터 마게도냐와 아가야에 들렸다"(살전 1:8)고 했습니다. 데살로니가 성도들은 각처에서 주의 말씀을 전하는 일을 했던 것입니다.

　복음 증거는 이 같은 양면을 갖습니다. 삶의 변화가 없이 입술로만 증거하면 그 증거는 힘도 신빙성도 없어서 사람들의 비웃음을 삽니다. 반대로 삶을 통한 증거만 있고 입술의 증거가 없으면 사람들은 무엇을 어떻게 믿어야 할지 알지 못하여 바르고 진실한 믿음을 가질 수 없게 됩니다. 실질적인 영혼 구원의 역사를 위해서는 변화된 삶의 증거와 함께 구체적인 입술의 증거도 있어야 합니다. 우리는 우리 속에 있는 소망에 관한 이유를 묻는 자에게 대답할 것을 항상 준비해 두었다가 적절한 때에 예수 그리스도에 관하여 말해 주어야 합니다(벧전 3:15).

　이 세상은 영적인 면에서 포로, 눈먼 자, 눌린 자들로 가득 차 있습니다. 우리는 자신의 죄악된 본성과 마귀의 포로가 되어 눈먼 채로 죽음과 멸망을 향해 가는 사람들에게 참생명과 소망의 주님에 관하여 말해 주어야 합니다. 이 세상에 교회가 존재하는 것은 바로 이 일을 위해서입니다. 그런데 이 일을 하지 않으면 우리는 이 세상을 향하여 무익한 교회가 되는 것입니다.

　우리는 반드시 우리 입술로 복음을 전해야 합니다. 때를 못 얻어도 기회를 만들어 전하고자 해야 합니다. 구원 얻을 사람인가 아닌가는 우리가 판단할 일이 아닙니다. 하나님은 때때로 전혀 불가능할 것 같은 사람도 부르십니다. 우리는 알 수 없습니다. 생명의 역사는 다만 하나님께 속한 것입니다. 영혼이 진실로 변화되기 위해서는 하나님이 역사하셔야 합니다. 그저 우리는 그리스도를 알지 못하는 자들을 인도하고 도우며 복음을 전할 뿐입니다. 하나님이 그에게 진정한 변화를 일으켜 주시기를 믿고 구하며 전해야 합니다.

세상을 향해 빛을 비추어야 하는 교회

우리에게는 이와 같은 두 가지 측면을 가진 복음 증거가 필요합니다. 신자는 전도할 친구도 없다고 할 만큼 지나치게 세상으로부터 격리된 채 살아서는 안 됩니다. 오히려 가는 곳마다 만나게 되는 불신자들에게 관심을 갖고 사랑을 베풀고, 가능한 섬김의 기회들을 찾아 섬기며, 그들이 아직 모르는 진리, 곧 영혼 구원을 위한 복음 진리를 전하기 위해 힘써야 합니다. 우리는 그냥 두면 사탄의 권세 아래서 영원한 멸망으로 향하게 될 그들에 대하여 책임감을 가져야 합니다. 우리가 그리스도인으로서 많은 사람들에게 그런 도움을 베풀 수 있는 자리에 있는 것을 복으로 여기고, 세상 사람들이 예수 그리스도를 믿도록 도와야 합니다. 학생들을 많이 만나는 선생님이든, 환자를 많이 접하는 간호사나 의사이든, 직장 동료들과 함께 살아가는 근로자이든 사람들을 만날 기회를 기뻐하며 그들에게 복음을 전하기를 힘써야 합니다. '평생에 한 명이라도' 주께로 이끌고자 힘써야 합니다.

우리 모두가 주어진 인생의 시간 동안 교회의 몸의 지체로서 하나님을 향한 활동, 서로를 향한 지체 간의 활동과 더불어 세상을 향한 활동에도 헌신하는 충성되고 건강한 교회의 모습을 갖기를 바랍니다.

R E T U R N

PART 4

참된 교회로 돌아오라

참된교회로 돌아오라

CHAPTER 13

참된 교회에 대한 절박한 필요

성도로서 마땅한 의무

"교회는 그의 몸이니 만물 안에서 만물을 충만하게 하시는 이의 충만함이니라"(엡 1:23).

"그러므로 주 안에서 갇힌 내가 너희를 권하노니 너희가 부르심을 받은 일에 합당하게 행하여 모든 겸손과 온유로 하고 오래 참음으로 사랑 가운데서 서로 용납하고 평안의 매는 줄로 성령이 하나 되게 하신 것을 힘써 지키라 몸이 하나요 성령도 한 분이시니 이와 같이 너희가 부르심의 한 소망 안에서 부르심을 받았느니라 주도 한 분이시요 믿음도 하나요 세례도 하나요 하나님도 한 분이시니 곧 만유의 아버지시라 만유 위에 계시고 만유를 통일하시고 만유 가운데 계시도다"(엡 4:1-6).

구원받은 신자로서 하나님의 은혜를 알고 그 은혜의 영광을 드러내기를 소원하는 마음을 가진 자는 그리스도의 몸에 속한 지체로서의 삶을 삽니다. 반면 은혜를 알지 못하는 사람은 교회를 다니더라도 그저 자신의 개인적인 문제 해결이나 자질 향상, 소원 성취에 관심을 기울이며 종교의 덕을 보기 원합니다. 참된 교회의 지체로서의 신앙생활은 우선 거듭나 진실로 그리스도의 몸에 참여한 자에게만 가능합니다.

그러나 모든 참된 신자들이 자동적으로 교회의 지체로서의 자의식을 가지고 참된 교회를 세우기 위해 씨름하고 인내하는 삶을 살게 되는 것은 아닙니다. 심지어 대부분 회심한 그리스도인들로 구성된 교회 공동체라 할지라도, 저절로 참된 교회의 모습을 갖게 되지 않습니다.

바울은 에베소서 1장 23절에서 교회가 신자들로 구성된 그리스도의 몸이라고 말하고, 4장에서는 그런 교회의 온전함을 위해 있어야 할 것들에 대해서 말합니다. 즉 성도가 그리스도의 성품을 따라 온유와 겸손으로 성령께서 하나 되게 하신 것을 힘써 지켜야 한다는 것입니다. 부름 받은 신자들이라도 성령의 역사를 따르지 않고, 개인주의적인 신앙의 태도로 자신을 공동체로부터 분리하여 살아가면 그리스도의 몸으로서 교회 안에서의 성장을 풍성하게 경험할 수 없습니다.

교회의 위기, 교회론의 위기

그리스도의 몸의 지체들은 이런 성경의 가르침을 따라야 합니다. 이를 경시하는 자들이 많아질 때 교회는 변질되고 쇠약해져 결국 위선하게 됩니다. 주님은 이런 위험 때문에 초대교회 당시부터 촛대를 옮기는 문제를 말씀하심으로써 경각심을 갖도록 하셨습니다(계 2:5).

그럼에도 불구하고 역사상 수많은 교회들이 말씀을 떠나 변질과 위선과 분열과 타락으로 인해 참된 교회를 이루지 못하고 정말 촛대가 옮겨지는 비극적인 결말을 맞았습니다. 지금의 한국교회 역시 말씀 앞에서의 안일함과 그로 인한 여러 가지 위기의 징후들이 이미 심각한 수준에 이르렀습니다.

물론 여전히 그런 현실을 분별하며 거스르려고 애쓰는 참된 교회를 추구하는 진실한 성도들도 있습니다. 그러나 현재 시제로 우리는 주변에서 성경이 말하는 참된 교회보다 진리에 갈한 영혼들을 채워 주지 못하고 방황케 하는 교회의 모습을 더 쉽게 찾아볼 수 있습니다. 드영이라는 목사는 한국교회보다 앞서 그와 같은 비극적인 길을 간 미국교회의 현실을 이렇게 지적했습니다.

"오늘날은 영성이 대유행이고, 종교는 그렇지 않다. 공동체는 세련된 것이지만, 교회는 시대에 뒤떨어진 것이다. 교회 안팎으로 기성 종교는 억압적이고 현실성 없는 시간 낭비로 여겨진다. 교회 밖에 있는 이들은 예수님은 좋아하지만 교회는 좋아하지 않는다. 교회 안에 있는 이들은 교회를 떠나서도 하나님과 좋은 관계를 유지할 수 있다는 이야기를 들어 왔다. ……교회 없이 하나님을 얻기 위한 운동이 점점 세를 얻고 있다."9)

드영은 이런 기독교의 모습을 가리켜 '신체가 절단된 기독교'라고 평했습니다. 그리고 교회가 그렇게 된 이유 중 하나가 교회 강단에서 하나님의 말씀이 바르게 전해지지 않기 때문이라고 주장하는 몰러 교수의 글을 인용했습니다.

"몰러는 강연에서 이렇게 질문했다. '여러분은 복음주의 교회의 강단에서 하나님의 말씀을 근거로 한 강해적인 메시지를 듣게 될 확률이 얼마나 될 것 같습니까? ……우리가 직면한 도전 가운데 하나는 설교자들에게 성경 강해만 빼고 거의 무슨 일이든 다 하라고 말하는 사람들이 있다는 것입니다. 이와 같은 위기를 바라볼 때 여러분은 과연 이것이 일종의 전략에 의한 것인지 질문해 보아야 합니다. 혹시 사단의 전략은 아닐까요? 저는 그렇다고 주장하고 싶습니다. 말씀 선포 외에는 어떤 것이라도 원하는 그야말로 귀가 가려운 세대가 나타날 것입니다.
그러나 살아 있고 운동력이 있어 좌우에 날이 선 어떤 검보다도 날카로운 이 말씀은 선포되는 순간 우리의 삶을 헝클어 놓습니다. 그 말씀은 다른 어떤 메시지도 할 수 없는 일을 합니다. 그 말씀은 그 어떤 치료법도 할 수 없는 일을 합니다. 그 말씀은 우리를 그리스도의 형상으로 변화시킵니다. 바울은 우리가 이 일을 계속해야 한다고 말합니다.'" 10)

말씀을 바르게 전하는 것을 무시한 교회가 빠져든 깊은 혼란과 회의에 대한 좋은 지적입니다. 나름 기독교 신앙을 가지고 있다는 사람들이 자기 생각을 따라 열심을 내는 것이 결국 교회를 죽이는 결과를 가져온다는 것입니다. 드영은 계속해서 교회에 대한 우려를 구체적으로 서술합니다.

"북미 지역의 교회는 교회론의 위기를 겪고 있다. 대부분 그리스도인이 아무런 교회론도 갖고 있지 않다는 것이 곧 교회의 위기라는 말이다. 오늘날 사람들은 공동체에 대해 대화하기 좋아하지만, 교회에 대한 교리를 진지하게 생각하는 사람은 별로 없다. 사실 오늘날 교회에 대한 글을 쓰는 많은 이들이 교회를 몹시 비난하거나, 자신들이 교회의 제도적 형식을 완전히 떠난 이론적 근거를 표현하기 위해 글을 쓴다. 교회는 종종 그리스도인을 지칭하는 복수형 단어에 불과한 것으로 이해한다. 그래서 두세 사람이 그리스도의 이름으로 모이는 곳마다 그들이 어디 있든 무엇을 하든 어떤 식의 체제를 가지고 있든 관계없이 거기에는 교회가 존재한다. 교회에 대한 이런 최소주의적인 정의의 원인과 결과가 바로 오늘날 교회론의 위기다. 그렇다면 이 위기를 해결하려면 어떻게 해야 하는가? 물론 그 해답의 일부는 보다 사려 깊고 성경적으로 건전하며 역사적인 뿌리가 있는 교회론을 전개하는 것이다."

지금까지 교회는 세상의 것을 좇아서 개선되거나 보존되어 오지 않았습니다. 2천 년이 넘도록 교회가 세상에 존재해 온 것은 세상이 교회를 없애려고 짓밟아도 성경이 말하는 교회다운 모습 그대로를 지키고 세상과 구별되기를 힘썼기 때문입니다. 그런데도 한국교회에는 이런 사실을 알지 못하고 어리석게도 세상의 흐름을 따르려는 이들이 많습니다.

특히 젊은 세대들은 교회가 세상에서 유행하는 방식대로 자기 성취감을 주거나 자기 개발을 위한 동기부여와 활동들을 제공하는 곳이 되어 주기를 원하는 경우가 많습니다. 그들은 말씀 중심의 예배를 구식으로 여깁니다. 그리고 교회는 이런 세태에 보조를 맞춰 교회 안에 엔터테인먼트 문화를 수용해서 흥미로 젊은이들을 끌어들이려는 시도들을 하고 있습니다. 그러나 그런 것을 좇아 교회를 찾은 자들은 자신의 기호나 성향과 맞지 않으면 이내 불만과 불평을 드러냅니다. 그리고 자기 기준에 맞지 않으면 좋은 교회가 아니라고 판단합니다. 자기 취향대로, 구미가 당기는 대로 신앙생활을 하는 데 익숙한 이들은 은혜와 변화를 경험하기 어렵습니다.

오늘날 한국교회 안에 하나님의 말씀이 주는 부요한 구속의 은혜를 누리기는커녕 교회 안에 있어도 회심을 알지 못하고 말씀의 능력을 경험하지 못한 사람들이 많습니다. 그리고 그들 중에는 '가나안 성도'가 되거나 아예 신앙을 버린 사람들도 있습니다. 그것은 일차적으로 자기 중심적으로 신앙생활을 하려 한 그들 자신의 책임이지만, 그들의 비위만 맞추려고 한 교회의 책임도 큽니다.

교회론의 핵심은 '그리스도의 머리 되심'이다

교회 됨의 가장 절대적인 의미는 지금까지 살펴본 대로 그리스도께서 교회의 머리이시라는 사실에 있습니다. 참으로 예수님을 믿는 자는 그분의 다스리심 안에서 그분의 생명으로 충만한 교회, 그분의 말씀 안에서 한 몸으로 움직이는 교회, 세상과 구별된 교회, 머리 되신 그리스도를 영화롭게 하는 교회, 하나님께 영광을 돌리는 교회의 모습을 갖습니다. 이를 위해 기본적으로 그리스도의 뜻이 말씀을 통해서 풍성히 전해져야 합니다. 이것이 바로 우리 시대에 필요한 것입니다. 이것이 전부가 아니라 기초요, 중심이 되어야 한다는 뜻입니다.

그러나 이렇게 참된 교회를 추구하는 사람들이 실제로는 많지 않은 것이 현실입니다. 여기서 참된 교회를 추구한다는 것은 무슨 뜻일까요? 그것은 우리 자신을 머리 되신 그리스도의 원하심과 뜻에 따르는 몸의 지체로 기꺼이 드리는 것입니다. 그리스도의 몸에 속하여 머리 되신 주님을 섬기는 일을 방해하는 마귀의 궤계와 이 세상의 유혹과 육체의 본성을 거슬러 싸우는 것입니다.

오늘날에는 개인주의적인 세상의 방식에 익숙하여 복음 안에서 다른 지체들과 나누는 영적인 교제를 힘들게 여기며 그리스도의 몸인 교회를 불편하게 생각하는 사람들이 많습니다. 특히 말씀으로 자신의 믿음과 삶이 다루어지는 것을 불쾌하게 여기며 교회와 다른 지체들로부터 자신을 감추려는 이들이 많습니다. 이는 단순히 개인적인 성향의 문제가 아닙니다. 옳고 그름을 떠나 싫고 좋음에 따라 거부하거나 받아들이는 포스트모던 시대에 길들여진 탓입니다. 그리스도께서 머리가 되시는 참된 교회를 추구하기 위해서 이런 시대정신과 우리의 악한 본성과의 싸움은 불가피합니다.

포스트모던 시대는 자율적 자아의 시대입니다. 이 시대의 정신은 개인의 주관을 절대시하여 자아가 자신이 주권자라는 사실에 대한 모든 도전을 차단합니다. 내가 싫으면 모든 것이 끝입니다. 도덕적으로 옳은지 그른지는 중요하지 않습니다. 중요한 것은 '나'입니다. '나'를 최고로 여기며, 스스로 모든 것의 결정자요, 주권자가 되어 행하는 것을 당연시 여기고 그런 자신의 모습을 자랑스러워합니다. 그래서 자신을 향한 교훈과 권면에 대해 옛 시대와 비교할 수 없을 정도로 예민하게 반응합니다.

우리는 이런 세상 정신과 인간의 부패한 본성을 따라 행하지 말아야 합니다. 세상 사람들에게는 계시도 없고 하나님을 아는 지식도 없기 때문에 본성을 따라서 사는 것이 자연스러운 일이지만, 그리스도의 몸에 속한 자는 그렇지 않습니다. 그 몸의 지체 된 자는 자신이 아니라 머리 되신 그리스도의 말씀이 기준이 되고 그 진리에 따라 움직입니다. 자신을 피로 값 주고 사신 그분의 통치 아래서 '나'는 더 이상 '나'의 것이 아니라는 정체성을 가진 구속 받은 자로서 이 땅을 살아가게 됩니다. 이처럼 하나님의 주재권을 분명히 드러내는 자가 신자입니다.

그러므로 그리스도의 생명으로 그분과 연합된 우리는 세상의 흐름보다 그분의 뜻하심에 기꺼이 자기 자신을 내어 드려야 합니다. 물론 그리스도의 몸의 지체가 된 자라도 그 안에 여전히 육체의 소욕이 남아 꿈틀댑니다. 그래서 말씀을 배우고, 다른 사람과 교제하고, 지체를 섬기며, 교회를 세워 나가는 일에 참여하기 싫은 마음이 들 수 있습니다. 그러나 참된 신자는 말씀 앞에서 그것이 잘못임을 알고 그 마음을 거슬러 행하는 자입니다. 부패한 본성을 거슬러 겸손과 온유와 오래 참음을 갖기를 힘쓰는 자입니다. 오히려 그리스도의 뜻과 상관없이 사는 것이 참된 신자들에게는 불편하게 느껴집니다.

그리스도인은 자율적 자아를 따라 살지 않고, 스스로를 그리스도의 소유된 자로 여기며 머리 되신 그분의 뜻을 따라 삽니다. 이것이 그분 안에서 갖게 된 새로운 본성이요, 그리스도의 지체로서의 삶입니다. 정녕 참된 교회를 추구하고자 한다면 이처럼 마귀의 궤계와 세상의 유혹과 육체의 소욕을 거슬러 그리스도 안에서 서로 연결된 교회의 지체로서 살아가야 합니다.

나 자신부터 그러한 삶을 살아야 참된 교회의 풍성함을 경험할 수 있습니다. 자신은 참된 교회의 지체가 되기를 힘쓰지 않으면서 이 나라의 교회 현실에 한숨을 쉬며 참된 교회에 대해 운운하는 것은 모순이요, 위선입니다. 자신이 말씀과 성례와 권징에 참여하고, 머리 되신 그리스도의 통치 아래서 겸손과 온유와 오래 참음과 사랑으로 다른 지체를 용납하고 있는지, 직책과 은사를 따라 서로를 위해 봉사하는 가운데 계속 성장하고 있는지를 돌아보아야 합니다. 그리고 귀찮고 싫은 것을 기피하는 육체의 소욕을 거슬러 교회의 지체로서의 삶을 충실히 살고 있는지 확인해야 합니다.

신자는 그리스도의 몸의 지체입니다. 머리 되신 그리스도와 함께한 자들입니다. 교회 됨의 이 복된 지위를 기억하십시오. 교회는 그분 안에서 이 세상과 구별된 거룩함과 생명을 드러내야 합니다. 그리스도의 몸인 교회들이 건강하게 세워져 교회 본연의 모습을 풍성하게 나타내면 그것을 통해 교회의 머리이신 주님의 살아 계심과 영광스러운 능력이 이 땅에 충만히 드러나게 됩니다. 우리가 성경이 가르치는 말씀에 순종하여 주의 몸의 지체로서 참된 교회를 이루어 갈 때 머리 되신 그리스도께서 우리를 통해 세상에 드러나시게 됩니다.

참된 교회가 세워지는 불씨로 우리를 부르셨다

우리는 추상적으로가 아니라 실제적으로 참된 교회의 지체로서의 모습을 가지고 성경이 말하는 교회로 세워지고 계속 보존되기를 힘써야 합니다. 더 나아가서 이 땅에 참된 교회들이 세워지는 데 쓰임 받는 주의 도구가 되기를 기도해야 합니다. 우리의 다음 세대를 위해서라도 조국 교회에는 그루터기같이, 남은 자와 같이 이 세대를 비추는 불씨들이 준비되어야 합니다. 하나님이 다시 이 땅을 소생시키실 때 도구로 쓰임 받을 자들이 필요합니다.

교회의 중심에는 삼위 하나님이 계십니다(엡 4:4-6). 교회는 삼위 하나님과의 관계 안에서, 삼위 하나님에 의해서 움직입니다. 따라서 교회가 바로 서면, 결국 교회를 통해서 삼위 하나님의 어떠하심이 드러나게 되는 것입니다. 이것이 모든 교회가 참되어야 할 의무를 갖는 가장 강력한 이유입니다.

하나님은 이런 뜻을 두고 우리를 교회의 지체로 부르셨습니다. 하나님의 영광을 위한 일에 우리를 도구로 쓰시고자 부르신 것입니다. 우리가 탁월해서가 아닙니다. 세상적으로 지위가 높고 유력한 자들이어서가 아닙니다. 우리는 지극히 평범하고 특별할 것이 없는 자들입니다. 그러나 하나님은 그런 자들에게 하나님의 영광을 위한 마음을 주시고 이 땅에 참된 교회들이 세워지는 불씨가 되도록 부르십니다.

우리가 이 부르심을 따라 그리스도의 몸의 한 지체로서 주님과 교회를 섬기며 성장해 갈 뿐만 아니라 나아가 이 땅 위에 참된 교회들이 더 세워지는 데 사용되기를 바랍니다. 우리가 함께 그 기초를 놓는 자들이 되기를 소망합니다. 이 땅 곳곳에 참된 교회들이 세워져 바른 말씀이 여기저기서 전해지기를 소망합니다. 그곳에서 선포되는 진리의 말씀을 통해 사람이 변화를 받고 구원받는 역사가 일어나기를 바랍니다.

그런 역사는 탁월한 설교자나 리더들이 일으키는 것이 아닙니다. 주도자는 하나님이십니다. 하나님이 이 세대를 불쌍히 여기시면 우리와 같이 평범한 자들을 이 세대를 살리는 참된 교회로 세워 주님의 일에 도구로 사용해 주실 것입니다. 그것을 함께 바라고 구합시다. 항상 기도할 때마다 이 일을 위해 함께 기도하면서 주께서 이러한 은혜의 역사를 우리 중에 일으켜 주시기를 구합시다.

참된교회로 돌아오라

CHAPTER 14

참된 교회를 위한 분투

함께, 그리고 힘써 이루어야 할 참된 교회

"그가 어떤 사람은 사도로, 어떤 사람은 선지자로, 어떤 사람은 복음 전하는 자로, 어떤 사람은 목사와 교사로 삼으셨으니 이는 성도를 온전하게 하여 봉사의 일을 하게 하며 그리스도의 몸을 세우려 하심이라 우리가 다 하나님의 아들을 믿는 것과 아는 일에 하나가 되어 온전한 사람을 이루어 그리스도의 장성한 분량이 충만한 데까지 이르리니 이는 우리가 이제부터 어린 아이가 되지 아니하여 사람의 속임수와 간사한 유혹에 빠져 온갖 교훈의 풍조에 밀려 요동하지 않게 하려 함이라 오직 사랑 안에서 참된 것을 하여 범사에 그에게까지 자랄지라 그는 머리니 곧 그리스도라 그에게서 온몸이 각 마디를 통하여 도움을 받음으로 연결되고 결합되어 각 지체의 분량대로 역사하여 그 몸을 자라게 하며 사랑 안에서 스스로 세우느니라"(엡 4:11-16).

모든 신자는 성경이 말하는 참된 교회를 이루기 위해 성경의 다른 진리들과 함께 교회에 대한 가르침을 소중히 여기고 그 말씀을 계속적으로 따라가야 합니다. 우리 중 거짓된 신앙과 삶을 갖고 싶은 사람은 아무도 없을 것입니다. 그러나 실제로 그 바람대로 되려면 하나님의 은혜와 도우심 가운데 의지와 노력이 뒤따라야 합니다. 그리스도의 몸의 지체가 되었다고 해서 자동적으로 신앙과 삶이 참되고 풍성해지지는 않습니다. 성경은 신자로 하여금 풍성한 삶을 살도록 하기 위해 하나님이 하신 일에 근거한 신자의 신분을 말하며, 늘 "그러므로 어떠해야 한다"는 명령을 덧붙입니다.

우리는 기계가 아닌 인격적인 존재입니다. 따라서 은혜와 말씀에 대한 인격적인 반응이 있어야 합니다. 즉 우리는 성경이 믿는 자들에게 허락된 은혜에 대하여 직설법으로 전하는 말씀에 귀를 기울일 뿐만 아니라, 그에 더하여 신자들에게 명령법으로 권하는 말씀들에도 인격적인 반응을 가져야 합니다. 건강한 교회의 지체로 서려면 우리에게 권하는 말씀에 적극적으로 따라야 합니다. 그리스도의 장성한 분량에 이르기까지 머리 되신 그리스도로부터 성령과 말씀으로 모든 것을 공급받으며 다른 지체들과 함께 움직이는 교회의 모습을 가져야 합니다.

참된 교회가 세워지는 데 방해되는 것들

이 책은 단순히 교회에 대한 교리적인 지식을 쌓기 위한 것이 아닙니다. 그리스도의 몸에 속한 지체들이 성경에서 말하는 교회의 속성들에 대한 실제적인 이해를 갖고 함께 그런 교회가 되기를 힘쓰도록 독려하기 위한 책입니다. 성경이 말하는 교회는 결코 지식만으로 이루어지지 않습니다. 그것을 우리의 현실 속에서 보고자 하는 적극적인 바람과 추구가 있어야 합니다.

　오늘날 우리의 현실은 성경이 말하는 교회를 '참된'이라는 별도의 수식어를 붙여 불러야 할 만큼 혼탁해져 있습니다. 우리는 이런 현실을 자각하고 성경적인 교회의 회복을 진심으로 구하고, 그것을 먼저 우리 자신에게서, 또 우리가 속한 공동체 안에서 보기를 힘써야 합니다. 이런 소망과 의지가 확고하지 않으면 참된 교회를 추구하며 나아가는 길에서 만나게 될 여러 방해들을 이겨 내기 어렵습니다.

　하나님께 부름 받은 자들은 누구나 개인적으로 그리고 교회적으로 세상의 온갖 유혹과 마귀의 궤계, 그리고 육체의 소욕과 부딪히게 됩니다. 먼저 우리 개인 안에서는 마귀의 궤계와 육체의 소욕이 교회의 활동을 게을리하고 기피하도록 합니다. 초신자만 아니라 교회에서 직책을 맡은 자, 은사를 가지고 섬기는 자들 모두 그런 씨름을 피할 수 없습니다. 이것은 목사도 예외가 아닙니다.

　또한 교회는 공동체적으로도 늘 마귀와 세상으로부터 유입되어 오는 거짓과 유혹에 둘러싸여 있습니다. 사탄은 진실로 그리스도께 속한 자라면 누구든 힘써 방해하고, 시험거리를 만나게 하여 성도로서의 삶과 연합을 무너뜨리고자 합니다. 이 원수는 과거로부터 교회가 세워지는 현장마다 거짓 영으로 그 가운데 침투하여 교회가 참되고 바르게 세워지는 것을 방해하고 유혹해 왔습니다. 영적으로 순수하고 뜨겁던 교회들도 이 원수의 농간 때문에 세상 정신에 물들어 영적인 힘을 잃고 거짓된 가르침에 빠져 혼란에 빠지게 되었습니다.

사탄은 특히 교회에 대한 성경의 가르침을 식상하고 구태의연한 것으로 여기게 하고 교회에 대한 사랑을 식어지게 합니다. 대신 뭔가 새롭고 신선한 교회의 모습을 찾도록 만듭니다. 세상 정신과 최신 유행의 문화, 대중의 기호를 따르는 다른 길을 제시하여 그것에 마음을 빼앗기고 눈이 멀게 합니다. 사탄은 이런 일을 과거에도 지금도 하고 있습니다.

계속되어 온 참된 교회를 위한 씨름

안타깝게도 교회 역사에는 이러한 원수의 농간을 제대로 분별하지 못해 성경이 말하는 교회를 그저 원리적이고 비현실적인 것으로 여기며, 대신 사탄의 매혹적인 제안을 덥석 수용하는 일들이 많았습니다. 그 결과 매 세대마다 많은 교회들이 교회로서 가져야 할 중심을 잃고 잡다한 세상 정신에 젖어 세상과 별로 다를 바 없는 모습으로 타락하고 부패하게 되었습니다.

물론 교회는 주님이 다시 오실 때까지 완전히 소멸되지는 않습니다. 그리스도께서 교회의 머리이시기 때문에 여러 유혹과 사탄의 방해 속에서도 주님이 친히 참된 교회를 계속 보존하십니다. 아무리 타락이

극심해져도 신실한 자들을 일으키시고, 다시 성경이 말하는 교회, 곧 참된 교회를 추구하도록 하십니다. 그것이 바로 지난날 교회 역사 속에 있었던 부흥과 개혁의 역사입니다.

그러나 그렇게 보존되는 참된 교회들과 더불어 대적들의 공격으로 인해 시험을 당하고, 타락하고, 병들어 세상에 빛을 발하지 못하는 교회들도 생겨났습니다. 그리고 그 과정에서 참된 교회를 추구하는 자들이 조롱과 무시를 당하며 반대와 핍박을 받기도 했습니다. 심지어 순교를 당하기도 했습니다.

이런 모습은 특히 종교개혁 전후로 극명하게 나타났습니다. 종교개혁 이전 시대에는 교회의 타락이 점점 심해져 가는 배경에서 참된 교회를 지키고 세우고자 했던 위클리프나 존 후스와 같은 사람이 그런 싸움을 싸우다가 죽었습니다. 그리고 마침내 그들 이후에 일어난 종교개혁의 때에 오직 성경에 근거한 참된 교회를 추구하는 불길이 더 크게 치솟았고 그때를 기점으로 참된 교회를 위한 성도들의 열정이 각 나라에 퍼져 나갔습니다.

종교개혁의 계승자들은 성경대로의 교회를 갖기 원했고 그것을 추구하기를 멈추지 않았습니다. 잉글랜드나 뉴잉글랜드의 청교도들이 그러했고, 특히 스코틀랜드의 언약도들은 청교도들보다 더 큰 열심으로 참된 교회를 추구했습니다. 그들은 참된 교회를 추구하기 위해서 국가가 교회를 통제하려는 데 반발해서 그런 통제에 맞서자는 언약에 모두 서명하였습니다. 이 때문에 그들은 많은 고통을 겪었습니다. 잡혀가고, 죽임을 당하면서까지 참된 교회를 추구하기 위한 피나는 싸움을 싸웠습니다.

초기 감리교도들에게도 그런 모습이 있었습니다. 그리고 찰스 스펄전이 '내리막길 논쟁'을 했던 것도 같은 맥락에서였습니다. 그는 당시 교회들이 세상 정신에 빠져 교회답지 못하게 변해 가고, 그 가운데 진리가 무너져 가는 현실을 보고 교회가 바른 진리로 세워지도록 힘써 싸웠습니다. 그의 아내가 "내 남편은 이것 때문에 죽어 가고 있다"고 할 만큼 기력을 소진하기까지 온 힘을 다해 시대정신과 타협하고 있던 영국 침례교의 다수와 싸웠습니다.

미국의 구 프린스턴 그룹들도 자유주의 신학으로 인하여 좌경화된 다수에 맞서 이런 일을 했습니다. 그것은 단순한 신학적인 논쟁을 넘어 참된 교회를 세우기 위한 처절한 몸부림이었습니다. 1960년대 로이드존스도 영국의 부흥을 갈망하고 교회가 소생되기를 간절히 바라며 진심으로 하나님의 진리를 따라 참된 교회들이 일어나기를 원했습니다. 그래서 부흥에 대한 말씀을 열렬히 전하며 같은 뜻을 가진 이들의 규합을 위해 힘썼습니다.

성경이 말하는 교회는 저절로 생겨나지 않는다

이렇게 지난 역사 속에는 참된 교회를 추구하는 일이 계속 있었습니다. 하나님은 그런 마음을 가진 사람들을 계속 일으키셔서 교회를 보존해 오셨습니다. 참된 교회를 추구했던 이들은 두 가지의 공통점을 가지고 있었습니다. 먼저 공통적으로 '오직 성경'(Sola Scriptura)을 외쳤습니다.[11] 그들은 성경이 말하는 신자들로 구성된 참된 교회를 보기 원했습니다. 타락하고 세속화된 교회의 현실 속에 하나님의 말씀대로 진실한 회심을 경험한 신자들로 구성된 성경적인 교회, 참된 교회가 세워지기를 원한 것입니다.

우리는 무엇이 교회의 참모습인지 잘 생각해야 합니다. 우리는 우리에게 익숙하고 우리의 본성에 더 적합한 교회를 선호하기 쉽지만, 그것이 성경과 동떨어져 있다면 우리 눈에 아무리 좋은 것이라도 결코 교회의 참모습이 될 수 없습니다.

참된 교회를 추구한 사람들이 가지고 있던 또 하나의 공통점은 많은 반대에 직면했다는 것입니다. 그들은 많은 핍박과 방해 가운데서 계속 참된 교회를 추구하며 외롭게 분투했습니다. 오직 하나님과 그분의 말씀만을 믿고, 그 말씀이 자신들에게 실현될 것을 소망하며 외로운 싸움을 싸웠습니다. 그들이 치러야 했던 치열한 싸움은 비단 외부의 핍박만이 아니었습니다. 더 큰 싸움은 내면의 갈등, 내면의 싸움이었습니다. 그들은 참된 교회를 보기 위한 기나긴 분투의 과정에서 많은 유혹과 씨름해야 했습니다.

참된 교회는 추구한다고 해서 금방 세워지는 것이 아닙니다. 사람들이 하나님의 은혜로 진실한 변화를 경험하고, 그에 따라 지금까지 살핀 대로 성경의 가르침대로 활동하는 가운데서만 세워집니다. 그래서 그 과정 속에서 좌절하기 쉬운 것입니다. 지난 교회 역사에 있었던 참된 교회를 향한 추구는 이런 수많은 안팎의 유혹과 갈등과 압박을 감당해야 했던 분투의 연속이었습니다. 성경이 말하는 참된 교회를 추구하는 과정이 순탄하지만은 않았던 것입니다.

여기서 우리는 다시 한 번 스스로에게 "정말 참된 교회를 보기 원하는가?"를 진지하게 물어야 합니다. 정말 그것을 추구하기 위해 교회 역사가 말해 주는 힘든 여정을 감내할 만큼 확고한 원함을 가지고 있는지를 물어야 합니다. 분명 그 길은 우리에게 복되고, 머리 되신 그리스도를 영화롭게 하는 길입니다. 하지만 우리를 방해하는 마귀와 세상과 육체의 소욕의 저항을 가장 거세게 직면해야 하는 길이기 때문에 힘들고 외로운 길이 될 것 또한 분명합니다. 그 길은 분투 없이는 갈 수 없는 길입니다. 그렇기에 이 질문에 가볍게 넘어가서는 안 됩니다.

진정 우리에게 필요한 것

우리에게는 시대에 맞는 새로운 형태의 교회가 필요한 것이 아닙니다. 시대에 맞는 교회를 제시해 보겠다는 일부 젊은 목사들과 신학생들, 그런 교회를 찾겠다는 신자들의 생각은 어떤 의미에서 매우 위험합니다. 오히려 우리는 아무리 세상이 바뀌어도 성경이 말하는 교회의 모습을 잃지 않기 위해 계속 힘써야 합니다. 필요한 것은 성경이 말하는 교회를 구현하는 것이지 현실의 문제점들 몇 가지를 나름대로 고쳐 새로운 교회를 세우는 것이 아닙니다.

우리가 지향해야 하는 교회는 에베소서 본문처럼 사도와 선지자와 목사와 교사를 두고 그들로 하여금 말씀을 선포하고 가르치게 하시고, 그 외에도 여러 직책과 은사들을 주셔서 서로 돕고 섬기게 하신 하나님이 디자인하신 교회입니다. 그 안에서 우리는 하나님을 향한 활동과 다른 지체들을 향한 활동, 세상을 향하여 복음을 전파하는 활동 등을 해야 합니다.

예배와 모임의 장소로서의 건물은 필요에 따라서 가질 수도 있고 가지지 않을 수도 있습니다. 큰 건물을 자랑하며 성공과 성장을 도모하는 것은 잘못입니다만, 건물이 없는 것 자체를 대단한 의로 여기거나 교회가 작다는 사실이 그 자체로서 더 건전한 교회임을 보증이라도 해주는 것처럼 생각하는 자기 의 또한 조심해야 합니다.

참된 교회는 그저 교회 현실의 어떤 부정적인 면을 반대하거나 개선하거나 거기에 대안을 제시하는 것 정도로는 이루어지지 않습니다. 우리에게 진정으로 필요한 것은 우리 자신의 의협심과 '신선한' 도덕성 정도가 아닙니다. 우리는 성경이 말하는 교회를 바르게 알고 간절히 구하는 가운데 그런 교회를 세우고 지키기 위해 주님이 오실 때까지 힘써야 합니다. 압박과 유혹에 굴하지 않고 씨름해야 합니다.

처음 교회가 이 땅에 세워진 이후 지금까지 참된 교회를 위한 끊임없는 분투가 있었습니다. 1세기 당시 큰 박해 시대에도, 콘스탄틴의 공인 이후 교회 안에 세속주의가 밀려올 때에도, 물질적 풍요와 영적인 빈곤이 만연한 시대에도 성경이 말하는 교회를 위한 분투는 계속되었습니다.

우리도 포스트모더니즘 시대의 상대주의와 다원주의, 주관주의와 같은 흐름과 분위기 속에서 같은 분투를 이어 가야 합니다. 우리는 참된 교회를 추구하는 일이 독선적인 것으로 비치는 포스트모더니즘의 강력한 문화 한가운데 놓여 있습니다. 그런 배경에서 참된 교회를 추구하는 것은 이전보다 더 어려운 일일지도 모릅니다. 이 시대에 어울리는 교회를 요구하는 소리들이 갈수록 거세게 들려올 것입니다. 하지만 우리는 변함없이 성경이 말하는 교회를 추구해야 합니다. 우리의 자의에 따라서가 아니라 교회의 머리 되신 그리스도의 통치 아래서 성령의 역사에 의지하여 성경이 말하는 교회의 내외적인 속성과 표징을 갖기를 힘써야 합니다.

이 싸움은 개인으로서만 아니라 서로 엮여 함께 움직이는 유기적인 공동체로서 임해야 합니다. 바른 말씀의 전파와 성례와 권징의 시행으로써 그리스도의 거룩함을 드러내는 일은 피차 힘써야 할 일입니다. 신자는 다른 지체들과 끊을 수 없는 관계 속에 있습니다. 그 가운데 함께 하나님을 경배하고, 겸손과 온유와 사랑 안에서 서로 용납하며, 성령께서 하나 되게 하신 것을 힘써 지키는 수고를 다해야 합니다.

소원을 두고 행하게 하신 이가 이루신다

참된 교회를 포기하라는 압박과 유혹은 항상 있어 왔지만, 지금 우리는 그 어느 때보다 혼탁한 교회 현실을 경험하고 있습니다. 그러나 이때에도 우리가 기억해야 하는 중요한 사실이 있습니다. 그것은 교회의 주권자는 주님이시라는 것입니다. 그러므로 우리는 교회의 주권자 되신 주님을 믿고 의지하며, 머리 되신 주님의 원하심이 교회에 온전히 이루어지기를 구해야 합니다. 그분의 말씀을 통한 다스리심을 기꺼이 받아 그분을 목표로 더 성장해 가고, 그분을 더 닮아 가기를 포기하지 말아야 합니다. 이런 우리의 분투는 그 자체로서 어떤 능력이 있는 것은 아니지만 교회의 머리이신 주님이 그 가운데 역사하셔서 참된 교회의 모습을 갖게 하실 것입니다.

그러므로 우리는 두려워할 것이 없습니다. 압박과 유혹이 있겠지만, 우리에게는 참된 교회를 추구하는 지체들 안에서 실제로 역사하시고 이끄시는 주님, 곧 세상을 이기신 우리 주님이 계시기 때문입니다.

참된 교회에 대한 소망을 자신의 것으로 소유하십시오. 그리스도를 믿는 신자들 모두는 그것을 자신의 소망으로 삼아 신앙과 삶에 적용해야 합니다. 지체들과의 모든 교제와 나눔에서 겸손과 온유와 사랑과 용납을 나타내고, 배우고 가르치는 교회 말씀 사역에 자신을 열어 참여하며 참된 교회를 추구하는 일이 자신의 삶에, 교회의 현실에 구체적으로 드러나기를 구하고 힘쓰십시오. 오늘날과 같은 시대에 참된 교회를 추구하는 일이 결코 쉽지는 않겠지만 우리 모두 주님을 의지하는 성도의 담대함을 잃지 말고 끝까지 참된 교회를 추구할 수 있기를 소망합니다.

에필로그

참된 교회를
일으키소서

참교회상을 잃어버린 현실을 넘어

이 책은 단순히 성경이 말하는 교회에 대한 지식 전달을 넘어 그리스도께 속한 신자들이 주의 몸 된 교회와 그 지체 됨의 의미를 바르게 의식하고 참된 교회로 세워지기를 바라는 열망을 담고 있습니다. 다시 말해 이 책은 독자들의 참된 교회를 향한 열심과 실천적인 노력을 위한 것입니다. 물론 지난 교회 역사를 돌아보면 그 일이 언제나 쉽지 않았다는 사실을 알 수 있습니다. 그리고 세상 정신에 더 깊이 물든 오늘날 교회의 현실에서는 더욱 큰 어려움이 있을 것입니다.

실제로 우리는 주변에서 성경보다 인간의 주관과 판단을 따르는 교회를 흔하게 경험합니다. 교회 안에서 진실로 하나님의 영광을 위하기보다 인간의 욕망이나 자랑이 중심을 차지하는 일들이 많고, 보다 젊고 현대적인 감성을 충족시킬 만한 다른 수단들을 더욱 중요시하는 경우도 많습니다. 그러나 눈에 보이는 것이 교회의 기준이 되어서는 안 됩니다. 당장 사람들에게 호응을 얻는 것들을 추구하고, 불만 사항들을 개선해 나가는 것으로 이상적인 교회가 될 수는 없습니다. 참된 교회는 현실을 기준으로 어떤 것들을 더하거나 빼는 변증법적인 과정을 통해 형성될 수 없습니다.

기왕이면 '소비자' 입장에서 대접받을 수 있는 교회를 선호하는 사람들의 기호에 부응하기 위해 힘쓰는 일, 교회의 개선과 발전이라는 명목 아래 중세의 신비주의적인 요소나 현대의 문화 코드, 동양종교적인 것 등을 섞는 새로운 시도들은 오히려 성경적인 교회로부터 멀어지는 결과를 낳습니다.

교회에 자아중심적인 신앙에 몰두하도록 하는 포스트모더니즘적인 종교색을 가미하는 것 역시 성경이 말하는 교회의 외적인 표징과 내적인 속성 모두를 무너뜨리고 세상을 좇는 교회로 만드는 길일 뿐입니다. 그러나 이런 시도들이 지난 몇십 년간 교회 안에서 계속되고 있습니다. 교회의 본래적 의미는 알지도 못하고, 알고자 하지도 않은 채 이 세대의 흐름과 육체의 소욕에 따라 교회를 규정하고 변형하기를 꺼려 하지 않는 것입니다.

이와 같은 교회의 현실은 재앙의 전조일 수 있습니다. 교회가 성경적인 기초를 잃어버리면 결국 가련한 영혼들과 비참한 세상을 향해서 아무런 힘도 발휘할 수 없게 됩니다. 교회의 기초가 되어야 할 예수 그리스도와 사도들의 가르침을 주변적인 것으로 취급하며 나름의 종교적 활동에만 열심을 냄으로써 발생한 결과는 수많은 사람들이 교회를 등지고 다른 종교를 찾거나, 이단에 사로잡히거나, 종교 자체를 회의 하게 된 것입니다.

우리는 이런 현실에 책임감을 가져야 합니다. 그리고 만일 우리가 성경이 말하는 참된 교회에 대한 이해와 그에 대한 소망을 품게 되었다면 우리 자신뿐만 아니라 곳곳에 그런 교회들이 세워지기를 구하고 그것을 위한 실천적 노력이 뒤따라야 합니다.

참된 교회가 세워져야 할 필요

교회에 대한 실망으로 교회를 떠나는 일은 우리나라뿐만 아니라 미국 등 서구 교회에서도 많이 일어나고 있습니다. 그래서 미국에서는 그들을 설득하기 위해 성도들이 교회에 남아 있어야 하는 이유를 성경적으로 설명하는 책이 출간되기도 했습니다. 물론 사람들이 교회에 대한 바른 이해와 건강한 마음을 가질 수 있도록 돕는 것도 필요합니다. 하지만 보다 근본적인 해결책은 각 교회들이 세상을 좇기를 멈추고 성경이 말하는 교회의 모습을 회복하는 것입니다.

성경이 가르치는 교회의 정체성은 지난 2천 년 동안 교회가 세상에 존재할 수 있었던 힘이요, 교회가 세상에 존재해야 할 이유입니다. 교회는 성경이 가르치는 대로 말씀, 성찬, 권징이라는 세 가지 외적 표지부터 분명히 가져야 합니다. 그중에서도 성경의 진리를 바르게 전하는 말씀의 선포가 있어야 합니다.

복음 진리가 흐려지고 변질되면 죽은 영혼을 살리는 교회 본연의 역할도 수행될 수 없고, 이미 죄로부터 하나님께로 돌이킨 성도들 역시 하나님의 말씀을 영혼의 양식으로 계속 공급받아야 할 필요를 채우지 못하게 됩니다. 진리를 상실한 강단은 수많은 영혼들을 목마르게 하고 헤매이게 합니다.

교회 안에는 바른 진리로부터 멀어진 교회의 현실에 목마름을 느끼며 성경이 말하는 진실한 신앙과 참된 교회를 바라는 사람들도 있습니다. 그들은 시대의 왜곡된 현실에 만족하지 않고 자신의 영혼과 교회 공동체가 바로 서는 것을 보고 싶지만 어떻게 할지 몰라 그저 갈급한 심령으로 이리저리 방황합니다. 우리는 우선 이렇게 갈한 영혼들에게서 참된 교회가 세워져야 할 필요를 발견할 수 있습니다.

그러나 어떤 의미에서 참된 교회는 복음의 가치를 알고 진리에 대한 갈망을 갖게 된 사람들보다 교회를 다니면서도 아직 진리를 통해 얻는 은혜를 제대로 알지 못하는 자들에게 더욱 절실히 필요합니다. 세상 정신이 아닌 성경의 진리를 바르게 전하여 그들을 살리고 깨우는 일이 교회의 중요한 책임이기 때문입니다.

참된 교회를 위한 헌신

참된 교회가 무엇인지를 알게 된 신자는 이제 어떻게 해야 하는가를 생각해야 합니다. 자신이 속한 교회를 위해 애쓰는 것을 넘어서 오늘날 이 시대를 위해, 조국 교회를 위해 어떻게 하면 좋을지 고민해야 합니다.

우선 우리는 쉼 없이, 주께서 쉬시지 못하도록 기도해야 됩니다(사 62:6-7). 그리고 동시에 참된 교회를 위한 구체적인 섬김의 실천이 뒤따라야 합니다. 이 땅 곳곳에 성경이 말하는 참된 교회들이 세워질 수 있도록 다른 교회와 목회자들을 돕고 연대해서 진리를 공유하는 일에 개인적, 교회적인 노력을 기울여야 합니다.

물론 그보다 우선 되어야 하는 일은 우리 개인과 우리 교회부터 허락된 위치와 역량 안에서 바로 세워지기를 힘쓰는 일입니다. 한 교회가 바로 세워지는 것은 어떤 거창한 교회 운동보다도 우리의 장래를 밝히는 길이 될 수 있기 때문입니다. 참된 교회 하나, 참된 신자 한 사람을 일으키는 것이 이 시대를 살리기 위한 가장 중요한 일입니다. 그러나 그와 더불어 이 땅의 다른 교회들도 바르게 세워질 수 있도록 진리 안에서 신앙을 공유하거나 재정적인 지원을 하는 일도 필요합니다.

이런 필요에 따라 세워진 '참된 교회를 추구하는 목회자들의 모임'(이하 '참교추')은 그 안에 소속된 자립 교회들에서 재정의 일부를 떼어 미자립 교회들을 돕기 위해 사용하고 있습니다. 이로써 미자립 교회들이 자립하면 그들이 또 다른 '참교추' 소속 교회들을 도우며 진실로 성경이 말하는 참된 교회들이 세워지는 데 밑거름 역할을 하는 것입니다. 이 땅에 참된 교회가 세워지는 것을 목표로 지속적인 섬김을 실천하고 있습니다.

'참교추'의 목적은 교단을 초월해서 성경적인 목회를 추구하는 교회들, 즉 오직 성경, 오직 은혜, 오직 믿음, 오직 그리스도, 오직 하나님의 영광을 위하고 지키는 신앙과 신학 위에 세상 정신을 거슬러 복음을 바르고 풍성하게 전하는 교회들이 함께 연대하여 진리를 공유하고 서로 도우며 세워져 가는 것입니다. 또 하나의 명목뿐인 운동이나 세력 형성으로 변질되지 않도록 크게 경계하면서 다만, 이 땅에 참된 교회들이 많이 세워지기를 바라는 한 가지 소망을 품고 하나님의 면전에서 겸손히 은혜를 구하며 힘쓰고 있습니다.

위기 앞에서

우리는 진리를 왜곡하는 교회 현실을 피상적으로 생각하기 쉽습니다. 아주 이단적인 주장을 하지 않는 한 진리를 왜곡하는 교회라는 생각을 하지 않습니다. 저도 이전에는 그렇게 생각했습니다. 그러나 최근 교회들이 수용한 온갖 세상 정신에 대한 연구를 통하여 그것이 하나님의 진리의 말씀, 곧 복음의 진리를 왜곡시키고, 나아가 교회와 신자들을 점점 배교의 길로 몰아간다는 것을 결론적으로 깨닫게 되었습니다.[12]

우리는 교회 안에 가만히 들어와 진리를 왜곡하여 배교를 부추기는 변질된 신학과 사조와 문화들을 심각하게 여기고 그런 흐름을 거슬러 나가야 합니다. 단순히 변질의 위험을 경계하는 정도를 넘어 이미 많이 변질되어 버린 교회 현실에 대한 분별이 있어야 합니다. 참된 교회의 내외적인 특성은 이런 분별과 함께 바로 세워질 수 있습니다.

다소 긴 내용이지만 마지막으로 영국교회의 앞선 경험을 보여 주는 피터 마스터즈의 글을 인용하고자 합니다. 이는 우리의 현실을 조명해 보는 데 도움이 될 것입니다.

"1880년대부터 복음주의자들이 건전한 교회의 가르침에 대해서 느슨해 지기 시작했습니다. 교회의 전통도 대단히 허약해지기 시작했습니다. 세 속적인 요소들이 아무 검증도 없이 허용되었습니다. 비성경적인 신기한 프로그램들이 판을 치기 시작했습니다. 천박한 초청의 방법들을 통해 회 심하지 않은 사람들이 교회의 정식 회원이 되었습니다.
사실 지난 백 년 동안 있었던 쇠퇴의 주된 이유는 많은 복음주의 교회가 그들의 사역과 복음 전도를 진리의 원수들과 함께 진행하는 것에 너무 쉽게 열어 주었다는 것입니다. 지난 백 년간 교회들은 그리스도의 명령 에 귀를 막고 믿음의 근본적인 요소들을 부인하는 자들과 일했습니다. 그래서 결과적으로 대학들과 교회들이 아무 저항도 없이 침묵하는 가운 데 비복음적인 입장을 가진 사람들에게 넘어가고 말았던 것입니다. 몇몇 을 제외하고는 대부분의 목회자들과 장로들이 경고의 나팔을 불지도 않 았고 방어조차도 하지 않았습니다. 그리하여 결국 성경을 믿고 복음을 가르치는 교회가 숫자적으로 적어지게 된 것입니다.
여러분은 과연 우리의 현재 상황을 이렇게 황폐케 만든 그 느슨함에 대 해 충격을 받으십니까? 놀라운 것은 많은 사람들이 전혀 충격도 받지 않 고 놀라지도 않는다는 것입니다. 오히려 현재의 복음주의자들은 비성경 적인 교리들, 사역자들과 협력하는 문제에 대해 더욱 개방적이라는 것입니다. …… 지난 백여 년 동안 우리의 태만으로 인해 많은 분야가 사단의 세력 아래 떨어지도록 허용했다는 것을 우리는 애통하게 여기고 있습니다. 신앙의 방어가 무시되었던 것입니다. 더욱 최근에는 성경을 믿는 많은 교회가 예배 때 세속적인 음악을 사용하는 것에 굴복해 왔고 다른 많은 비성경적인 관례들을 행하고 있습니다. 이 모든 것은 우리가 판단해야 한다는 것을 포기해 왔기 때문에 들어온 것들입니다. 주님의 백성으로서 우리는 언제나 모든 것을 시험해 볼 수 있지 않습니까? 분별력 있는 세대가 될 수 있도록 기도해야 되지 않겠습니까? 그분의 진리, 그분의 영광, 그분의 위대하시고 자비로우신 이름을 위해서 말입니다.

남녀노소를 불문하고 특히 요즘 젊은이들에게 너무 흔하게 되어 버린 변덕스럽고 아무런 분별심도 없는 사고방식들을 버리고 그 대신 하나님의 권위 있는 말씀 위에 서서 영혼을 구원하는 복음을 보호하고 선포되도록 준비하는 것이 필요합니다. 그러면 우리는 다시 많은 영혼을 구원하시는 하나님의 놀라운 은혜를 보게 될 것입니다. 오직 그때에야 교회들은 진리의 기둥과 터로서 자신들의 역할을 성취할 수 있습니다."[13]

이 땅 곳곳에 참된 교회가 들풀처럼 일어나기를

오늘날 조국 교회는 지난 100여 년 전부터 영국교회가 걸어온 길을 그대로 따라가는 듯한 모습을 다각적으로 드러내고 있습니다. 그러나 많은 이들이 그런 실정을 시대의 흐름에 따라 그저 자연스럽게 발생하는 현상으로 여기고 피상적으로 진단하여 근시안적인 생존책들만을 내놓고 있습니다. 그 결과 눈에 보이는 교회 건물들을 전부 성경이 말하는 교회라고 할 수 없을 정도로 혼란스러운 지경에 이르게 되었습니다. 이런 현실 가운데 한편에서는 진리에 갈한 많은 사람들이 참된 교회를 찾아 방황하고 있습니다.

이러한 때에 우리는 성경에 충실한 참된 교회들이 일어날 수 있도록 기도하고 도와야 합니다. 참된 교회로 세워지고자 진심으로 소망하고 힘쓰는 교회들을 찾아 섬겨야 합니다. 가장 중요한 것은 목회자입니다. 개혁교회의 기본이요, 핵심 교리인 다섯 가지 교리들(five solas)을 믿고 역사적 기독교의 개혁주의 전통과 청교도들이 추구했던 신학과 신앙과 삶을 따르고, 복음에 대한 이해와 열심을 가지고 전하며, 세상의 유혹과 타협을 거부하고, 매일 죽는 것 같은 자기 부인 속에서 세상 정신을 거스르는 목회를 하고자 힘쓰는 목회자들을 통해서 바른 교회들이 세워지도록 다각적으로 도와야 합니다.

교회 안에 어린 세대들과 젊은 세대들은 갈수록 수도 줄고, 포스트모더니즘적인 사고방식에 익숙해져 가고 있습니다. 이대로라면 다음 세대에는 교회의 존립이 위태로울 뿐만 아니라 교회에 남은 이들조차 더더욱 성경과 멀어진 신앙관과 종교적 태도로 신앙생활을 하게 될 것입니다. 오늘날 그들을 하나님의 진리 안에 바르게 이끌어 줄 참된 교회와 그런 교회를 추구하는 목회자, 사역자들이 절실합니다.

우리는 이런 시대적인 필요를 돌아보고, 이것을 우리의 사역이요 사명으로 알고 힘써야 합니다. 먼저 우리 자신이 참된 교회로 세워지기를 구하고 참된 교회의 지체로서의 삶을 살면서, 나아가 다른 교회들도 참된 교회로 세워지는 데 기꺼이 우리 자신을 내어 드려 밀알처럼 쓰임 받기를 구해야 합니다.

당장 결과가 가시적으로 나타나지 않아도 계속 한국교회를 위해 기도해야 합니다. 그리고 기도와 더불어 구체적인 행동도 병행해야 합니다. 우리의 손이 닿지 않는 곳까지 미치는 하나님의 역사하심을 구하면서도 우리에게 주어진 조건 속에서 구체적이고 실제적으로 다음 세대를 위해 도움이 되는 일들을 해 나가야 합니다. 우리 모두 하나님이 이 땅에 참된 교회, 성경이 말하는 교회들을 들풀처럼 일으키시는 데 요긴하게 쓰임 받는 도구가 되었으면 좋겠습니다.

농촌이든 어촌이든 도시든 이 땅 곳곳에서 참된 교회를 추구하는 목회자들이 진실한 열심으로 교회를 세우는 일이 일어나기를, 주께서 그런 역사를 일으켜 주시기를 구합니다. 이 땅을 넘어 이북 땅에도 그리고 세계 열방 가운데서도 그렇게 되기를 기도합니다.

주

1) "아버지의 살림을 창녀들과 함께 삼켜 버린 이 아들이 돌아오매 이를 위하여 살진 송아지를 잡으셨나이다"(눅 15:30).

2) 찰스 콜슨, 『이것이 교회다』, 홍성사, 2005, p.72.

3) 새찬송가 208장.

4) 『벨기에 신앙고백서』 제 29 조 참된 교회의 표지에 관하여 中

5) 『웨스트민스터 신앙고백서』 제 30 장 교회의 권징 中

6) 교회의 내면적 특성으로 흔히 사도성, 보편성, 통일성, 거룩성 등을 말한다. 그러나 이 책에서는 사도성(사도들의 가르침, 사도들이 믿었던 것과 동일한 교리적 전통을 계승함)과 보편성(시대와 지역, 인종과 성별을 넘어선 모든 계층이 동등하게 참여함)을 전제하고, 지교회에서 실천적으로 경험하고 누리는 교회 됨에 초점을 맞추어 일체성(5장)과 거룩성(6장)을 주로 다루고자 한다. 그리고 이어서 그런 교회의 특성이 하나님을 향해서(7-8장), 교회 공동체 안에서(9-11장), 또 세상을 향해서(12장) 어떻게 나타나는지를 다각적으로 살펴볼 것이다.

7) 오늘날 많은 성도들이 어린아이와 같은 무지와 미숙함에서 벗어나 계속 성장하기 위한 도움을 교회로부터 받지 못하고 있는 것이 현실이다. 많은 교회들이 참된 성경의 진리보다 세상 정신(심리학, 실용주의, 포스트모더니즘 등)에 물든 값싸고 변질된 진리를 유포하고 있기 때문이다. 이 때문에 신천지와 같은 각종 이단의 가르침에 미혹되는 일까지 흔하게 일어나고 있다. 이와 관련된 자세한 내용은 필자의 저서 『기독교 세상의 함정에 빠지다』(부흥과개혁사)를 참조하면 유익할 것이다.

8) 여기서는 세상에 대한 교회의 역할을 전반적으로 다루기보다 가장 핵심적인 의미를 담고 있는 활동인 선교에 관한 내용만을 다루었다. 교회가 감당해야 할 세상을 향한 활동과 역할의 범위는 분명히 이 책에서 다룬 '선교 활동' 이상이다. 그러나 교회의 세상을 향한 책임과 역할에 대한 성경의 가르침은 별도의 단체나 조직을 두어 벌이는 '사업'들에 강조점을 두고 있지 않다. 오히려 성경은 그리스도의 몸인 교회에 속한 각 지체들이 세상 속에 흩어져 살 때 그들 개개인의 삶을 통해 그들의 머리이신 주님의 영광과 이 세상을 향한 여전한 일하심이 실현되고 나타나야 한다고 가르친다. 이처럼 세상 안에서 보수(保守)되고 드러내야 할 그리스도의 지체 된 자들의 삶에 대해서는 필자의 다른 책,『오직 하나님께 영광』(지평서원)을 참고하면 유익할 것이다.

9) 케빈 드영,『왜 우리는 지역교회를 사랑하는가?』,부흥과개혁사, 2010, p. 13.

10) 케빈 드영,『왜 우리는 지역교회를 사랑하는가?』,부흥과개혁사, 2010, pp. 13-14.

11) 오늘날에도 '오직 성경'의 정신은 매우 중요하다. 이에 관하여는『다시 '솔라 스크립투라'를』(가제, 근간)이라는 책에서 보다 상세하게 논하였다.

12)『기독교 세상의 함정에 빠지다』(부흥과개혁사) 참조.

13) 피터 마스터즈,『하나님의 인도하심』, 부흥과개혁사, 2005, pp.205-206.

사명선언문

너희가 흠이 없고 순전하여……세상에서 그들 가운데 빛들로
나타내며 생명의 말씀을 밝혀 _ 빌 2:15-16

1. 생명을 담겠습니다
만드는 책에 주님 주신 생명을 담겠습니다.
그 책으로 복음을 선포하겠습니다.

2. 말씀을 밝히겠습니다
생명의 근본은 말씀입니다.
말씀을 밝혀 성도와 교회의 성장을 돕겠습니다.

3. 빛이 되겠습니다
시대와 영혼의 어두움을 밝혀 주님 앞으로 이끄는
빛이 되는 책을 만들겠습니다.

4. 순전히 행하겠습니다
책을 만들고 전하는 일과 경영하는 일에 부끄러움이 없는
정직함으로 행하겠습니다.

5. 끝까지 전파하겠습니다
모든 사람에게, 땅 끝까지, 주님 오시는 그날까지
복음을 전하는 사명을 다하겠습니다.

서점 안내

광화문점 서울시 종로구 새문안로 69 구세군회관 1층
02)737-2288 / 02)737-4623(F)

강남점 서울시 서초구 신반포로 177 반포쇼핑타운 3동 2층
02)595-1211 / 02)595-3549(F)

구로점 서울시 동작구 시흥대로 602, 3층 302호
02)858-8744 / 02)838-0653(F)

노원점 서울시 노원구 동일로 1366 삼봉빌딩 지하 1층
02)938-7979 / 02)3391-6169(F)

일산점 경기도 고양시 일산서구 중앙로 1391 레이크타운 지하 1층
031)916-8787 / 031)916-8788(F)

의정부점 경기도 의정부시 청사로47번길 12 성산타워 3층
031)845-0600 / 031)852-6930(F)

인터넷서점 www.lifebook.co.kr